董季常、廖宗俊结婚照
一九三四年

父亲母亲结婚照（1934年）
我的父亲青年时代风度翩翩，母亲美丽贤惠

重庆南开中学高60级3班荣誉合影
我带领全班，夺得"卫生模范班"称号及多面流动红旗

四川大学生物系60级植物班同学合影

我们班出了一个大人物——诺奖得主屠呦呦的主要助手、青蒿素结晶的获得者钟裕蓉

在四川省科普作家协会35周年庆上，笔者获得科普创作终身成就奖，在庆祝会上走红地毯（2014年）

70+

开挂人生

人生

Enter

董仁威 —— 著

清华大学出版社

北京

图书在版编目(CIP)数据

70+开挂人生 / 董仁威著. — 北京：清华大学出版社，2017

ISBN 978-7-302-45702-2

Ⅰ. ①7… Ⅱ. ①董… Ⅲ. ①董仁威—自传 Ⅳ. ①K825.6

中国版本图书馆 CIP 数据核字(2016)第 289194 号

责任编辑：张立红
封面设计：邱晓俐
版式设计：方加青
责任校对：杨　磊
责任印制：王静怡

出版发行：清华大学出版社
　　　　　网　　　址：http://www.tup.com.cn，http://www.wqbook.com
　　　　　地　　　址：北京清华大学学研大厦 A 座　　邮　　编：100084
　　　　　社 总 机：010-62770175　　邮　　购：010-62786544
　　　　　投稿与读者服务：010-62776969，c-service@tup.tsinghua.edu.cn
　　　　　质 量 反 馈：010-62772015，zhiliang@tup.tsinghua.edu.cn
印 装 者：三河市金元印装有限公司
经　　销：全国新华书店
开　　本：165mm×230mm　　印　张：20.75　　插　页：2　　字　数：300 千字
版　　次：2017 年 1 月第 1 版　　印　次：2017 年 1 月第 1 次印刷
定　　价：49.00 元

产品编号：065410-01

"活着干，死了算，完蛋就完蛋"
——我读过的最励志的自传

韩松

笔者与中国科幻领军人物之一韩松合影于2015年10月18日第六届全球华语科幻星云奖颁奖典礼现场

董仁威老师这部新书是一个自传。

自传不从小时候开始提笔，而是一上来先写七十岁，真是传奇。

最近，很多人都在议论特朗普和希拉里竞选美国总统。两个老人，也是七十岁，思维敏捷，充满活力，让人感叹。我在微博上说，他们的人生才刚刚开始。

实际上，在西方不少国家，老年人都不服老。在日本，人们说，七十岁以后还有很多事要干。甚至八九十岁的人，还在上班，他们的经验和学识让人青睐。

董老师大概是中国人中的异数。我见过很多同胞，四五十岁、三四十岁，甚至二十多岁，就是暮年心态了，开始度晚年了，完全按部就班，做一天和尚撞一天钟。

我最近一次见到董老师是在深圳，他来参加晨星科幻奖。他是刚刚从北京飞来的，在首都，他也是马不停蹄参加了一系列活动，出席会议，谈合作，七十四岁的人，比好些七零后、八零后年轻人还要忙碌。

他对我说，现在做的一件事情是，要把中国科幻领军人物的小说搬上银幕。这事儿，难度很大，搁在我这儿，是很难去想的。但董老师满腔热情在推动它成功。

董老师在古稀之年干的最主要的一件事，是白手起家创办了世界华人科幻协会，搞起了全球华语科幻星云奖，这成了中国当今最有影响、覆盖面最广的一个科幻奖项。

当时搞的时候，真的十分困难，几乎没钱，他到处化缘。我们也自掏腰包赞助了。到了今年，第七届了，风风火火，产生了较大的国内外影响，连新华网都参与进来争做主办。

这个星云奖，成就了好多新的中国科幻作家。应该说，董老师为把中国科幻整体推向新境界，立下了他人不可替代的汗马功劳。

这个期间，他个人的创作也大获丰收，一本接一本的科普著作连续出版。到现在他出版了九十部专著，上千万字。

他一直是带病工作的。经常是开完会吃饭前，他就自己掏出简易注射器来，往肚皮上扎胰岛素。这样血糖才能降一降。然后又接着工作。

他在自传中说，有过三次病危，一次心脏停跳一分多钟。就是这样，他还奋斗不息，被业内誉为"拼命三郎"。

我时常很担心他的身体，但他好像不把这当回事。他还有空就跑到国外去旅行，记录下对大千世界的感想，有科技的，也有政治的，发到互联网上。

我跟董老师是重庆老乡。我很理解，他的身上，其实有很强的川人性格，也就是乐观主义的大无畏态度。四川人民在这一个世纪还是过得挺艰难的，但我们始终没有停下前进的脚步。表现出来的就是川军精神、红岩精神、三峡精神或者棒棒精神，乃至邓小平精神。

所以这也能解释为什么《科幻世界》恰巧能在四川生存下来，保留了中国科幻的火种。这也说明了为什么重庆人能在合川阻止元军的长驱直入，最后把蒙古国的皇帝打死了，从而改变了世界的历史进程。这也是汶川大地震后那些灾民们迅速地重新雄起的原因。

董老师这一辈子，经历了中国最多灾多难的时期：抗战、大饥饿、"四清"、"文革"……他从来都没有说，"我歇菜了""我不干了""算了吧"。

总之，遇到挫折，遇到困难，遇到麻烦，遇到不顺，其实没得啥子。多大一回事嘛。正如这部书的书名所指出的，"开挂了的人生"是一种强大到让人无法相信的人生。

"活着干，死了算，完蛋就完蛋！"——这是董老师的豪言壮语。我觉得这句话放到整个宇宙中也是成立的。那些存在下来的文明应该都是这么在做的。

我最感佩的是，这位生命科学专业的硕士，实际上解决了一个"生命为什么"的问题。

最近严锋老师写文章，讲长生不老，说这不可能。若想青春常在，就会在别的方面，遇到严重的麻烦，有时生不如死。他说，小时候看管桦的《小英雄雨来》，有一句到现在还记得："有志不在年高，无志空活百年。"或者，翻译成法国人帕斯卡的话，那就是："与其为生命添岁月，不如为岁月添生命。"我觉得，这话正是对董老师的写照。

当然，不是蛮干，要有计划，有步骤，有途径；有活动能力，有沟通能力，有包容能力。这些特征在董老师那里也体现得十分鲜明。

总之，从这部自传中，可以汲取很大的正能量。我们做什么事，都不晚。我们到了再晚的时候，都可以做事。而且我们能做成事。面对人生，怕什么呢。

这应该是我读过的最励志的一个传记了。因为它贴切，是在我身边发生的活生生的事。应该好好读，反复读，无论是挫折失败时，还是风光顺利时，都要拿来读。

（韩松，著名科幻作家，当代中国科幻领军人物之一，新华社对外部副主任兼中央新闻采访中心副主任）

奇人 奇事 奇情

杨再华

我与知己、最铁的"姐们"杨再华合影

　　结识著名科普作家董仁威，是一生的幸运。

　　八十年代曾经同是"获奖专业户"，屡次与医药行业大名鼎鼎的董仁威先生在各种会议上见面，当时成都晚报的林树仁老师就很推崇董仁威先生，认为写科普就要像他那样，把专业知识和社会公众的需求相结合。

九十年代之后，董仁威先生荣任四川省科普作家协会主席，我也从业余的豆腐干科普小品专业户变成专业的科普电视人，有更多机会介入科普作家协会的工作。并目睹了以董仁威先生为核心的四川科普创作团队成长、更新、发展、强大的过程。

新世纪又过去了十来年，四川科普创作，迎来了历史上前所未有的辉煌。

而这一切，是因为有团结在董仁威主席周围的一大批优秀的科普创作团队；是因为董仁威先生的凝聚力和感召力；是因为董仁威先生的人品、智慧、勤奋、修养，以及与生俱来的宽厚、包容、理智、仁爱。

转眼间，董仁威先生精彩绝伦的美丽人生又迎来了一个新的时期。

这个美丽人生充满激情、深情、真情、温情……成就了世上一份独一无二的奇情。

热爱生活、对生活充满激情，是董仁威先生的基本人生态度。和董仁威先生接触的人，都很容易感觉到他如火一样的热心和激情——"特别能折腾"，而且一定要折腾出名堂。无论工作、事业、生活，大事、小事，只要董兄唱主角，一定会不同凡响。

挚爱科普，对科普一往情深，是董仁威先生的人生主线。"赛先生的忠诚战士"，是大学年代这个全国1/3000的优秀学子对科学、对科普如大海一样的深情。从那时候的豆腐干，到现在如山一样堆在书桌边的著述，"拼命三郎"把大好的光阴、无数的不眠之夜，都倾泻于笔尖，化为一篇篇、一部部将流传后世的文字。

惜情重义，对友朋真心相待，是董仁威先生的交友之道。以科普之名，董仁威先生广结天下良友、广揽天下英才，无论资历高低、名气大小、个性迥异、特立独行的大侠们、后辈们、三教九流们、庙堂之高者、江湖之远者……真情所在，谁不向往？谈笑有鸿儒，往来无白丁，人气旺，事业成，四川科普创作就这样攀上了一个新的高峰。

温润如玉，对亲人尽职尽责。董仁威先生上孝父母、牵手至爱、下扶儿孙，克己奉亲。是一个好儿子、好丈夫、好父亲。成都市科普作家协会、四川省科普作家协会、世界华人科普作家协会……历年来大大小小的会议，不少都是在董家或董家附近的儿童营养中心、老马路、国香园、诚信食府等处。每次很多人到董家，其夫人刘老师真是辛苦，是四川科普创作事业的幕后英雄。近年来儿子董晶成功转型科普，成为新一代科普中坚力量，也是董仁威先生言传身教的重大成果。

成就了一番大事业的董仁威先生，却曾经心脏骤停，不争气的身体还有多种疾病，这令我们这些相对年轻、健康的人十分汗颜。没有强大的精神不可能一面和病魔搏斗一面做出这么多事情来的。是怎样强大的内心，才支撑起这样一个强大的事业？是超越肉身的高贵灵魂，才可以在欢乐中饱餐这美丽的人生盛宴。而且董仁威先生还会把快乐传染给每一个在他身边或者经过他身边的人。奇人、奇事、奇情，董仁威先生的奇情人生，充满的入世的智慧和出世的潇洒，是乐观、奉献、奋斗、成就、快乐的人生标尺。

祝福董仁威先生的美丽人生就这样一直健康着、快乐着、美丽着……

（杨再华，四川省科普作家协会副理事长）

充满活力和正能量的"开挂人生"

吴岩

我认识董老师已经超过20年。记得最初的会面，是在《科学文艺》和《智慧树》杂志共同举办的一个笔会。

我跟董仁威更多的接触，是2009年与他和《科幻世界》主编姚海军共同创立世界华人科幻协会和创办全球华语科幻星云奖以后。这个组织和奖项，最终成为了中国新一阶段科幻繁荣的火车头。

在这两个活动中，我主要还是辅助董老师和海军兄，做一些力所能力的事情。但这个过程很激动人心。

首先，在董老师身边工作让我学到许多东西。我能感受到不断被一个充满活力、充满正能量、充满创造力、对科学技术充满爱和担忧、对中国的繁荣发展充满期待的人激发和引导。

其次，我觉得董老师的行动力特别强。这是因为他个性上有那种干净利索的风格，想到什么就会去认真操作。这点给我这种想得多、实行得少的人许多教育。做科幻活动、特别是当时还不被认可的小众文学活动，没有点说服能力不行，但道理谁都能说，能把这些话语转换成投资者的实际行动更加不易。董老师动用了他过去在企业、在四川省科普作家协会工作时候积累的人脉资源，一次次解决了"资金"的难题，最终成功地让我们办起了这个华语科幻星云奖。

第一届科幻星云奖的举办是在一个成都的电影院中。董老师突发奇想，让大家走红地毯。这个想法与时尚挂钩，从一开始就把这个奖励放在一个文化活动的高端。虽然最终那个地毯看起来很山寨，走得也太快，但至少，我们从第一届就已经开始了向最终高水准目标的努力。

七届星云奖的举办，每一届都遇到复杂情况和众多困难，但我们坚持要把评奖做到高水平，要让人们真正习惯于从正面、高层次、大众性、前瞻性等方面喜爱科幻。今天，这个奖励已经从简单的小说奖变成覆盖电影、小说、儿童文学等诸多方面的一个综合奖项。我们与许多出版、电影、传媒、文化发展团队相互合作，共同成就了一个新的科幻辉煌。在这些过程中，董老师付出了许多，也收获了许多。我觉得海军兄主要从科幻文学与文化的内部组织力量，董老师主要从社会经济和各界支持方面组织力量，我们已经把星云奖做得有声有色，前途远大了。

事实上，在许多方面，我跟董仁威老师在理念上存在着分歧。但这些分歧并没有影响我们的合作。我觉得我们已经成功地做出了许多事情，还会共同完成许多事情。我甚至想，许多东西将来我们应该把它写出来告知其他人，让大家从我们的经验中获取相关的教训，也得到激励。

现在，董老师这个传记的出版，让我们的想法开始了第一步。在《70+开挂人生》中，董老师简单讲述了他自己的童年和青年，讲述了他是怎样在政治和社会的大潮中进行的选择，讲述了一个从技术人员到企业管理者、从业余科普作家、科幻作家到事业推动者的人生旅程。所有这些在书中，都被写成一种普普通通、平易近人的故事。在哪个时段他做出了哪些选择，在另一些时段他怎么回忆自己的选择并给这些选择定性。我们看到的是夹叙夹议、史论结合的一本有趣的平凡人的传记。但恰恰是这种平凡人的生活，构成了我们对世界的改造。

我觉得至少有如下几类人应该阅读这本传记。

首先，想要知道新旧中国转换过程以及之后发生的一系列历史过程的人，应该阅读这样的传记。这本书帮助你脱离开那些被各种原因粉饰或诋毁过的历史读物，真正去看一个如自己一样亲身的经历和感受。从平凡人的经历中，你更能给历史一个自己的判断。

其次，那些想要知道今天中国的科幻文学是怎么再度繁荣、知道科幻星云奖许多发展过程、知道大量著名科幻作家生活故事的人，应该读这本传记。从传记中可以看到外面逐步把这个小众文学做大做强的演进过程，知道从业者是怎样苦难挣扎的。

第三，那些想要从董老师这种乐观向上的人身上汲取力量，看看他是如何克服自己的人生弱点，一步一步把自己的身体和心理从出现问题的边缘拉向解决的过程的人，一定要看。个体的健康是成功的最基本的因素之一。而董老师乐观向上、走向健康的经验，对许多特别是有点年纪的人来说，非常值得学习。

有一天我突然在想，随着手机摄像头的普及，人们时时刻刻在拍摄自己的行动。总有一天人类对自己生活的记录会超过1%或者更大的比例。那时候，这所有的照片的组合，能有一些什么用途。能被整体地建立起一个缩略的外部镜像世界吗？这个稍稍有点不同步的外部镜像对人类世界能起到怎样的作用？如果外星人能从某个地方接受这个镜像，因为它可以通过信息方式传递，更先于肉身到达外部世界，他们将对地球人有怎样的认知？通过这样的图像能发展起怎样的技术？

现在，阅读着董仁威教授的这本传记，我又在想，如果每个人都在撰写自己的故事，那么这些故事在未来的组合，能给我们带去什么？我们将生活在一个个文字重现的过去历史之中。而每个人对历史的感受，使这段历史充满了多元化的不同意义。至少，对我们这些在同样道路上继续前进的人，更多知道同行者的心灵旅程是重要的。这一方面是相互的抚慰和抱团取暖，另一方面是相互鼓励和共同提高。

祝贺新书的出版。期待董老师的更多奇思妙想，更加健康快乐，并且领我们走向更多新的空间。

（吴岩，中国当代科幻领军人物之一，中国科普作家协会副理事长，"科幻"方向博士生导师，北京师范大学教授）

一生经过了三次病危，一次心脏停跳一分多钟的磨难后，居然在七十开外，精神越来越健旺，身体越来越好，并达到了笔者从事的科普科幻事业的一个新高峰。我同姚海军、吴岩为主要创始人的华语科幻星云奖组织了第七届颁奖盛典，在中国和世界产生了较大的影响。笔者在"最后的斗争"计划中，也硕果累累，近年的集毕生普及生命科学大成的47万字的《生命三部曲》出版，集毕生写作科学家传记文学大成的《科学家的故事100则》（"中国少儿科普经典小品文名家精选"丛书十部之一）《科学大发现100则故事启示录》《技术大发明100则故事启示录》出版，还有《赫胥黎背后的进化论》《〈徐霞客游记〉解读》等的出版，这八部书有150万余言，使我著作的书增至90部。

清华大学出版社第八事业部主任张立红对笔者有点传奇色彩的经历很感兴趣，希望笔者把一生的经历写出来，并与我签了《"拼命三郎"的幸福人生》出版合同。完稿后，立红组织编辑部的编辑杨磊、李安等讨论，想不到这部书稿受到了90后最年青一代编辑的热烈欢迎。他们在通过无数次热烈讨论后，建议我改书名：《开挂了的人生》，后来，由立红拍板，定名为：《70+开挂人生》。

起初，由于笔者对这个网络新名词不解其意，一时不能接受，但经过年青朋友们的解释，才明白了含义。原来，这"开挂"不是贬义，而是褒义，是说开了挂的人很厉害之意，"开挂了的人生"则是一种强大到让人无法相信的人生。笔者又"百度"了一下，发现了一篇网络小说，就叫《开挂人生》，说的是一个普通的少年，生在都市，却因机缘巧合得到了一块上古神玉，从此他便拥有了各种神奇的超能力。

2015至2016年出版的新著

这一来，笔者发现，这《70+开挂人生》还真符合笔者一生的经历。笔者本来是生活在社会低层的一个很普通的人，但练就了一件"神器"，便在70余载生命的各个阶段做出了笔者本来不可能做成的事，虽然这些事不大，也不足挂齿，笔者能力有限，也不是一个能做大事的人，"一个人的能力有大小"，这无法强求，但毕竟笔者"拼命"奋斗过了，尽全力了，无愧天地了，死而无憾了。

这个"神器"，这颗"精神原子弹"，究竟是什么？那就是当"赛先生"的优秀战士，为中华民族复兴尽"匹夫"之责，"活着干，死了算，完蛋就完蛋"，一辈子坚持，不改初心，成就了笔者的"开挂人生"。

这颗"精神原子弹"是在笔者70余年的人生中逐渐练成并通过自我修养不断提升，才使我能够随着年龄的增长，事业不衰，并步步高，直至"太公家业八十成"。

一个人是要有一点"精神"的，我愿把这颗"精神原子弹"练就的过程，以及由"它"为笔者生命带来的快乐与亲们分享。

开 篇　开挂人生・1

第一章　童年梦・27

第二章　少年志・41

第三章　青年情・55

感，是大学生的重要使命。我在大学时期，没有读死书，死读书，读书死，而是广泛从事社会活动，获得了广博的知识，提高了情商。交了一批良师益友，使我终身受益。

"精神原子弹"需要在实践中练就。下乡搞了八个月的"四清"，是我人生中最艰难的一段时期之一，但也给了我锻炼，磨炼了我的意志，以及克服一切困难的勇气。这段经历，对我走向生活时遇到的人生最艰难的时期——十年车间主任的生涯，助力不少。这是我上的人生第一课。

"精神原子弹"的练就不会一帆风顺，但只要善于总结经验，勇于正视错误，"负能量"就会转化成"正能量"。我是"文革"中觉悟最早的人之一，但我没选择抗争，而是当了"逍遥派"，也跟随大流，做了几件坏事。同时，我的处世哲学有了变化，注入了"负能量"，是我人生经验的一大收获，但也是我人格修养的一大倒退。

成家是奋斗的后院，立业是人生的责任，"精神原子弹"得到进一步磨练。

代人购车酿大祸，失去兄弟骨痛彻。人生总有些坡坡坎坎让人迈，没有迈不过去的坎，生活还得继续。

在科学的春天，青少年时代练就的"精神原子弹"小试"牛刀"，初露锋芒。

在科学的春天里，"精神原子弹"有了用武之地，"拼命三郎"显神威。为了抢回被"四人帮"耽误的十年时间，我在多条战场上作战，时间显得不够用。我当车间主任，当技术副厂长，当成都儿童营养中心主任，本职工作就够重的，我还要当成都健康食品研究所所长兼总工程师，走南闯北，时间显得不够用，我哪有时间再写作呢？

解决问题的方法便是拼命。

第九章　"透支生命"的代价·131

"透支生命"是要付出代价的，但那颗"精神原子弹"，能使我不顾一切，"为'赛先生'而战，活着干，死了算，完蛋就完蛋"。

第十章　第二人生·141

退休了，职业生涯结束了，这不仅不是坏事，还是好事，我可以专心从事我热爱的事业，做"赛先生"的职业军人，让我的人生更精彩。

第十一章　觉悟·159

要让我的人生更精彩，必须打磨"利器"，让掌控"精神原子弹"的载体有一个优质的"发射基地"。

第十二章　养心——乐天人生·171

"精神原子弹"优质"发射基地"建设的第一大工程是"养心"，建立"乐天人生"世界观。

第十三章　养心——圈子·185

建设一个优质的"社交圈"，是"养心"工程的重要项目。

第十四章　养生——迈开腿·197

"精神原子弹"优质"发射基地"建设的另一大工程是"养生"，"养生"的一大要素是"迈开腿"。

"养生"的另一大要素是"管住嘴"。

"养生"的第三大要素是"吃药不能马虎"。

"养生"要和"养心"相配合，那就是：心静如止水。

"磨刀不误砍柴工"，"精神原子弹"有了更优质的"发射基地"，威力无穷，我的人生也更精彩了。

在《开篇》中，笔者写了为举办第七届全球华语科幻星云奖与首届科幻电影星云奖的事，其实，在作者生活中，不止有这些事。"在创造中享受"，是笔者的第一大乐事，享受"美景、美食"，也是生活中必不可少的事。2016年，就是"在创造中享受"，同时享受"美景、美食"中过来的。我的人生不仅没有因年龄增加而黯然失色，反而"步步高"，越来越精彩了。

笔者希望余生继续这样过，年年如此，直至最后。

开挂人生

我的人生，是在年近古稀时，才在同姚海军、吴岩共创全球华语科幻星云奖中产生较大社会影响力的。

七十开外的老头子　率队筹备科幻盛会

只身闯入科幻领域　两万元创办全球华语科幻星云奖

再建一个"世界华人科幻协会"　隆重推出"华语科幻星云奖"

科幻这一群人好可爱　愿意为他们做"马前卒"

2015年是个好年头　我的人生又上一层楼

结识了一帮"铁哥们"　打仗全靠亲兄弟

疲累至极还得跑　"铁哥们"姚予疆助我转危为安

"铁三角"大战帝都　华语科幻星云奖走向世界

七十开外的老头子　率队筹备科幻盛会

2016年9月6日，在我这个七十开外的老头子的率领下，晚会总导演程婧波、我的助理阿贤，还有工作人员杨枫、陈丽萍，今天乘机来到北京，与苦战了无数个日日夜夜的新华网工作组、壹天幻象影视公司工作组会师，做第七届全球华语科幻星云奖嘉年华暨颁奖盛典最后的冲刺。由于有新华网和北京壹天幻象影业的共同举办，有美国星云奖主席、日本星云赏会长、世界科幻大会主席（世界雨果奖主席）参与捧场，与中国当代科幻领军人物：刘慈欣、王晋康、韩松、何夕及吴岩、姚海军的对话，中国科幻更新代代表作家：陈楸帆、江波、宝树、张冉、夏笳、郝景芳、程婧波、赵海虹，十大新锐科幻作家：阿缺、周敬之、犬儒小姐、狐习、平宗奇（中国台湾）、谢云宁、灰狐、超侠、滕野、陆杨的参与，第七届全球华语科幻星云奖声势浩大，影响非凡，今非夕比啦！

到今天全球华语科幻星云奖总共举行了七届，还有一届科幻电影星云奖。

历数七届华语科幻星云奖的进步，届届有所提高。从一个到多个，从少数人参加到多数人参加，从不专业到专业，从没有资本关注到资本开始注入。我们正在逐渐走向一个科幻繁荣的新天地。我这个华语科幻星云奖的始作俑者，想起七年来走过的艰难曲折的道路，感慨万千。

只身闯入科幻领域　两万元创办全球华语科幻星云奖

2009年，作为科普作家的笔者，由于三十多年前写过科幻小说，出于对科幻的热爱，只身闯入科幻领域，同吴岩、姚海军一起，吸纳刘慈欣、韩松、王晋康、郑军、北星（美国）、水弓（澳大利亚）、谭剑（中国香港）、黄海（中国台湾）等国内外知名的科幻作家、学者，及协会原来在科幻方面有突出贡献的杨潇、谭楷、秦莉、程婧波等人，成立了世界华人科普作家协会下属的世界华人科幻协会（2011年在香港注册为独立的世界华人科幻协会），创办"全球华语科幻星云奖"。

有人想问我与科幻不沾边，为什么要管科幻的事？其实，我很早就踏入了科幻领域，在我擅长的生物技术方面写过很多小型科幻作品，包括二十世纪八九十年代的《分子手术刀》《基因武器遭遇智能疫苗》等。后来，我把主要精力放在技术书籍和科普创作上，很少在科幻方面进行新创作了。但是，我一直认为，科幻和科普不能分家，科幻应该是科普的最高形式。因此，我在科幻和科普两个领域都有一大帮相互认同的朋友，也才有基础创办世界华人科幻协会，将各方面的科幻作家与学者团结在一起，共谋华人科幻的再次崛起。

再建一个"世界华人科幻协会" 隆重推出"华语科幻星云奖"

成立世界华人科幻协会，是我与吴岩、姚海军两位国内著名科幻人交往的结果，我们一致觉得应该有一个国人自己的科幻组织，来协调大家掀起科幻新高潮。而我的人脉和世界华人科普作家协会的牌子，正是做这样一件事情最好的支撑。因此，没有费什么工夫，这个科幻协会就成立起来了，并且吸纳了华人世界绝大多数科幻作家、学者的加入和支持。

在姚海军的提议下，科幻协会第一个活动——"华语科幻星云奖"隆重推出。

由于星云奖并没有一分钱的预算，也不可能拿四川省科普作家协会或世界华人科普作家协会的资金来支持，会员缴纳的会费（也少得可怜）更不可能用在这里。星云奖评奖还好办，会员和专家们义务进行就是，如此不花一分钱。但星云奖要做大做强，做得有影响力，就必须有一个漂亮的颁奖晚会成为星云奖的亮点和宣传的载体，这就不是一点点钱可以解决的问题。于是，星云奖工作分成了两方面，一方面由我和吴岩牵头，组建了专家评奖委员会，负责组织星云奖作品推荐、评选工作；另一方面，我带着姚海军、程婧波、杨枫、杨波、李庆雯等一帮人搭建了一个"草台班子"——星云奖颁奖晚会筹备小组，准备精心筹划，推出一个奥斯卡式的星云奖颁奖晚会。

奥斯卡式的颁奖晚会，就一定要有奥斯卡的必要元素，不做得像模像样，怎么对得起这么多期盼已久的嘉宾和科幻迷？

需要什么基本元素呢？一定要有明星大腕撑场面，于是，在我和姚海军的邀约下，吴岩、刘慈欣、韩松、王晋康等在华人世界具有影响力的科幻大腕们来了；一定要有美女帅哥插科打诨，于是，我们邀请了业界数一数二的美女、帅哥负责颁奖开奖工作；一定要有敞亮的大舞台，于是，在程婧波的说服下，年轻的动漫总裁付胜为我们掏钱租来了影院大厅；一定要有绚丽的视频背景，于是，李庆雯所在的成都理工大学电视台非编工作室成了我们的非编技术支撑；一定要有大量的媒体采访、闪光灯不断，于是，我熟知的媒体纷纷来到，不仅有新华社的新闻通稿，还有不要一分钱搞起来的成都全搜索视频直播；一定要有核心、搞笑的节目内容，于是，程婧波亲自编剧、董晶任非编制做出来的科幻式开场短片令来宾捧腹大笑；一定要有幻迷参与，于是，通过科幻世界和成都全搜索活动抽奖产生的几十名幻迷来了；一定要有红地毯铺就的星光大道，于是，我们从网上购买了便宜的塑胶红地毯；一定要有绚丽的宣传海报，于是，科幻世界的美术编辑成了我们义务的平面设计；一定要有……于是，我们都弄来了！

这一切，除了制作金质奖杯、奖牌，购买小物件、租赁场地、招待嘉宾晚餐茶话会等花费了20000元（包含我支持的10000元现金、中国台湾太极集团赞助的5000元现金、付胜支持的5000元场地租金）外，全靠小组各个成员四处"干缠"，拉义工、找免费、托帮忙，连几十秒的3D标志性动画都被程婧波免费"哆"来了。在我这个"干缠"老祖宗的指挥下，我们一蹴而就，仅用10余天准备就圆满地举行了一次真有点奥斯卡味道的星云奖颁奖晚会。

4　　原计划114个座位的颁奖现场，实名制发出了80余张嘉宾门票，非实名制发出30余张观众门票，结果影院不知道进了多少人。除所有工作人员都在场内场外跑步服务外，过道、走廊，甚至影院放映厅紧邻的直播工作间都塞满了人，现场的热度和过后的媒体热度远远超过了我们的预计。可以骄傲地说，我们这个"草台班子"在我的督促和指挥

第二届全球华语科幻星云奖颁奖盛典

在第二届全球华语科幻星云奖颁奖典礼上给刘慈欣（左）、王晋康（右）颁奖，与以他们及韩松、何夕为领军人物的一批中国现代科幻作家结下了深厚的情谊，是我人生的大幸

下，成功推出了世界华语科幻的最大盛会，并有信心在未来将其打造成华语世界最有影响力的科幻奖项，从而带动华语科幻新高潮的来临。

科幻这一群人好可爱　愿意为他们做"马前卒"

星云奖颁奖后，世界华人科幻协会渐渐打出了名气，但是我依然觉得所做的工作还不够。我认为跟四川省科普作家协会的宗旨一样，科幻协会如果不能为科幻作家及科幻相关大众提供科幻创作的服务，就不能真正凝聚科幻人的心，达到团结一切科幻人士，重振中华科幻雄风的目的。于是，我与多家出版社广为联系，在程婧波、王成的引荐下，四川人民出版社和重庆出版集团分别与我联系，策划出版了《中国更新代科幻选集》和《星潮》两本最佳科幻中短篇选集，让协会多名会员作品通过选集获得了更多的社会和经济效益。不仅如此，我与重庆出版集团达成定期推出会员的长篇作品、中短篇合集及出版星云奖获奖作品选集的战略合作协议，再一次用我的策划能力和商务能力为科幻会员出书闯出一条可持续性发展的道路。

同时，我还发挥我当年进入科普领域时练就的报告文学功底，亲自采访

5

吴岩、刘慈欣、韩松、何夕、杨潇、姚海军等一批为中国科幻做出了不懈努力的斗士，为他们树碑立传，撰写独具风格的评传，获得大量幻迷和业界学者的一致好评。这些煞费我心血的评传后来与我过去为郑文光、叶永烈、刘兴诗等老一辈科幻作家写的评传一起，集成《穿越2012——中国科幻名家评传》一书，由人民邮电出版社出版了。

我发现科幻这一群人真的好可爱，我好喜欢他们。我要"杀回"科幻领域，掀起一股科幻热潮，再当一次科幻弄潮儿，并建立一个科幻同好圈子。今后，我若退出四川省科普作家协会核心领导班子了，可以在世界华人科普作家协会和世界华人科幻协会两个圈子里玩啦，想到此，心里乐滋滋的。

也许，大家会认为我的做法有很大的问题，应该以身体为重，老实养病，多活几年。可是我认为，既然身体已经成了这样，那么在科学养病的前提下，尽可能地去做自己热爱的事情，将自己有限的时间用于无限的探索和创作中，一天胜过有些人一年，那么自己获得的就是长生不老，就是长命千岁。何况，因为有病，就在家养病，什么都不做，只是等死，和已经死去有什么区别呢？

同时，我的身边积聚着大量朝气蓬勃的年轻人。这些年轻人都说，跟我在一起，感觉更有活力，生活更加激情。其实，我也一样。多同青年人在一起，做力所能及的事，激发出身体的活力，对提升一个人抗病消灾的能力，保持生命的韧性，实现健康长寿，至关重要。

2015年是个好年头　我的人生又上一层楼

在第六届华语科幻星云奖筹办期间，我的合作者因经济原因提出中止一年合同。华语科幻星云奖面临夭折的命运。我急了，于2015年9月16日启程求援。那天早上我5时起床，6时出门，由小陈送我去机场。在换票时，招了无妄之灾，人家说我的票信息不全，支使我去找这个那个，急出一身冷汗，跑出一身臭汗，脸上赔笑脸，心中直骂娘，发誓再也不坐这家航空公司的飞机。终于，在最后时刻上了飞机。

到北京住下，已是下午2时，还没吃饭，便屁颠屁颠地往外跑，应约去与完美世界的包总谈判。咖啡厅里只有花生卖，一面吃花生一面谈。谈判取得了重要进展，精神的愉快抵消了肚子的空虚。

晚上，我与吴岩、老沙共享美味烤乌棒。韩松刚从新疆回来，一下飞机就赶来相聚，吃了碗剩下的鱼汤泡白米饭，还连说"好吃！好吃！"他问我要他做什么。我说，一，写好新华社通稿，二，必须克服困难来参加10月16—18日的成都科幻星云奖大会。他一一领命，说隔几天就可定来成都的具体时间了。

在北京期间，我的各路朋友听说我来北京求援，安排了各种可能的合作者与我见面，同时，我还有许多出版事宜需要协商。一周内，我要去三家出版社商谈出书事宜，同四家公司谈判，够累的。但拥有这么多好兄弟，吃苦受累也心甘情愿。

9月23日，我准备离开北京的前一天，活动的安排达到了顶峰，一天进行了四场活动。早上铁哥们、新华网事业部常务副总经理姚予疆亲自开车来接我转场至龙腾美居，一路上，他兴奋地向我讲述了前日他向20位政治局委员讲科普科幻的经历，并答应了我的一切要求，表示，他会做我的坚强后盾，绝不会让我们的科幻星云奖夭折。

笔者与新华网移动互联网事业群常务副总经理姚予疆合影于北京

也许，新华网移动互联网事业群常务副总经理姚予疆是笔者最铁的"小哥们"，从他担任人民邮电出版社副总编辑起，他就是我所编著的图书的最优秀的出版人，他在北京只同我在车上会谈了十多分钟，便立即拍板由新华网同我们合作主办第七届以及后面至少四年共四届的华语科幻星云奖，使笔者心中的一块石头落了地

7

第二场活动在北京市已建成的最高大楼银海中心的66层咖啡厅中进行，我的小哥们徐卫兵带了一个"女超人"来见我，表示她有办法使科幻星云奖持续发展，成为"万岁"奖。

下午1时，在神通广大的小哥们晓威的安排下，应中央人民广播电台《华夏之声》节目的邀请，我于2时半在《书香两岸》现场直播节目中，与主持人对侃科幻，我重点谈了科幻星云奖，以及大陆和台湾在科幻领域中的交流，谈到中国台湾的科普科幻作家张之杰、黄海、李伍薰、平宗奇，谈了中国科幻的历史与现状，提到新中国原生代，以及新生代和更新代等许多中青年科幻作家，隆重向全国人民和全世界华人推出我国当代少儿科幻的"领头羊"杨鹏，以及少儿科幻作家群中的佼佼者超侠、陆杨、周敬之等。吹牛不打稿子，一口气侃了半小时，仍意犹未尽。不少圈内的朋友都在收听广播，纷纷发来贺信。虽然没有科幻圈朋友受到国家副主席接见那样的风光，但能在国家级的媒体上向中国与全世界宣布世界华人科幻协会的成立，使我们这个屡受极左人士打压的同好组织，能在今后堂堂正正地开展活动，也算是吐了一口恶气，扬眉吐气了。

晚上6时，应一个从日本赶回要求见我的大佬的要求，我在一个神秘的"隐泉"进行了一场神秘的会晤。他为我订了豪华酒店，另购了机票，使我推迟一日返蓉。但因我必须第二天赶回成都，在下午4时与海军、程婧波、杨枫等进行高层会晤，商讨科幻星云奖的顶层设计方案，为怕出现前一天10公里用了两小时的悲剧出现，我早上6时离开酒店，早早到了首都机场，等飞机10时起飞。

此次我趁中国科协召开座谈会的机会，在北京"不务正业"，七天中，我被迫从后台走向前台，进行了20多场的活动，力图驱散蒙在下届及以后科幻星云奖上空的"阴霾"。

通过这些活动，在诸多亲朋的帮助下，典礼的筹办有了点眉目，出现了多条华语科幻星云奖可持续发展的可行的道路。

8　　　这多条道路最后在成都举办的第六届华语科幻星云奖颁奖典礼开了花。

2015年10月16日，第六届华语科幻星云奖颁奖典礼在成都举行，朋友来了一茬又一茬，谈判进行了一轮又一轮，累，并快乐着。

2015年10月17日，第六届全球华语科幻星云奖开幕了，我和吴岩、姚海军三个华语科幻星云奖的创始人走上舞台，吴岩代表我们致开幕词。

在第六届华语科幻星云奖大会上三位创始人联合致开幕词（图左1为姚海军，左2吴岩，左3笔者，左4主持人小姬）

华语科幻星云奖举办了六届，笔者决心同团队成员一起，将该奖项打造成具有"美国星云奖""日本星云赏"水准的国际公认大奖

结识了一帮"铁哥们"　打仗全靠亲兄弟

大会十多场活动在有条不紊地举行，我却走不出卧室兼接待室半步，一场场谈判、会见排着队在进行。我在北京努力开的花，在会上一一结果。首先结的果是我们与新华网签约，共同打造"全球华语科幻电影星云奖"。这将为四川打造世界科幻之都、构建科幻新兴产业奠定行业基础。2015年10

与日本科幻作家兼中国科幻研究者立原透耶合影

日本也有对中国友好的人士，日本科幻作家兼中国科幻研究者立原透耶年年来中国参加全球华语科幻星云奖活动，即便在中日关系十分紧张的时候，也不请自来。今年，她还把日本星云赏会长拉来参会。看来，对于日本人，我们不能一概而论

月17日下午，由我主持，新华网与世界华人科幻协会签约，共同主办全球华语科幻电影星云奖。

更重要的是，我同铁哥们兼新华网移动事业群常务副总经理姚予疆谈妥由新华网总部与我们合作主办星云奖的意向，还同华熙集团谈判了合作主办华语科幻星云奖的意向。会上，还与清华大学紫光教育集团签署了合作举办全国中学生科普科幻作文比赛及评选"青少年优秀科幻星云奖"的协议，还同著名作家蔡骏达成了冠名华语科幻星云奖少儿科幻类的初步意向。

可是，这一切要落在纸上，在协议上签字画押，将定金打到账户上，才能算是铁板钉钉，落到实处。

疲累至极还得跑　"铁哥们"姚予疆助我转危为安

我还得跑。但是，在成都成功地举办了第六届华语科幻星云奖颁奖典礼及科幻嘉年华以后，我疲累至极。经过月余闭门谢客，在金河谷乡下疗养，我精力逐渐蓄积，血糖恢复正常。又可以干活了。

活着干，死了算，完蛋就完蛋。这总比等死强。

2015年11月，本来，我打算去三亚避寒，却因要到北京来落实第七届科幻星云奖在北京举办之事，走反了，来到了天寒地冻的北京。好在，一下飞机，就有晓威的大奔等着我。到了吴岩给我安排的四星级宾馆，我被热惨了，衣服一层层剥得差不多了还在出汗。

为了筹办第七届华语科幻星云奖和首届华语科幻电影星云奖，我在宾馆旁的咖啡店和铜锅涮羊肉餐厅，约见了一批批与此相关的朋友；电影界的朋友林天强、黄埔开疆、"堕落熊猫"及中国科普作协科幻电影专委会负责人老沙来了，组建了首届全球华语科幻电影星云奖的顾问班子；同新华网事业群老总姚予疆的一席推心置腹的长谈，解决了第七届科幻星云奖在北京举办的一切难题。我可爱的、最可信任的忘年之交、小兄弟姚予疆在关键时刻拉了我这个老哥哥一把，我无比欣慰！

2015年11月30日，在新华网互联网事业群的会议室里，由姚总和我主持，召开了第七届华语科幻星云奖主办方世界华人科幻协会会长吴岩与新华网代表姚予疆的签约仪式，新华网在五年内承担举办华语科幻星云奖的一切费用。我为筹措经费苦恼了六年的问题从根本上解决了。从2016年至2020年，我可以高枕无忧了。

新华网承办"全球华语科幻星云奖"签约仪式（前排左姚予疆，右吴岩；后排左付方明，右笔者）

姚予疆一诺千金，很快落实了由新华网承办第七至第十一届华语科幻星云奖的事宜，保证了我至少五年事业的顺遂，成就我幸福的余生

2016年3月，我开始忙碌起来了。第七届华语科幻星云奖、首届华语科幻电影星云奖，以及第七届华语科幻星云奖科幻电影创意专项奖的组织工作，三个奖交叉进行，忙得我天昏地暗，常常把自己也弄迷糊了，张冠李戴，将第七届科幻奖的事拿到首届科幻电影星云奖去说，或者相反。三个组委会的委员比我更迷糊，闹出不少笑话。

不过，我这一帮身在全球各地的兄弟姊妹——各行各业鼎鼎大名的教授、博士、硕士、老板、老总、科普科幻从业者、科幻迷却很可爱，只要我用红包一吹响集合号，就放下手中的其他活，来办科幻星云奖的事了。

3月5日，第七届全球华语科幻星云奖组委会成立，我们即开始开展组委会的第一阶段工作——制定章程。经笔者、吴岩、姚予疆、姚海军、付方明组成的章程起草小组的努力，章程起草工作于3月12日完成了，同时，我们还于3月12日下午4时在昆明主会场，召开了组委会全球微信会议，讨论章程方案。经过在微信华语科幻星云奖组委会群的热烈讨论，组委会收到了许多有价值的意见。章程起草小组据此又制定了章程修改意见。

3月19日，在设于成都西部智谷的时光幻象华语科幻博物馆内的组委会办公室里，我和新华网专程来蓉商讨章程方案的新华网科普信息化事业部总监付方明主持，和新华网华语科幻星云奖官方网站《科幻空间》负责人李轶男、在蓉组委会成员程婧波、董晶、阿贤一起，开展讨论，并有组委会主席吴岩、常务副主席兼秘书长姚予疆、副主席姚海军分别在北京、上海通过微信参与，在中国（包括香港、台湾在内）、美国、加拿大、澳大利亚、新加坡等地的全体组委会成员，开了一个高效、务实的微信会议。通过热烈认真的讨论，组委会委员充分发表了意见，通过民主协商，敲定了2016年第七届华语科幻星云奖章程。

在继承前六届章程优点和教训的基础上，为使华语科幻星云奖的公信力得到进一步提升，我们采取果断措施，杜绝刷票、买票等不公平竞争行为，以专业人士组建的组委会委员投票、评委会把关的专业评选为主，以世界华人科幻协会会员（非组委会成员）及全国各地50个以上科幻社团代表组成的一人一次投票权的大众投票为辅的投票及决定入围名单评选十一大奖项的

第七届全球华语科幻星云奖组委会全球微信会议（从右至左为笔者、付方明、李轶男、阿贤、程婧波）

互联网真方便，一个全球会议，通过微信聊天群就可召开，高效省事又省钱

机制。在本届奖项设置上，恢复评选"最佳科幻美术奖"，将"最佳科幻迷奖"改为"最佳科幻社团奖"，取消"人气奖"。

同时，本届邀请美国星云奖（美国科幻奇幻协会）主席凯特·兰博（Cat Rambo）及日本星云赏（日本科幻作家俱乐部）会长藤井太洋赴会，与世界华人科幻协会共办科幻星云高层论坛，为华语科幻星云奖走向世界奠定基础。

5月22日，在我74岁生日那一天我来到北京。两天两夜中，忙得不可开交，吃得一塌糊涂，经过千辛万苦，各方各退一步，终于达成新华网、壹天文化同世界华人科幻协会联合举办华语科幻星云奖的战略合作协议。参与我们的华语星云奖的人越来越多了，规模越来越大了。

从此，我和吴岩、姚海军一起创立的全球华语科幻星云奖走上了快速发展的轨道，事办成了，心踏实了，睡了一个好觉。第二天晚上，我独自去"蛋壳"（国家大剧院）里看话剧《风雪夜归人》（吴祖光编剧），女主演程莉莎风情万种，很迷人。580元一张的票，值！大战以后慰问一下自己，在创造后享受，还说得过去吧？

三方结盟（前排左起：北京壹天公司总经理陈韬、成都时光幻象公司董事长董仁威、新华网移动互联网事业群常务副总经理姚予疆，后排左起：刘莉律师、壹天影视部CEO余波、壹天老板之一甘伟康、中国科幻界领军人物之一姚海军、壹天老板之一陈欣、中国科幻界领军人物之一吴岩、四川期刊集团总助石以、新华网科普事业群总监付方明）

5月24日，与北京科幻作家欢聚一堂，陈楸帆、杨平、凌晨、梁清散、宝树、熊伟、周敬之、刘越等，与我、吴岩及新华网姚予疆、付方明、李轶男等共议第七届华语科幻星云奖新举措：第七届全球华语科幻星云奖评奖活动将恢复第六届全球华语科幻星云奖开创的科幻电影创意奖。该奖项主要由壹天公司设立，获金银奖者，有机会与该公司签约出让改编或拍摄科幻影视的版权，并由该公司投资拍摄科幻大片、科幻动画大电影、科幻网络大电影或科幻剧集，组织在全球范围内的院线、网络上映。金奖1个，奖金5万元，银奖4个，每个奖金1万元，另设入围奖10个，每个奖金1000元。到会作家跃跃欲试，摩拳擦掌，准备投身到这一活动中。

5月24日晚，大家都走了，我留下来，在我会驻京办主任雷永青的陪同下，至北京曼荼罗国际投资基金公司会谈，与其资本副总裁、电影基金管理人、高级合伙人兼派格集团副总经理、《超新星纪元》投资出品人罗拉谈判。双方就由该公司合作，建立华语星云奖可持续发展机制达成共识。这是北京之行的一大收获！

回到成都，全家人给我庆祝74岁生日。这一天阳历是5月28日（农历四月二十七日），我母亲的遗物中有关于这个生日的亲笔记载。以后，我就在每年农历的这一天，过我时间精准的、真正的生日了。今天，我闯过了73这一关，直奔84去了。到了84，阎王请不请都不去，那时再次闯关，奔向100岁！

农历四月二十七日，全家人聚在一起，给我庆生

经过几天几夜的准备，6月26日，受吴岩主席委托，胜利地召开了数十人参加的第七届华语科幻星云奖组委会全球微信会议，决定了入围名单。事情做完人便放松了，这天，我半夜起来，不干活了，好好地享受了一场欧洲杯八分之一决赛。

一面看赛，一面回忆全球微信会议的场面，委员们以极大的热情投入了决定入围者的讨论，十分较真，面对面也毫不留情，行就行，不行绝不苟且，对事不对人。会议结束，组委会委员洒了一场红包雨庆祝，我发了红包，也得了十多个红包，多则数十元，少则1分钱，那个乐啊！

我喜欢这群理想主义者，这群从60后到90后的青壮年精英，同他们在一起，才感到生命的价值，才感到活得有滋有味。物以类聚，人以群分，这辈子最大的幸运就是同科幻科普圈结缘，虽然其中也有少数几只苍蝇、几个小人，但绝大多数是君子，这在如今物欲横流的社会已很难能可贵了。我会珍惜这个缘分，全心全意为他们服务。亲君子，与他们多聚聚；远小人，有他们臭味的地方不去。只有这样，才能快快乐乐地度过我人生的最后三十年。

从日本参加科幻大会回国后，我立即陷入了三个即将召开颁奖大会的华语科幻星云奖的浩繁的公务中，两个月来紧张得透不过气，陷入多年来未有过的一种"拼命"态势。

我围绕成功举办北京第七届星云奖科幻电影创意奖和创投会，与新华网总网、壹天公司紧密合作，四处奔波，务必使第二次科幻电影创意奖和创投会取得实效，使一批科幻文学作品实打实地进入转化为科幻影视作品的程序，帮助一批科幻作家富起来。

我们的努力，得到了全国同行的支持，我们相继与上海最世、天津微象、北京九天、成都赛凡空间以及若干科幻作家签约，共同开发他们的签约作家的作品。参评北京第七届科幻电影创意奖的科幻文学作品达百部以上。

8月2日，我抓紧赴京前的最后日子，让小陈驾车赴自贡，会见小友何夕夫妇，除了一席他们宴请的极具特色的盐帮菜令人印象深刻外，何夕还送了我极珍贵的礼物——将《天年》《伤心者》《爱别离》同财大气粗的壹天公司签约。我作为壹天公司的全权代表与他签署了影视及其他衍生品版权转让的独家协议。

我带着何夕的协议与"左膀""右臂"程婧波、阿贤一起赴北

代表壹天公司与中国当代科幻领军人物之一何夕（左1）签署了购买《天年》影视改编版权的协议

京，一是与新华网落实第七届星云奖嘉年华若干具体事宜，一是选出十五部科幻电影创意奖作品，并实现金银奖作品的签约。

"铁三角"大战帝都　华语科幻星云奖走向世界

8月5日，我们来到北京，三部豪车把我们三个华语科幻星云奖组委会工作人员接到位于中国传媒大学西校区的壹天公司办公室，华语科幻星云奖三大主力：新华网总网、壹天文化传媒公司、世界华人科幻协会师京城，立即举行了工作会议，共商北京第七届科幻星云奖嘉年华和科幻创意专项奖大计。会后，壹天文化做东，设小宴小吃了一顿，庆祝科幻星云奖三大主力会师。

第二天，8月6日，在35度的烈日下日行12000步，考察北京第七届星云奖颁奖典礼、大型集体科幻名家签名活动、中美日三国星云奖高层论坛、第二届华语科幻创意奖创投会场——新建的中国国家图书馆，气势磅礴！超棒！然后，用七分半钟吃饭，七分半钟赶路，赶去北京北辰剧场看舞台剧《三体》。虽然好看，由于太累，太困，挡不住睡魔，我渐渐合上眼。突然，红光一闪，三个太阳出来，耀眼的宇宙闪烁把我惊醒。接着，舞台上接二连三绚丽的多媒体表演，让我震撼，完全没有了睡意，直至谢幕，同全场台上台下的三体人同声举臂高呼口号：消灭人类暴政，世界属于三体！几百元一张的高价票一票难求，剧场外的黄牛党更是多如牛毛，这都预示着科幻影视剧市场前景光明，科幻产业化大有可为。

8月7日上午，我一面看里约奥运会开幕式，一面等吴岩、姚海军二位老弟的到来，期待开幕式，更期盼岁寒三友的北京聚会。自我们共同创建全球华语科幻星云奖以来，三兄弟虽天南地北各处一方，却齐心协力，共同主办了六届奥运会，但七年间，却没能三人单独聚在一起聊聊天。三兄弟如约来了聚在一起，推心置腹，开诚布公，加强了彼此之间的了解，更进一步促进了我们三兄弟的凝聚力，共同为促进华语科幻事业的发展做出贡献。

16　几天来，通过我和阿贤、程婧波及壹天公司、新华网及评委们日日夜夜

科幻三兄弟（左1为《科幻世界》主编姚海军、中为北京师范大学博士生导师吴岩教授）

我同北京师范大学博士生导师吴岩教授（中）与科幻世界杂志社主编姚海军（左）结成忘年之交，是我一生最大的幸运之一。我们一起创建世界华人科幻协会和全球华语科幻星云奖，"在创造中享受人生"

的努力，第七届科幻星云奖科幻电影创意奖入围名单终于出炉，入围者中已有何夕、江波、周敬之、彭柳蓉与壹天公司签约，何夕的《天年》，江波的《银河之心》三部曲，立即进入由大公司同壹天公司联合拍摄科幻大片的程序。我们搭建科幻文学与科幻电影之间的沟通平台的行动，正走向坚实的成功之路。

在北京的七天，真的是忙坏了，也吃坏了，七天中开了三个评委会，完成了十三部科幻作品改编影视版权的签约，吃了八顿宴请，连里约奥运会都没时间看，累得崩溃，我同行的副秘书长阿贤累得两次进医院打吊针。我则成天晕头转向，丢盔弃甲，一天丢一样东西，孔明扇、同学生日送的亲笔写的折扇、头上的遮阳帽，都丢了，但是，会了几十个朋友，办成几件大事，吃了那么多美食，累，但快乐着。活着干，死了算，完蛋就完蛋。在创造中享受，在享受中创造。这是我选择的生活方式，心甘情愿。

8月18日、8月19日，北京壹天文化传媒有限公司先后兑现了第七届全球华语科幻星云奖科幻电影创意专项奖入围批量签约作品何夕的《天年》、江波的《银河之心》三部曲，周敬之的《星陨》六部曲，以及何夕的参评品《伤心者》《爱别离》，彭柳蓉的《怪物》等十三部作品的定金，总计近百万元人民币的真金白银，打破了批量中国科幻作家"泡沫签约"而未拿到一分钱的魔咒。

在北京借壹天公司办公区召开的首届华语科幻电影星云奖评委会（第1排左起：熊伟、吴岩、董仁威、侯克明、林天强）

我们举办的民间科幻奖项逐渐引起了社会的关注，一些有识之士和企业事业单位陆续参与、支持华语科幻星云奖的活动，第一、二、三届有付胜的成都奇影动漫公司、高辉的"看书网"、人民邮电出版社、四川科技馆，科幻世界杂志社，第四届有希望出版社，第五届有姬十三的"果壳网"，第六届有古敏的"科幻星云网"。特别是第七届，由于新华网和北京壹天文化的加入，媒体与资本的力量使这个民间科幻奖项完成蝶变，影响力呈几何级数迅速增长，从此迈上了产业化及建设国际化大奖的征程。

更为重要的是，华语科幻从业者在华语科幻星云奖的旗帜下聚集起来，把这个奖作为共同的事业，当成自己的事来办。每届评奖活动的组委会越来越大，至第七届全球华语科幻星云奖，由科幻界精英组成的组委会成员扩大至80余人，他们通过新建立的科幻社团代表投票人制度把全国几十个高校科幻社团的科幻爱好者发动了起来。首届华语科幻电影星云奖组委会则集合了科幻界及电影界的106位精英，他们通过全球微信会议，积极发言，献计献策，制定章程，推荐每年的优秀作品和先进个人，决定入围者，使两个奖项成为科幻人与科幻电影人自己的奖项。他们的主人翁责任感，加上专业化的评委会严格把关，促使华语科幻星云奖在公开、公正、透明、专业的原则基础上，公信力日益提高。

中美日三国四方举行高端科幻论坛

请来了美国科幻奇幻协会主席（美国星云奖主席）凯特·兰博（左2），与日本星云赏会长藤井太洋、2017世界科幻大会（雨果奖）主席Crystal M. Huff，举行了中美日三国四方（加世界科幻大会一方）高端科幻论坛，使我们的华语科幻星云奖走向世界，并逐步成为国际公认的科幻类大奖

2016年9月6日，我率成都工作组至北京参加第七届全球华语科幻星云奖嘉年华暨颁奖盛典三方联合指挥部工作，我因为血糖值很高，心脏也有异像，天天打胰岛素、吃救心丸。为了能坚持开会，我先住进壹天幻象影视公司董事长甘伟康为我在中国传媒大学宾馆预订的套房里养病，成都工作组则在程婧波、阿贤的带领下，住在新华网附近的汉庭酒店，在新华网姚总予疆的统一率领下，融入主办三方紧张的不分日夜的会前准备工作中。

程婧波和阿贤，下午4时刚放下行李，还没来得及休息进餐，就被姚予疆召到新华网。在那里，与付方明、李轶男为主的新华网工作组，与余波、王玟雅为主的壹天工作组，在姚总的统一指挥下，挑灯夜战，让总导演程婧波和副导演阿贤，在随后的五天中，几乎夜不能寐，食不甘味，最终达到完美主义者姚总的要求，开了一个高层次的近乎完美的盛会。我们成都工作组，作为主办方的核心力量，为保证第七届华语科幻星云奖嘉年华的成功，倾尽

全力。特别是我的"左膀""右臂"，程婧波和阿贤，晚会总导演和活动总协调，还有我的"左脚"和"右脚"，两个"跑腿"的协会办公室副主任，在我的头脑指挥下，合成一体，几近于疯狂地在会场内外"上蹿下跳""马不停蹄"地奔跑，补漏洞，堵"枪眼"，化危机。我们协会的科幻志愿者在雷永青、周敬之的率领下，不显山不露水，默默奉献，保证了场场活动热闹、好看，成功、圆满。

全部活动结束后，受到一致好评。我服了，不是服我自己，而是服了新华网的姚总，我的好兄弟姚予疆。起初我对他那暴躁的脾气是有看法的，气得有时我不想见到他。他打电话我不理，他急了，不断向我解释，设法哄我高兴。他虽然脾气不太好，动辄吹胡子瞪眼，但他对我们的华语科幻星云奖充满激情。他一心要把我们的这个奖从科幻圈内的自娱自乐，提升到大众化、专业化、国际化的水准。他做到了。他团队中的新华网科普信息化事业部总监付方明、"科幻空间"项目负责人李轶男，同他一样是"忘命徒"，不仅会前几个月忘命奔波，会议期间更是累坏了身体，付方明"失聪症"发作，医生警告他若继续熬夜，耳朵不保。他顾不得这些，继续日夜操劳，成为大会组织事实上的主心骨、"平衡器"，李轶男累得失声，在大会圆满结束后，为维持散场秩序，还被人狠狠地咬了一口。壹天文化工作组，默默奉献，不仅为论坛准备了一组电影界人士的高端对话，为颁奖典礼奉献了一个很受欢迎的"银河之外"节目，还承办了盛大的中外嘉宾欢聚一堂的高档宴会。

科幻嘉年华和第七届华语科幻星云奖开幕式及"科幻·中国与世界"国际科幻高峰论坛，每一个环节，他事必恭亲，不仅管台上，还要管台下。台下的观众坐得满满的，上千人的会场座无虚席，这在国内外的论坛上都是罕见的。台上更是高大上，开幕式请来四个副部级领导出席开幕式，新华社副社长刘思扬的讲话，表明新华社承认了全球华语科幻星云奖，该奖项成为国家支持的华语科幻大奖。刘副社长说：今年新华网首次承办全球华语科幻星云奖，这是中国科幻领域的里程碑性事件。未来，新华网还将利用资源优势、资本力量，为科幻产业搭建平台，助力产业链条拓展延伸，推动中国科幻走向繁荣发展，走上国际舞台。

副社长、党组成员刘思扬以及中国科协党组副书记、副主席、书记处书记徐延豪，中国作家协会党组成员、书记处书记阎晶明等四个副部长级嘉宾为之剪彩，并安排我这个平民百姓的代表与政府高官一同启动开幕按钮，为国际科幻高峰论坛暨第七届"全球华语科幻星云奖"颁奖盛典揭幕，象征官民合一，共同促进中国科幻事业的发展。

颁奖盛典开幕

在这次高峰论坛的第一单元"世界科幻之巅"中，由我这个华语科幻星云奖创始人作为中国代表与美国科幻奇幻作家协会主席凯特·兰博分别做了主题发言。中国、美国、日本的星云奖主席、会长与世界科幻大会雨果奖联合主席开展了高水平的圆桌对话，并且采用非常优秀的同声传译，使中外对话流畅，精彩绝伦。

在这次高峰论坛的第二单元"时光猜想之旅"中，著名心理学家彭凯平教授关于未来与科幻的讲演十分精彩，其与刘慈欣关于人工智能的对话充满睿智。

我在三国四方国际科幻高峰论坛上做主题发言

在这次主要由壹天公司策划的高峰论坛的第三单元"多维边界之美"中，曾领衔制作《钢铁侠3》《X战警》等电影特效的三大好莱坞特效大师之一塞巴斯蒂安及元力影业老板杨璐对科幻产业链如何繁荣发展发表的真知灼见，发人深省。

参加论坛的嘉宾一致认为："科幻·中国与世界"国际科幻高峰论坛名符其实，达到了中外国际论坛的较高水准，对提高华语科幻星云奖的层次，成为国际公认的世界权威科幻大奖之一，迈出了坚实的步伐。

9月11日上午，在国家图书馆艺术中心组织了一个中外科幻作家集体与科幻迷见面及签名售书活动，这是我们精心策划的一次向世界"亮肌肉"的活动，让中国和世界知道，中国不止有一个刘慈欣，我们有30后、40后、50后、60后、70后、80后、90后，持续不断的科幻作家队伍，而且，越到后面，人越多，水平越高。这次来的40位中外科幻作家、评论家、活动家中，有30后中国科幻代表作家之一的刘兴诗，40后有不足挂齿的本人，50后有吴岩。然后是从60后到90后的三代科幻作家，首先是以中国科幻当代领军人物刘慈欣、王晋康、韩松、何夕为代表的新生代科幻作家（潘海天、凌晨、郑军等均是这一代人的杰出代表），以陈楸帆、江波、宝树、张冉、夏笳、郝景芳、程婧波、赵海虹为代表的更新代科幻作家（飞氘、梁清散等均为这一代作家的杰出代表），更有一批虽未全部走上签名台，但出席了签名活动及颁奖典礼，已锋芒毕露的十大新锐科幻作家：阿缺、念语、犬儒小姐（未公开露面，但可能隐藏在我们之中）、顾适、王侃瑜、胡绍晏、灰狐、康乃馨、滕野、谢云宁等。还有中国少儿科幻作家中的"三小龙"：超侠、陆杨、周敬之；当代中国科幻评论界的"四杰"：任冬梅、李广益、梁清散、飞氘。

参加集体签名售书的中外科幻名家合影留念

（第2排左起：吕哲、萧星寒、刘慈欣、墨熊、江波、凌晨、何夕、立原透耶、姚海军、凯特·兰博、宝树、藤井太洋、郑军、陈楸帆、张冉、董仁威、王晋康、张文敬、超侠、李广益；第1排左起：胡绍晏、梁清散、灰狐、陆杨、任冬梅、夏笳、念语、阿缺、周敬之）

　　9月11日下午6时半，开始走红毯，由于红毯导演突然甩手，付方明"堵枪眼"，冲出来指挥，走得比较乱，又没有男女搭配，不好看。这是本次活动中唯一的遗憾。白壁微暇，任何事要做到十全十美，几乎是不可能的。晚7时15分，红毯礼毕后，晚会正式开始。颁奖典礼由总导演程婧波策划并实施，历时半年。程婧波是第一、二、三届的总导演，每一次，她都有出其不意的创新构想让观众惊喜。第四至第六届，由于她照顾宝宝，其他人接替了她的总导演职务。但是，我总觉得没有程婧波那种难以言表的灵气。程婧波，作为晚会的总导演，她独特的点子，总能引起幻迷观众的赞赏和共鸣，这是任何专业导演办不到的。于是，第七届我决定请她出手，重执牛耳。她的妙招，一直处于极端保密的状况，连我也只知道个大概。但是，我并不想去干预，我知道，她只要答应我了，就会千方百计把它做好。她办事，我放心。

果然，她克服了种种困难，献给大家一台近乎完美的颁奖典礼。我说近乎，是因为临阵换主持人带来的遗憾，十分挑剔的科幻迷们，对这次晚会唯一的吐槽点就是主持人。他们不知道，原来的主持人是陈楸帆和墨熊，如果让他俩主持颁奖典礼，科幻迷可以从头尖叫到晚会结束。除此之外，观众对盛典的每一个环节都拍手叫好，交口称赞。晚会有八个亮点，让人赞赏不已。

第一个亮点，是魔术《弗兰肯斯坦》，多数人反映不错，有个好的开头。

第二个亮点，是评委穿着科幻电影《星球大战》中人物服饰亮相。评委们觉得很好玩，刘慈欣在后台就同我们打开了，全体评委还用光剑砍下了夏

评委着科幻电影人物造型持光剑亮相，颇有新意。（左起：刘兵、笔者、刘慈欣、杨枫、姜振宇、喻京川）

笳的"美人头"。我穿的是反派人物西斯武士黑袍，透着威严和杀气。评委用这种不寻常的方法亮相，果然使观众有耳目一新的感觉。

第三个亮点是，以壹天公司为主组织的科幻电影创意奖颁奖，15个获奖者奖杯和证书下面的厚厚红包分外抢眼。金奖的两个大红包各装了50元一张的人民币上千张，共5万元，这是我亲自从成都背过来的现金，沉甸甸的，平时得个几元钱的红包都高兴得不得了，谁看了这么大的红包，能不动心？

第四个亮点是，中国著名青年演员王青，与美国科幻奇幻协会主席凯特·兰博、日本著名华语科幻研究学者立原透耶，分别用华语、英语、日语朗读老舍的科幻小说《猫城记》，典雅、清新，连最喜欢吐槽的科幻迷都竖起了大拇指。

第五个亮点是，刘慈欣应青少年科幻作者的要求，向15个最佳青少年科幻作品奖获得者逐一颁发证书和奖状，大刘累得汗湿衣衫，感动了所有的观众。

第六个亮点是，郝景芳克服了常人难以想象的困难来当颁奖嘉宾，台下对她寸步难离的儿子的哭声牵动了每一个人的心。

第七个亮点是，壹天公司精心组织的一台"银河之外"的节目，这个节目的演唱者是著名歌手树子，壹天公司老总陈韬的朋友，背景短片很感人，是壹天公司导演马明的作品。他千方百计搜集有关科幻星云奖的资料，短片使用的所有照片是董晶协助他从四处收集的。这台节目不仅琴声悠扬，歌曲温馨，还使科幻人回忆起科幻星云奖走过的不平凡的历程。

特别是压轴的一幕，三家主办单位的头儿们手拉手上场，互相拥抱，共同举手发誓共推科幻热潮，使颁奖典礼达到高潮，不少人被感动得热泪盈眶。这预示着两个铁三角（科幻三兄弟及科幻媒体人电影人三兄弟）形成的最稳定的五环结构坚如磐石，他们会带领全球华语科幻星云奖迅速走上国际化的轨道，逐步成为与美国星云奖、日本星云赏并驾齐驱的国际科幻大奖。

三方宣誓

　　主办三方领导人上场，举手发誓，把华语科幻星云奖越办越好，将会议的热烈气氛推向了高潮（右起吴岩、姚海军、董仁威、姚予疆、甘伟康）

　　开幕式、国际论坛、作家集体签名售书及颁奖典礼都完美无暇，在完美无暇背后藏着筹办三方工作人员的汗水、泪水及无以言表的极度辛劳，这是三个主办方团队共同完成的杰作，必将永载史册！

第一章

童年梦

开挂人生不是一蹴而就的，必须非常非常努力，从小积淀。

我的童年时代是幸福的。我有幸遇上了两个良师，一个是我的母亲廖宗俊，一个是我的小学老师谢高顺。我的亲友圈大多对我施加了正面的影响，给了我许多的爱和关怀，从他们的爱中我获得了奋发向上的人格力量，奠定了练就"精神原子弹"的根基。

我的最初记忆　是庆祝抗战胜利的鞭炮声
我的父亲母亲是平民　青年父亲也曾忧国忧民
我的兄弟姊妹　我的故乡故事
我的"毛根"朋友　我的姨妈、舅舅、堂哥
我的第一个人生梦：长大了要写上一架书

我的最初记忆　是庆祝抗战胜利的鞭炮声

我出生于抗日战争的烽火中。我的记忆是从三岁多一点开始的。记得那时候，听到了一阵鞭炮声的我，兴奋地从院子里冲了出来，一下子摔在大门外的台阶上，鼻血立即流了出来。我嚎哭起来。一群人从院子里冲出来，为首的是我年轻漂亮的母亲。她着急地把我搂在怀中，叫人拿来草纸，塞进我鼻子里。血慢慢地止住了。在以后的生涯中，我容易出鼻血。据母亲说，就是这次摔跤，使我成了"沙鼻子"（四川话："沙"即为"不结实"之意）的。

后来，我才知道，这一天是抗日战争胜利的日子——1945年8月15日，日本宣布无条件投降，全中国都在放鞭炮，普天同庆。

我出生于中华民国三十一年（1942年）农历四月二十七日，属马，出生在四川万县（现重庆市万州）郊外夜荷湾。

我的婴儿时代（1942年）

赤条条来到人世，百年后又会赤条条去，来到这个世界做一世人真的很幸运，来世虚无缥缈莫指望，珍惜今生最重要

我的父亲母亲是平民　青年父亲也曾忧国忧民

我母亲姓廖，叫廖宗俊。外祖父廖启煌在重庆是个有名的资本家，与重庆商会会长汪云松、大资本家聚福洋行老板黄锡滋等关系密切。母亲有两个亲兄、一个亲姐。一个兄长是按家族大排行的老二，即我的二舅父，一个慈祥和蔼、胖胖的人，很逗人喜欢；另一个是我的四舅父廖宗明。由于外婆住在四舅家，我经常随母亲到四舅家去。在我的印象中，四舅经常坐在一把竹躺椅上，其头型是俗称的"包包白"，头发向后梳，整齐又发亮，但他很

严肃，我从未见他笑过，他一辈子都在同四舅娘吵架。母亲是家中的老幺，侄辈喊她"八姨妈"，家里哥哥姐姐都宠着她。她与亲姐姐——我们的五姨妈廖宗文最亲，来往最密切。五姨妈端庄美丽，是个典型的贤妻良母。她很善良，于青年丧夫守寡，一辈子都在忍气吞声中度过。

我母系的亲戚中，人才辈出，如清华大学著名教授汪家鼎、大画家吴凡等。

母亲受过良好的教育，是当时罕见的女子师范学校的毕业生，端庄貌美，有文化，有教养，有担当。她比五姨妈强势得多，喜欢替人出头，也不会忍受任何人的欺负。

我对于夜荷湾的记忆只剩下两件事。一件是堂屋里常捆着一个女人，我们叫她"疯子二伯"。她常常无助地跪在堂屋冰冷的三合土上哀嚎，我觉得她好可怜。另一件是我在院落旁的池塘里钓起一条鱼，阳光下的它，鳞光闪闪。最后，我把鱼挂在了环绕池畔的柳树上。这给了我第一次印象深刻的快乐。

我的记忆跳到了万县市陈家坝半边街的一个煤栈里，煤栈中堆满了一堆堆的煤，每堆煤上都有一个为防止自燃的竹制烟囱。煤栈外就是波涛汹涌的长江。长江中央有一块巨石，每逢洪水季节，便能听到惊涛骇浪冲击到这块"盘盘石"上发出的声音。

这时，我五岁。在关于夜荷湾的记忆中，我只记得母亲一人的形象。在关于陈家坝的记忆中，祖母、父亲、大哥、二哥以及煤栈雇工老唐的形象钻了出来。

我的祖母叫马能修，是湖南衡阳人，幼时同其父母来川，后来做了我的祖父的四继室，只生了我父亲一人，是重庆董世泰家族的幺房。我的曾祖父董世泰原是湖北黄州府黄冈县中和乡董家石桥人，少年时同兄董世乐、董世安及弟董世康奔四川讨生活，兄弟四人当纤夫，沿长江拉船来到重庆府巴县临江门，就业于煎熬皮胶的硝房。兄弟其中二人淹死在硝池，仅有大哥董世乐和老三董世泰在战乱中创业。在一次军阀大战中，哥俩在全城商民弃城逃跑时，冒险留了下来，用自己多年储蓄以极低的价格收购了大量牛皮，战后在朝阳街自办董家硝房，发了大财，占有白市驿附近良田千亩，拥有重庆市朝阳街（后市中区解放碑附近民国路）半条街的房产，成为重庆的望族之一。

曾祖父董世泰育有十男二女，祖父董昌喜（字欣甫）排行第六，育有董至业、董至跃、董至富、董至贵、董至荣五子及二女。董至荣，即我的父亲，字季常。

祖父董昌喜于1935年去世，从此父亲失去了生活的依靠。祖业本有田产，因修白市驿机场被征用。曾祖父曾经营一家广益山货字号，因亏损倒闭。父亲在旧式学堂钟南中学读书，师承著名国学大师，中文造诣颇深，写得一手好字，深受老师赏识。

那时，父亲也是个忧国忧民的热血青年。面对日寇侵华，父亲在南京的留影的背面抒怀道："不幸的我，也不要消极，家、国、民族、人类还需要你们为他们谋福利，亡国灭种你不怕么？起来！奋斗！流血！与强权挣扎！"

1934年，父亲与母亲廖宗俊结婚。那时，父亲二十岁，尚未自立，是母亲将陪嫁的一对金圈当了，换了大洋三百元，才有钱去庐山度蜜月。

父亲母亲结婚照（1934年）

我的父亲青年时代风度翩翩，母亲美丽贤惠，可是，在生活的重压下，逐渐消磨了豪情壮志，维持全家十口人的生计，成了他们的一切

我的兄弟姊妹 我的故乡故事

1940年，我家民国路的房产因遭日机轰炸而毁于一旦。此时父亲生计全失，只好辍学，奔万县投靠我的外祖父廖启煌，在外祖父开办的棉花字号——昌公字号做店员。1945年，抗战胜利后，由该字号股东刘继光介绍，父亲进了由刘担任经理的强华轮船公司万县分公司做助理员，负责管理位于长江南岸陈家坝锅厂湾半边街的一个煤栈，保障公司过往轮船的煤炭供给，包括煤炭的采购、保管及运输上轮船等。这个煤栈仅两人，一个是管理员——父亲，一个是工人——老唐。

我们全家都住在煤栈里。1947年，我五岁时，家里就让我去万县陈家坝中心小学读书，那天下着雨，道路泥泞，我不肯去。老唐把我扛在肩上，不管我愿意不愿意，把我送到了学校。

在万县读小学的一段经历中，有几件事让我印象深刻。

一件事是二哥董仁国在学校挨军训老师的板子。二哥是个调皮非凡的孩子，在学校挨了打后，又接着在家里挨打。父亲叫二哥扒下裤子，露出臀部，趴在一条长板凳上，准备挨揍。这时，祖母呼天抢地地奔出来，护住她最心疼的孙子，不准父亲打。父亲在暴怒之下，将在一旁观看、毫无过错的大哥董仁扬拖出来，也扒下他的裤子叫他陪打。

一件事是陪二哥到长江里去游泳。二哥跳入长江去游泳，叫我守着衣裤。谁知，二哥游到一条木船上，把木船开走了。那会儿，长江正发水，船被冲进激流之中，翻了。自然，这次二哥又不可避免挨了一顿暴打。

一件事是解放前夕，国民党军的重庆号舰起义，全速冲过万县。父亲正在过河，大家都站在煤栈上看这惊心动魄的一幕。好在父亲逃过一劫，回到煤栈时还兴奋地举着手中的一块银元，说："发袁大头了！"那时，纸币已一文不值，有了铸有袁世凯头像的"袁大头"，生活才有保障。

一件事是解放初期，煤栈隔壁住上了革大的学生，晚上传来吊打声，说是打逃兵的。

一件事是因父亲调动，其他的家人都上重庆去了，留下我与祖母留守。祖母天天出去打麻将，赢了就提一刀肉回来，高兴地喊着我的乳名说："威威，今天我们打牙祭！"

"威威"这个乳名是外婆取的，是唤"鹅"的呼声。

祖母做得一手好菜，我们家传的"糯米丸子""粉蒸肉""盐焗鸭""四喜灌汤"都是她的创造。

后来，母亲接我回重庆，我们乘坐的是强华轮船公司的"华同"号。由于父亲在重庆公司是管理"引水"调度的，船长把他的单间让给我们母子住，我觉得挺有面子的。

在重庆，我们借住在五姨妈家乡下的法式别墅里。这栋别墅是五姨父父亲——强华轮船公司的大管家李培谦的，位于重庆和四川江北县的交界处——江北县（现重庆市渝北区）仁和区龙溪乡，叫花朝门。

花朝门的大门修得很气派，由巨大的石牌坊构成，上面雕刻有花鸟鱼虫和许多诸如孝子烈女之类的古代故事，很好看，"花朝门"也因此得名。花朝门内建有一幢西式楼房，三层，青砖，大圆柱，磨石地面，主楼后面的花台上种满了各式盆花。

主楼前面是一套雇工住的单层青砖房，再前面是一个种有两棵大桂花树的平坝。桂花开花时，母亲将席子铺在地上，接落下来的桂花。将桂花洗净，用白糖渍后装入罐中保存，做桂花"粑粑"、桂花汤圆、桂花酒，都很好吃。我记得，在这块桂花坝上，常有村里的人来开会，还演过戏，一盏煤油汽灯把坝子照得雪亮。

桂花坝外，便是大门。出得大门，是几级石梯，与门外的石板路相连。紧邻花朝门有一个当年雇工及管家住的大院落，花朝门的管家姓黄，为李家管理田产，所以叫黄家院子。黄家院子有一小门同花朝门相通，小门开在桂花树旁边。与黄家院子相连的部位，有间大房子，后来做了村小，只有一个班，同时有一至六年级的学生上课。这很考老师的手艺。她先布置几个班学生的作业，然后给六年级上一会儿课，上完六年级，再轮流上五、四、三、二、一年级的课。这种教法无法保障教学质量，一般家境稍好一点的家庭，都送孩子到三四里外的大庙小学去读书。

花朝门门外，有两棵给人印象极深的大黄葛树。这两棵树至少有百年以上历史，每棵树要两三人才能环抱。两棵树的树枝已交叉在一起，共同形成了一块几百平方米的林荫地。在黄葛树旁还有个上千平方米的大水塘。每天清晨，进城卖菜的农民要在黄葛树下歇脚，把菜"瓮"进池塘里，一使菜色鲜亮，二是发发水。中午，毒日当头，过路人也要在这里歇歇脚，喝一大碗花朝门侧门药铺刘老师卖的"老荫茶"。

花朝门中有一个很大的后花园。沿着一排夹道柚子树，通向一个防空洞，夏天凉爽得很，我们常进洞去乘凉。防空洞背后，是一片青杠林，林中多是砾石地，上面长满青苔。秋天雨后，我们常到林子中去捡鲜菌子，非常好吃。有时，我们还要背着背篓，拿起竹扒，去青扛林中扫落叶，当柴烧。青杠林上部，有一侧门，出去就是著名的"炮弹弯"，是原国民党的军工厂试炮的靶场，常误伤人。大人说，这"鬼凼湾"里晚上可热闹啦，有端下头来梳头的女鬼，还有没有下巴的鬼，可怕极了。我爱从后门溜出去，因想见到鬼，当然从未如愿，那里只有一片梯田，冬天蓄满了水，叫冬水田，春天，田坎上种满胡豆、豌豆或油菜，开着紫色、白色、黄色的花，美极了。

留在我童年时代记忆中的，是那个时代开展的土改运动。其中两件事深深地刻在了我的记忆里。

一件是在我们学校山顶的运动场里"斗地主"。那天，主席台上当地农民协会的负责人当主持人，他将当地的豪绅逐个押上台，于是，有人上台来控诉这位豪绅的罪行。控诉完，主持人问："哪个办？"下面的农民齐声吼："敲沙罐！"（四川话：枪毙）不久，台上排起了一溜七个人，都被判了死刑。

不一会儿，七个人被押下台，跪到操场边的一块红薯地上。那地上爬满了红薯藤。随着一排枪响，七个人的"沙罐"都被敲烂了，雪白的脑花溅在绿色的红薯藤上，惨不忍睹。

一件是分浮财之事。头天晚上，我们就听到院子里传来吊打声，花朝门的花工石胡子对我们说，这是贫协主席在打村长，要村长交代他将没收的地主财产偷去后，藏到哪儿去了。最后，在花朝门前的堰塘里找到了这批财宝。这天，在花朝门小楼前的阶梯上，摆起了一堆堆各式物品。我家当时算城镇户口，没分田，但分了一块自留地，和一份浮财。当时，村里的人知道父亲在长航局工作，是工人阶级、老大哥，农民老二哥对老大哥还是很照应的。

由于花朝门被没收，成为村政府的财产，我们被安置到只隔一根田坎的范家院子去居住。我们住在范家院子原来地主住的正房里，地主婆和她的两个儿子则住在西厢房。范家大儿子读了"革大",当了城里的干部,小儿子范成富则留在乡下务农,赡养老母。

东厢房住着两家贫农:黄二哥和黄三哥,两家人都很忠厚善良,还有两个与我们同龄的小孩,一个叫黄治中,还有一个小名叫"桃子"的小女孩儿,很可爱。

我们住在正房的西边,正中的堂屋本来是供坛神菩萨的,有一个神龛,母亲设法将其用竹篾隔成一个房间,成了祖母和我的卧室。我常常偷食祖母做的醪糟(酒酿)。装醪糟的是青花瓷坛,在坛内发酵的醪糟通常要在正中开一个圆凹,我在圆凹周围挖醪糟吃,以为不会被发现,谁知,我偷吃的次数太多,洞越挖越大,终于被大人发现了。祖母和母亲都没责怪我,反而拿这件事在亲戚朋友间炫耀,夸我聪明。

这个四合院里种着六棵木芙蓉树,夏天遮阴,秋天赏花,为小院增色不少。院子正门外是一个晒稻谷的大石坝,背后是一个青杠林。我家的自留地就在青杠林的边缘上。墙外是石板路,石板路上的小岗上还有一块地是我们的。母亲在自留地上种上各种蔬菜,种得最多的是红薯。我们常同母亲一起在自留地上劳动,在翻红薯藤时,吃那些吊在根上的小红薯吃。这使我从小就熟悉了各种农作物,还对绿色的植物产生了一种亲近感,一种爱,这对于我后来立志从事生物学研究不无影响。

我的"毛根"朋友 我的姨妈、舅舅、堂哥

关于花朝门、观音桥小学、范家院子,还有几件事让我印象很深。一件是我交友之事。我在学校有三个好朋友,一个叫冯昌忠,是观音桥街上一个小杂货铺女老板的儿子,比较调皮,他是我的邻座,上课时常掐我的腿,疼得我中呲牙咧嘴,却不敢吭声。不过,他平时待我不错,常邀我到他家——观音桥去玩耍,让他的寡妇母亲拿牛皮糖给我吃,还借《七侠五义》《薛仁贵征东》《薛丁山征西》这些通俗小说给我看。

另一个朋友叫蹇宗禄，住在离花朝门不远的路上，我上学时要经过他的家门口，常邀他一路去上学，放学时也一起回来。

我们一路上打泥巴仗，将算盘当冲锋枪，摇得山响，一路喊着"冲啊！杀啊！"地跑到学校。一次，我们跑到学校，不走正门，沿着外面的围墙，从陡坡上吊着的一棵黄葛树的须根翻墙。蹇宗禄先翻上去，我后翻，我不幸踩虚了脚，从陡坡上跌下来，晕了过去。蹇宗禄竟自顾自地走了，把我丢在坡下。我醒过来时，周围没有一个人，没有一点声音，连上课时必有的朗朗读书声都消失了，整个大地像死去了一样。我沿着围墙，从学校大门悄悄溜进去，只见学校的操场里站满了人，静悄悄的，每人手臂上都佩戴着一块黑纱，我问站在后面的一个同学："怎么啦？"

他说："斯大林死了！"

我同蹇宗禄越耍越好，以至于我有什么东西都同他分享。家里经济虽然十分拮据，母亲每天也要给我五分钱，供我吃零食。五分钱可不是一个小数，当时，鸡蛋才卖一分钱一个。我上学路过寨子坪时，常在颜家开的一个小杂货铺里买糖和皮花生吃，并与蹇宗禄二一添作五，一人一半。记得有一次，买了鱼皮花生后，我数了总数，把一半数给这个小伙伴。小伙伴感动地说："你花的钱，你还给我一半！"

正当我同小伙伴的友谊快发展到"桃园三结义"时，学校的总辅导员毛道珍老师来家访，对母亲说我最近表现不好，同顽皮孩子蹇宗禄玩在一起，各方面都退步了。

于是，母亲严令我不准再同蹇宗禄一起上下学，不准同他玩。我虽然想不通，但还是服从了。我上学时便去邀另一个同学，住在寨子坪旁边汪家花园的郑士德。郑士德是一个富农的儿子，诚实忠厚，有教养。我常到郑士德家里去，他的母亲是一个端庄贤淑的家庭主妇，常招待我们吃零食。

我还在这期间做过一个有关生活的梦。那时候，我们家生活拮据，父亲一个人工作，要养活全家十口人——祖母、母亲和七个儿女。母亲有文化，本可以出来工作，但为了哺育儿女，只好做全职家庭主妇。父亲的工资，一半自己用，一半交母亲养活全家人。母亲不仅掰着指头用钱，还自己做鞋子，一针针纳鞋底，一做一箩筐。她还会泡几大坛子泡菜，一个月打一次"牙祭"，其余时间天天吃素。由于营养不足，一天，我因低血糖晕倒在花朝门门前的水泥地上。母亲冲了一碗米汤蛋花喂我，我才醒了过来，把那碗香得不得了的米汤蛋花喝完。从此，我心里产生了一种渴望，要是我今后挣到钱，能每天喝一碗米汤蛋花，那我就是世界上最幸福的人了。

星期天，我常同母亲一起进城，到父亲、四舅舅、五姨妈、二舅舅那去玩。

母亲常带我去五姨妈家"搓一顿"。五姨妈住在重庆市中心小什字附近的一套中式豪宅里。五姨妈青年守寡，同她的公婆，我叫大姨婆的老太太住在一起。她们都很喜欢我，我每次来都是五姨妈亲自炒菜招待我们。五姨妈做得一手好菜，特别是"熬锅肉"，做得特好吃，只可惜饭碗太小，我最多三口便能吃完一碗饭。有一次我连续吃了十碗饭，把五姨妈和大姨婆都乐坏了，她们嘴里喊着我的小名道"威威吃十碗、威威吃十碗"，还"咯咯"地笑。我不知道"十碗"有什么好笑的，问母亲，母亲笑着告诉我，"十碗"的谐音是"石碗"，只有猪才是用石碗（四川话：四川喂猪装饲料的石槽）吃饭的。

四舅舅家在市中心上清寺，家中除了四舅舅和四舅娘外，还有母亲的母亲——失明的外婆。据说，因为外公的死，外婆哭瞎了眼睛。外婆很爱我，一听到我来了，就拉着我的手，抚摸着我的脸蛋，"威威、威威"地叫个不停。四舅舅性格内向，是个沉默寡言的人。我见到他时，他老是坐在一把躺椅上，一动不动。我有点怕他，吃饭的时候老偷偷地看他，他却和颜悦色地说："看我干嘛？尽管吃呀！"

四舅舅是银行的高级职员，薪金较高，我家有困难了就找他。记得有一次，不知什么缘由，我们全家人在四舅舅家吃"酒碗"，当时室内室外摆了很多桌席。突然，来了两个戴着红袖套、背着枪的民兵，把我父亲带走了。后来才知道，在"减租退押"运动时，我们董氏家族虽然败家了，却有一处供祭祀列祖列宗用的公田。我家本和这处公田一点儿往来都没有，但管理这处公田的一个伯伯拿不出"退押"的钱，所以这个伯伯的儿子——我的堂哥董仁远就供出了父亲，父亲随后就被农会的人抓去了，并被迫交"退押"的钱。父亲穷得叮当响，养家糊口都艰难，哪儿拿得出钱？最后，是母亲将家中物品搬到旧货市场去摆摊叫卖，还向四舅舅借了钱，千辛万苦凑足押金，赎回父亲，父亲才得以生还。

仁远二哥

我的堂哥董仁远，不是亲二哥胜似亲二哥，他用毕生亲善我家兄弟姊妹的行动，来弥补青年时代出卖我父亲的过失。我在心里原谅了他青年时代的那件恶行

母亲对仁远二哥此举怀恨在心，常常提起，说他同我的另一个堂姐逃难到万县时，她把他们当亲子女一样待，我们兄弟姊妹有什么，他们就有什么，做鞋从十双增加到十二双，没想到他是一个"白眼狼"，恩将仇报。也许是我的这位堂哥良心发现吧，他的后半生对我们兄弟姊妹比对他的亲兄弟姊妹还好，呵护有加。以后，我每次进城，都要去住在市中心的他那儿玩。不知为什么，我们也喊他二哥。这个仁远二哥，比我的亲二哥还亲。我在心里早已原谅了他青年时代的那件恶行。

在四舅舅家里有一件使我终生遗憾的事，那就是尿床。为了不被发现，我常在床上滚来滚去，用体温将之烘干。可是，欲盖弥彰，烘干后床褥上留下了黄圈圈，暴露了我的隐私。我把床上的黄圈圈指给母亲看，十分羞愧。母亲没有责难我，而是回去找猪小肚子（膀胱）给我吃，说是吃啥补啥。可我吃了许多小肚子都不管用。但是，小学毕业那年，我十二岁，尿床的毛病自然好了。那年，我开始了"性觉醒"。我小学的那个调皮的毛根朋友冯昌宗，是在街上长大的，见多识广。有一次，他一个个摸我们的"雀雀"。摸到我，我的雀雀一下子竖起来，他拍手笑道："打撑花了！打撑花了！"（四川话：打雨伞）弄得我很不好意思。

我的二舅舅也住在城里，是个豁达的人，见到我总是高兴地将我抱起

37

来，举上头，"威威乎，威威乎"地一阵乱叫。我们也常去他家玩，二舅妈也是一个和蔼可亲的人。我还有个十分漂亮的堂姐。堂姐夫也是个很帅的人。每年端午节，堂姐夫都要带着单位的龙船队去长江上进行龙舟比赛，并带回抢到的"鸭子"到家里来显摆。我在二舅舅家最深的记忆，是早餐吃的油炸花生米。那花生米不是现炸的，而是头天炒好放在一个大玻璃瓶子里，吃早饭时才抖出来吃，金灿灿的，很好看，且又酥又脆，很好吃。五六十年已经过去了，从二舅舅那里学来的吃花生米的办法，至今还在我家延续着。

我的第一个人生梦：长大了要写上一架书

不过，在童年时代，最重要的事是我做了第一个人生梦。

每天，我和姐姐及小伙伴们都踏着一条从江北县仁和场至重庆市嘉陵江边香国寺的石板路去上学，石板路穿行在丘陵中，蜿蜒曲折，从花朝门，经过寨子坪，跨过江北县与重庆市的边界，下到廖家河沟，到位于重庆市江北区观音桥的一个山坳中的大庙小学（后来更名为"观音桥小学"）读书。

我与姐姐只做了一年同学，她就考上中学走了。哥哥早就在重庆二中读书了，那是当时唯一读书不要钱的公立学校。二哥曾被送到丰都读书，那时，丰都县的煤老板汪海全，为了将煤卖给父亲管事的强华轮船公司万县煤栈，便来贿赂父亲。父亲不敢要现金，但答应了让大哥、二哥去他办的中学读书，以减轻家里快要承受不住的负担。新中国成立后，家里让大哥、二哥回来，但大哥回来了，二哥不肯回来。他则留在丰都，给税务局长当通讯员，参加了革命。

我与姐姐在观音桥小学做同学的事，我记得有两件。一件是姐姐同我负责做我们俩的早饭，姐姐常赖在床上不起来，我只好一个人做饭，先将青杠木劈成很细的纤纤棍，在灶中架空，然后，点燃纸媒子，再用纸媒子点燃塞在纤纤棍下涂着青油的油纸。纤纤棍上再架上大一点的柴块。有时，柴火熄了，浓烟滚滚，把我的眼泪都熏出来了，我便忙用竹筒做的吹火筒去吹。等我用剩饭加水煮成稀饭后，便喊姐姐起来吃。

我的勤快常得母亲夸奖。有一次，母亲病了，起不了床，我主动给她煮了一碗荷包蛋送去，母亲好感动，见人就夸我能干，有孝心。母亲从来都是只夸我，从不打骂我，重话都没说过一句。放学后，母亲也从未过问我的作业做得怎么样，我们都会自觉地去做。但是，一旦我取得了好成绩，母亲逢人便夸。我是被母亲夸大的。

与姐姐做同学的经历，还有一件事留在记忆里，是她在上学的路上跌倒，摔掉了牙。那天，我们走在上学的路上，不慌不忙地看两旁冬水田里的蚌壳。谁知，学校上课的预备钟突然响了。我同姐姐狂奔起来，姐姐一跤摔到地上，一颗门牙没了。

我在观音桥小学读书的时候，狂热地喜欢上了书。学校的少先队辅导员谢高顺老师，特别喜欢我这个爱读书的孩子。谢老师为我专门开办了一个小小图书馆，任命我为小小图书馆的馆长。

小馆长一面管理图书，一面把图书馆中的几百本书啃得精光。什么书我都喜欢看，除了图书馆中的《卓娅和舒拉的故事》《安徒生童话》《钢铁是怎样炼成的》以外，还喜欢看从同学那里借来的《水浒传》《三侠五义》《封神演义》等，课间时间看，回家也看。我常常坐在尿罐（一种用陶瓷做的坐式便桶）上，借着从亮瓦中射进来的阳光看厚厚的书，母亲喊我吃饭了也赖在尿罐上不起来。

我还喜欢看小人书。我常跟母亲进城到舅舅家去，城里唯一能吸引我的是小人书摊。找母亲要一角钱，一分钱看一本的小人书，一看就是半天。《三国演义》《西游记》的故事，大多是从小人书上看到的。看了许许多多的书，觉得书上的世界太精彩了，我便暗暗发誓，长大了我要写上一架书，使五彩缤纷的书世界更精彩。这是我一生中立下的第一个宏愿，做的第一个人生梦。

我的童年时代是幸福的。我有幸遇上了两个良师，一个是我的母亲廖宗俊，一个是我的小学老师谢高顺。我的亲友圈大多对我施加了正面的影响，给了我许多的爱和关怀，从他们的爱中我获得了奋发向上的人格力量。童年的朋友圈虽不大，但郑士德这样的良友，后来曾给我不小的帮助，个别劣友也在我的良师的劝导下，离开了我的生活圈，未对我形成大的负面影响。

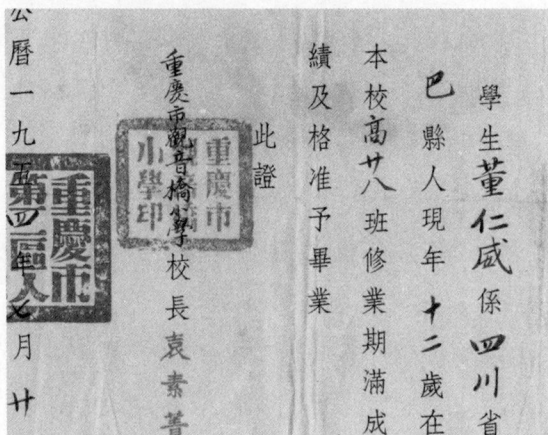

我的小学毕业证书

第二章

少年志

在我的初中求学时代，我狂热地爱上了生物学，立志献身生物学。我要把生命的秘密搞得清清楚楚！这是我一生之中的第二个宏愿，第二个大梦。

"立志"，对于练就"精神原子弹"起了关键作用。

在我的高中求学时期，最大的收获莫过于遇到一批良师，交了一批益友。良师益友，是练就"精神原子弹"的要素之一。

平民子弟入贵族学校　我与两个国家总理成校友
鼓励学生自由发展　南开中学使我终生受益
科学梦是我的第二个大梦　做"赛先生"的战士成为人生主流
在激情燃烧的岁月　追求"进步"是时尚
同学友情最纯洁　"大保高三"结硕果
中学时期最大收获　结交良师益友伴终身

平民子弟入贵族学校　我与两个国家总理成校友

应该说，我是那一年班上成绩最好的。1954年，著名的贵族学校——重庆南开中学开始面向平民招生，每个小学选送一名学生去考试，我是观音桥小学唯一选送参加选拔的学生。

记得那天母亲陪着我，走了七里石板路，到嘉陵江边的香国寺小学去参加升学考试。考后，我感觉不错。母亲在回家的路上，进了观音桥一家餐馆，点了我最喜欢吃又最贵的菜，三角钱一份的肝腰合炒犒赏我，这份肝腰合炒的余香至今还留在我的脑海里，也是我至今进餐馆必点肝腰合炒的"病根子"。

我是从《重庆日报》上看到我被南开中学（那时更名为"三中"）录取的，母亲带我进城去五姨处"显摆"，五姨妈一家人议论纷纷，说以前进南开是靠一大叠一大叠的银元进去的，一般人进不了，能在南开读书的是达官贵人的子弟，一个十足的贵族学校。我的表哥李承典，我的五姨妈廖宗文的儿子，就是在南开中学毕业的。

我背着一个被盖卷进了南开中学，被分到57级3班学习。那时男女分班，1、2班是女生，其余4个班是男生。

进了南开，我才从高年级的同学那儿知道，这个学校培养了周恩来总理及国共两党大量的政治家，后来还培养出六十多个科学院的院士和国家各方面的拔尖人才。中国另一个总理温家宝当时与我一样，刚进南开读书。不过，温家宝在天津南开，我在重庆南开。我们都是得益于新政权才能进入这所中国名校的平民子弟。

重庆南开与天津南开都是中国著名的教育家张伯苓办的中学，遵循着同一个校训，实行着同一种

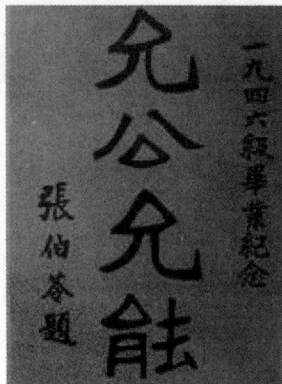

张伯苓校长亲笔题写的南开中学校训

我是在南开中学校训熏陶下成长起来的理想主义者，用一颗服务公众的火热的心投身社会，数十年如一日，痴心不改

教育模式，学生受到了同一种"南开精神"的熏陶。

鼓励学生自由发展　南开中学使我终生受益

"南开精神"是什么？用老校长张伯苓先生定下的校训来诠释，是允公允能，"日新月异"。"南开精神"勉励学生不断更新自我，追求新的思想和学习境界，不断提高自己，不仅有能力，还应该有一颗服务公众的火热的心。

在"南开精神"的熏陶下，我们首先学会的是做人，做君子，不做小人，然后才是培养为社会服务的能力。

同时，"南开之父"张伯苓的经历也使我感触很深。他本是一个海军军人，海军甲午战败使他决心教育救国。我们从中国百年屈辱史中受到教育。上海外滩上那个"华人与狗不得入内"的告示对我刺激很深，如鲠在喉，使我从少年时代起就确立了为中华民族复兴效力，使中国人能傲然挺立于世界民族之林的志向。这是我终身的志向，不管在漫漫人生路上遇到什么艰难险阻，矢志不渝。这是我后来一切"拼命"活动的思想基础。这是大老实话，不是大话、套话。我们这一代人中的精英都是这样想的，这样做的。

南开中学有一个使我终身受益的特点，那就是它的管理虽然特别严格，实行准军事化制度，但在教学和培养学生的素质方面却十分开明。南开非常尊重学生的意愿，并尽力发挥学生的天赋，鼓励学生自由发展，真的做到了"因材施教"，从来不设置任何障碍。

南开同学有一句口头禅，叫作"三点半"。这是每天下午三点半以后，到晚自习前的自由活动时间，只要不违反校规，什么事情都可以干。学校鼓励学生自由组织社团，只要登记一下，任其自由发展，从不横加干涉。同类的社团很多，光壁报和球队就不知有多少，也有十分激烈的竞争问题。为了鼓励学生兴趣自由地发展，还有各种各样的全校竞赛，这也是鼓励竞争的一种好办法。南开的"三点半",不知培养了多少优秀人才。

我的成绩初一、初二时不算好,中上水平,但初三时冲上去了,全优,全年级第一。初中毕业时,我本该得金质奖章,但因我初一、初二的成绩不算最好,就授给了第二名李明。为此,有人为我鸣不平。我并未在意,也不遗憾。

初一、初二的成绩不是最好原因何在?那是因为我把大部分精力放到一个课外活动小组——红领巾饲养组去了,我们初中班上的同学叫我"养兔的"。

这个饲养组设在芝琴馆的后面,现在那里成了纪念校友、珠穆朗玛峰登山队长邬宗岳的广场。饲养组的场地不大,大约有一亩多地,四周围着竹篱笆,中心有一个小木屋,是组员们活动的场所。院坝里,有一座假山,假山中到处都是通道,供饲养的兔子跑来跑去,还养有各种各样的鸡和一只山羊。

组员都是初中部的少先队员,领导我们的是高中部的两个大同学,一男一女。男的叫谢敏,由于他妈在他出生时难产,导致他的脖子有点倾斜,随时都像在沉思的样子,很有人格魅力;女的叫陈清娴,皮肤白皙,美丽端庄,很受小弟弟、小妹妹们的喜爱。

后来,筹建红领巾饲养组的南开中学少先队总辅导员张继梁老师(后任南开中学的教导主任)告诉我,当年,谢敏是个调皮非凡的孩子。他常常把鸟笼、兔笼带到教室去。当语文老师在课堂上讲"床前明月光"时,他的兔子满教室乱跑,让看到兔子晃动的一片白光的女同学"惊抓抓"尖叫。数学老师在讲台上讲"X+Y"时,他的鸟儿却在课堂下唱开"知了!知了!",气得老师拉着谢敏去见校长,要校长开除这个顽劣学生。总辅导员保下了他。

总辅导员是苏联教育学家马卡连珂的崇拜者,对马卡连珂在《教育诗》中描述的收服顽劣学生的故事激动不已。总辅导员决心学习马卡连珂的精神,收服谢敏。

总辅导员专门为谢敏办了一个"红领巾动物园"，把谢敏爱动物的天性导向科学的方向。总辅导员为谢敏派了一个优秀的辅导员陈清娴来同他搭档。总辅导员和魅力四射的陈清娴将谢敏带上了人生"正道"。

谢敏和陈清娴带着少先队员们在饲养组里养兔、养鸡，兔子有力克斯兔、青紫兰兔、安哥拉兔，鸡有芦花鸡、来杭鸡、澳洲黑……

科学梦是我的第二个大梦　做"赛先生"的战士成为人生主流

我们不仅饲养动物，从科普书中学习饲养动物的方法，还进行科学实验，培养新品种。

我们在去农村活动时，发现了一只特殊的兔子。这只兔子与一般的中国兔不同，毛长。中国兔都是短毛兔，这是一只发生了变异的兔子。我们设想，用这只变异兔与长毛的安哥拉兔杂交，培养出中国长毛兔来。这种中国长毛兔既有安哥拉兔长毛的优点，又有中国兔抵抗力强、适应本地环境的特点。

于是，我们怀着极大的兴趣开始了用杂交、人工选择等手段培育中国长毛兔的科学实验。我们把实验的结果写成论文，派我们红领巾饲养组的大组长丁立亚去向科学家汇报。

那时，红领巾饲养组有三个大组长：丁立亚、张兴中和我。我是做总务的，每个月用学校拨下的八元钱维持饲养组的运转，主要是给动物买饲料。饲养组养了那么多动物，显然这点钱不够，组员们下了课就去割草，自筹饲料。有一种奶浆藤，兔子特别喜欢吃。我们采光了学校内的奶浆藤，便去学校外找。星期天，我们也不愿每周都回家了，而是留校一起去野外割草，并进行野餐。辅导员谢敏和陈清娴带着我们红领巾饲养组的这一群小淘气，沐浴在灿烂的阳光下，在稻海谷浪之中，背着背篓，沿着田坎，挥动镰刀，为大家心爱的小兔子、小山羊一把一把地割着鲜嫩的青草。

记得，有一次，我们踩着歌乐山无路的荒草向上爬，有个组员摔了一跤，

重庆南开中学（三中）红领巾饲养组组员合影（2排左1为笔者， 2排左5为总辅导员张继梁老师，2排右1为辅导员陈清娴，4排右2为辅导员谢敏）

"曾记否？恰同学少年，风华正茂，指点江山，激昂文字，粪土当年万户侯。"我就是在南开中学的这个课外活动小组里，立志研究生命秘密，并为之奋斗终生的

把背篓里做好的抄手弄得满坡滚，我们欢笑着在草丛中找抄手，然后爬上一座平顶山，在山坡上挖灶野餐。

最令人兴奋的是周六晚上在饲养组大院里举行的篝火晚会。组员们围坐在篝火旁，嚼着总辅导员用自己的工资买来的香喷喷的花生米，听谢敏与陈清娴的科学辩论。他们一个当正方，一个当反方，唇枪舌剑。辩论中充满了睿智。

我就是在这些篝火晚会上，知道"孟德尔""摩尔根"和"基因"的。须知，那时还是李森科的伪生物学派占上风，孟德尔、摩尔根的遗传学被斥为反动的时代！从此，我狂热地爱上了生物学，并立志献身生物学。我要把生命的秘密搞得清清楚楚！这是我一生中立下的第二个宏愿，第二个大梦。

后来，一场狗灾中断了我们的研究。那天早上，我们闻讯一起冲到红领巾饲养，只见满地都是鲜血，还有被咬死的鸡、兔，尸横遍野。我们找到了那只被咬死的长毛兔，埋葬在红领巾动物园的竹篱笆围墙下。我将一块用竹子做成的墓碑：中国长毛兔之墓，插到了小坟包上。

中国长毛兔的梦破灭了，但我的科学梦、生物学梦却越做越绚丽。谢敏和陈清娴高中毕业后考上大学走了，我接替了他们的位置，将红领巾饲养组坚

持办到高二。那时正在搞大"炼钢铁运动"，饲养组办不下去，只好停办了。

饲养组停办后，我才回到班集体中活动。1957年，我初中毕业，考上本校高中，分配到高60级3班读书。高60级3班男女同班，我有了50多个同学。这些同学均是各中学的尖子生，精英中的精英。

在激情燃烧的岁月　追求"进步"是时尚

在高中时期，有几件事我印象极深。

一件事是南开中学的"四红"运动。何谓"四红"？那就是全校人人变成百米跑和竞走的三级运动员、跳伞运动员和无线电收发报员。这是在1958年"大跃进"运动前夕发生的事。让全校大多数人达到"三红"，是可能办到的。但是，要百分之百达到，却不科学，因为南开的学生不是用军校的标准选拔进来的，体质是有差异的，有的人怎么也不可能达到标准。体育是我的弱项，记得读书期间，我的各科成绩都很优秀，体育则例外。高二时我因体育曾获得了我一生中唯一一次不及格。我在暑假中刻苦锻炼，天天在家中门框上练引体向上，第二学期开学时才得以补考成功。

体育老师拿我们这些体育差生没辙，见怎么锻炼都达不到标准，但又必须完成任务，只好弄虚作假。记得百米跑的时候，体育教研组组长江老师坐在百米跑终点看台上，半闭着眼睛看跑表，每跑完一个，他都要调侃式地问："男的，女的？"回答是"男的"，便报："14秒2"，"女的"，便是"15秒8"。有时，男的女的报错了，他便笑嘻嘻地随意更换结果，引得共同作弊的师生们一阵大笑。竞走也是这样。竞走常变成了竞跑，不少学生还在跑道上截弯取直，江老师也睁一只眼闭一只眼。于是，皆大欢喜，人人成了国家三级运动员，我也获得了一本鲜红的竞走三级运动员证书。

无线电收发报员主要靠脑袋，不靠体力。南开学生是靠"脑袋"进来的，不乏智力，人人过关，无须造假。

跳伞运动员要作假就更不容易了，人人都得背着已展开的降落伞，被机

47

器拉到跳伞塔高高的空中，自己一拉捏在手中的跳伞开关，降落伞就会脱离挂钩吊下来。我前面一个跳伞的女同学，被拉上去后，无论怎么喊，都不肯拉胸前的跳伞绳，只好用机器把她放下来，弄得她很没面子。我上去后，为了不重蹈覆辙，刚升到半中间，我就性急地拉了跳伞绳，随着降落伞飘到地面，被伞拖倒。如此，我便获得了跳伞运动员证书。

一件是"拔白旗运动"。1957年反右运动后，在教育界发起了"拔白旗运动"。南开中学也不例外，学校共青团组织要求学生给老师贴大字报，在老师的脑袋里"拔白旗"，每个人都有任务——写大字报。那时提倡人要进步，就要做运动的积极分子。我觉得我们的老师个个都很优秀，言行举止上时时注意为人师表，挖空心思也找不出老师的问题，便投机取巧，抄同学的稿子去搪塞，完成了任务。一时间，学校到处都是大字报飞扬，看得老师人人落泪。

一件是勤工俭学。那会儿，学校提倡勤工俭学。我曾在学校的安排下，从位于嘉陵江河边的石门担砖挣钱。那是一种极为艰苦的劳作，沉重的砖头压在稚嫩的肩膀上，考验着少年们承受的极限。每次我都是咬着牙将砖头挑到目的地的。最后那几步的挣扎、痛苦，终生难忘。

一件是大炼钢铁。

1958年，三面红旗迎风飘扬，在"鼓足干劲，力争上游，多快好省地建设社会主义"的总路线指导下的"大跃进""人民公社"，把全国老百姓搞得神魂颠倒。

如何"大跃进"？工业上，提出了"赶英超美"的口号。我们唱着"赶上英国要不了十五年"的战歌，投入了全民大炼钢铁的运动，以完成"1958年年产'1070'万吨钢"的目标。在"大跃进"运动中，我们学校也建起了许多土高炉。我们班就有一座，我是投料工。有一次，我的一个同学董英模投漏了料，将铁矿石砸到了高炉下的班主任袁智亮老师的头上，将袁老师砸成重伤。多年后，我们敬爱的袁老师因旧伤复发而去世。董英模是富农出身，袁老师没有把这件事算成"阶级报复"，宽恕了董英模，可真是那个年

重庆南开中学高60级3班荣誉合影（4排左起：颜其德、沈坤权、吴志彬、胡长富、葛华、岑远华、杜泽尧、李健蓉、付桦、董英模、夏久长、谭春华、邓忠德、吴德丰、毛明俊、余心正、黄志坚；3排左起：刘大培、余大桂、谢复娟、何开蓉、李国英、钱光侬、汪永静、李芸娟、杨伽、施骞、李荣清、陈玉珍、杨树蓉、唐先瑜、颜龙荪、孔繁涛；2排左起：彭华龙、李朝干、李代才、叶良万、陈浩然、袁智亮老师、周正、邹召琴、杨兴海、范自宣、董仁威、颜正辉；1排左起：顾康强、杨伯树、罗怀能、郭斌、李德辉、刘世力、陈在射、李盛祥。）

我从小不修边幅，于是，大家要治治我的毛病，选我当生活委员。我带领全班，夺得"卫生模范班"称号及多面流动红旗

代的大好人。无独有偶，这位董英模在一次棒球比赛中，竟然脱棒，将棒打在我们班团支部书记谭春华的头上。这位受全班同学敬爱的老大哥，后来也因旧伤复发，英年早逝。袁老师和谭春华都原谅了董英模，在那个极左思潮泛滥，以阶级斗争为纲的年代，我们班的两个"掌门人"能做到这一点，真是不容易。由此，我更加怀念我们南开中学的高60级3班，怀念我们两个忠厚的良师益友。

在大炼钢铁运动中，用土高炉炼钢，还有点靠谱，但用鸡窝炉炼钢，则纯属自欺欺人。在地上挖个土灶，架起柴火，将搜罗来的锅铲废铁之类的烧成铁疙瘩，拿去凑"1070"的数。同学们为此编了一首歌，调侃鸡窝炉。歌词是这样的："鸡窝炉啊鸡窝炉，它就像我家的抱鸡母（四川话：孵鸡仔的

母鸡），抱鸡母生下了偌大个蛋啥，偌大个蛋它依溜溜啥，出了炉啊，出了炉……"这首歌给我的印象太深了，至今我还会唱。

一件是火线入团。记得，1959年秋天，全班到农村去参加三秋劳动。所谓"三秋"，就是秋收、秋种、秋管，是农村最忙的季节。经过了一天紧张的劳动，晚上全班齐聚在一农家堂屋里开我的"火线入团"审查会。当时的青年人，将入队、入团、入党当成人生的三件大事，并将社会责任自觉地担在了身上。这对我来说，是关乎政治生命的大事。审查会上，班上的共青团员们向我提了许多刁钻的问题，我则从容回答。比如，班长吴志彬问我为何要讲我的祖辈发家的历史，是为了说明勤劳致富吗？我一听，这问题好尖锐，如果我顺着班长的话回答，无异于陷入为阶级敌人涂脂抹粉的泥淖。我想了想，巧妙地回避了敏感的问题，说我们对组织要忠诚老实，我只是基于这一点，把我知道的家史向组织如实汇报而已，没有更多的想法。我的回答获得了掌声。于是，全体团员通过了我的入团申请。

同学友情最纯洁 "大保高三"结硕果

一件是"大保高三"活动。1960年，"三面红旗"结下了苦果，我国进入"三年困难时期"，大饥饿逐步向全国漫延。人人都尝到了"大跃进"的恶果。农村先遭难。我的母亲本来是城市户口，在"大跃进"的浪潮中，她带领住在范家院子的全家，包括我的祖母、一个妹妹、一个弟弟，加入了人民公社，变成社员，成为农村户口。母亲是农村罕见的知识妇女，热心农村的公益活动，很受人尊重，在解放初期就是龙溪乡的六个人民委员之一。本来她有很多机会参加工作，但由于受我们兄弟姊妹拖累，都放弃了。她看到人民公社热火朝天，便应邀担任了幼儿园园长。幼儿园就设在范家院子，公共食堂也设在范家院子，她在家门口就参加了工作，成就了她为社会服务的理想，何乐而不为？

开始一切都是那么美好，"敞开肚皮吃饭，鼓足干劲生产"。我在周日回家，都要跟着全家吃公社公共食堂的大锅饭。在范家院子六株木芙蓉树掩映下的天井中，热气腾腾的甑桶饭和香喷喷的大锅菜，都不要钱，随便"胀"。可惜，好景不长。先是九菜一汤，天天吃"九斗碗"，后来，逐步递减，只有一锅菜稀饭，乃至天天吃菜咽糠，最后，三个月没发一颗粮。

饥饿也蔓延到了城里，粮食定量不断下降，我们学生的口粮每月由30多斤降到20多斤，还动员大家"志愿"降低粮食标准，口粮一度降到每月19斤。处于青春发育期的我们，个个饿得只剩下皮包骨。但是，我有幸在南开中学读书，名校就是名校，什么时候都把学生放在第一位，在力所能及的范围内，照料学生。

一方面，学校采取措施，在周末严防学生把节约下来的馒头带回家。那些家在农村的南开孝子们，虽然自己也吃不饱，每天还要将能储存的定量馒头藏起来，周末带回家去。学校实行了管制措施后，周末在大门口云集了许多"孝子"，哭喊着求门卫放行。聪明点的学生另辟蹊径，找人接应，从围墙内向围墙外扔食物包。我自己饿得受不了，当不了"孝子"，但与我同读南开中学的五妹董仁群是"孝女"，我就是这样配合她，将她节约的馒头"偷运出境"的。正是五妹这样的孝行，成了全家救命行动的一部分，帮母亲及弟、妹挨过了最艰难的岁月。但从此，孝女五妹也留下了病根，40多岁的她就患上了肾病，老年时靠透析维持生命。

同时，学校采取了"大保高三"的行动，保护即将毕业的学生在高考上打出南开的威风。首先，学校设立了"不满百斤伙食团"，对身体瘦弱的学生额外补给食物，发补助饭票。我的体重只有83斤，自然成了"不满百斤伙食团"的成员，但仍吃不饱。这时，我同班的女同学，文娱委员颜龙荪送给我几张饭票，虽只能解一时之馋，但这雪中送炭的行动却使我铭记终身。后来，我实践了"一饭之恩不能忘"的古训，在关键时刻冒着风险帮了她。

这是学校"大保高三"行动的物质基础，更重要的是根据学生成绩分班，因材施教，进行强化训练。我们高60级12个班在最后一学期全部打散，依成绩分成11个班。我分在尖子云集的1班。那时，我的成绩算不错的了，

重庆南开中学高60级3班合影（后排右2为笔者，前排左2为颜龙荪，前排左7为南极英雄颜其德，3排右2为挚友孔繁涛，3排左4为妹弟李盛祥）

同学友情最纯洁，难忘龙荪一顿饭，涌泉相报至如今

在3班名列前茅，但在1班却不算什么，只能排在十几名。在我前面的那些同学，个个是天才，不管多么难的考试，科科100分，不会错分毫。

这样保"高三"的结果，可想而知，在全重庆市，乃至全四川的统考中，我们重庆三中的成绩，总是得第一。有一次最难的全市统考，不少学校的平均成绩只有三四十分，我们三中却是八十几分。

高考时的那一幕令人终生难忘。三中的教职员工全体出动，在考场外嘘寒问暖，考生一下考场，便有一杯热腾腾的豆浆送到你的手上，几声暖和的问候送进你的耳中。事隔55年，那情景现在想起来还令我热泪盈眶。

我们也没辜负学校和老师们的厚望。1960年，重庆三中（重庆南开中学）的高考各科平均成绩80多分，名列重庆市和四川省第一名。我的成绩各科平均在90分以上，有资格进中国的任何名校。可是，我却挑选了四川大学生物系生物物理专业作为我的第一志愿。

这起因于一次秘密填写高考志愿。那时，刚上大学就开始贯彻阶级路线，对平民子弟优惠有加。我的家庭出身是职员，属于可以信任、优先照顾的阶层。一天，我被教导处叫到办公室，一个女老师单独指导我一个人填高考志愿。她拿了一份高校保密专业的名单给我，要我选择。我从头到尾仔细看了一遍，这都是同国防有关的专业。四川大学新设的生物物理专业吸引了我。其一，我在南开树立了毕生探索生命秘密的志向，而这个专业与此有关。其二，我周围不少人说，在四川比在外省讨口都强，特别是四川大学在天府之国的首府。于是，我将川大生物系生物物理专业填为我的第一志愿。

我如愿进入四川大学生物系生物物理专业学习。接待我的班辅导员钟得惠老师对我说：你是全生物系唯一一个以第一志愿考入的。那是个轻视农业和生物学的时代，生物学在中学被看成可有可无的"豆芽"科学，与豆芽一样无足轻重呵！50年后，生命科学成了头号热门科学，这是当时的学生始料未及的。

中学时期最大收获　结交良师益友伴终身

在我高中求学时期，最大的收获莫过于遇到一批良师，交了一批益友。

南开中学的老师给我印象最深的莫过于少先队总辅导员，后来的教导主任张继粱老师。同他的接触，主要是在他创办的红领巾饲养组里。我从他那里学来的收服顽劣学生的本领，在我后来担任车间主任时派上了大用场。有人说，一个人领导能力的大小，不在于他能团结多少君子，而在于他能收服多少小人。刘邦就是主要依靠一批地痞流氓打下江山的。

我在高60级3班中，也交了不少益友。这批益友大多是后来的社会精英、谦谦君子。班上担任全年级共青团总支书记的孔繁涛，是我最好的朋友。他后来成了重庆市的"第一号笔杆子"，市委研究室的副主任，曾领导专家组提出了三峡水电站高坝方案。他成了我终身的莫逆之交，通家之好，友谊持续了50多年。班上的团支部书记谭春华、班长吴志彬、宣传委员夏久长、体育委员颜其德、文娱委员颜龙荪、劳动委员叶良万，后来都成了了不起的人物。颜其德是我国南极科考事业的开拓者之一，第一次中国南极科考队的"九大英雄"之一，第一次中国南极越冬考察队的队长。还有一个同学叫李盛祥，我们曾在观音桥小学做过一年同学，后来他转学走了。隔了四年，他突然在我面前出现，成了我同班同学。他家离我们家不远，同住在龙溪乡管辖下的松树桥。每周六，我们都相约一起回家。我们从沙坪坝走到石门，坐轮渡到嘉陵江北岸，然后，步行约七公里到达松树桥。他常邀我到他家去歇脚。他的父亲是仁和场的一个屠户，待我很好。我们到仁和场去赶集，常得到他的关照，他至少要送一块棒子骨给我拿回家去炖汤。在那吃肉要肉票的年代，这可不是一个可以忽略的馈赠。后来，李盛祥成了重庆地震台的创建人、台长，地震学家，并且成了我的妹夫，我们的关系就更加密切了。

第三章

青年情

大学时代的前两年是我一生中最困难的时期，饥饿的折磨没齿不忘，但也磨练了我的意志。"天将降大任于斯人也，必先苦其心智，劳其筋骨，饿其体肤"，这也许是我练就"精神原子弹"的一道必不可少的"工序"。

同时，大学是成才的关键时期，培养创新能力，提高情商，增强社会责任感，是大学生的重要使命。我在大学时期，没有读死书，死读书，读书死，而是广泛从事社会活动，获得了广博的知识，提高了情商。交了一批良师益友，使我终身受益。

大饥饿的困难时期　艰难困苦玉汝于成
哪个男儿不多情　我的女朋友我的"初恋"
我的第三个人生梦　当作家成为我一生的副业
得到第一笔稿费　写着自己名字的"魔术般的字眼儿"
普遍开花重点结果　选定爱人终生相守
读大学期间　最大的收获仍是结识了诸多良师益友

大饥饿的困难时期　艰难困苦玉汝于成

大姐陪我来到成都，到四川大学报到后，吃了第一顿饭，就开始担心了，叹息道："威威怎么活得出来哟！"川大给我的第一印象十分恶劣，学生食堂克扣学生伙食，让本来就低的定量变得更加不堪。这与同在困难时期的南开中学对待学生的态度形成鲜明的反差，使我对天府之国首府的梦幻一下子破灭了。

我进了川大后，分到生物系60级生物物理专业甲班。学生辅导员钟德惠找我谈话，说我在中学品学兼优，又是唯一以第一志愿录取的，专业思想牢固，让我当团支书。不知为什么，我想也未想就拒绝了，讨价还价半天后，换成了让我当班长。

因为我们专业是国家重点专业，采用小班制，我们甲班只有20人。记得，我那一班同学有15人得了浮肿病，住进肿病医院，只剩下5个能正常生活的人了。课堂上只有我们5个人，劳动也只有我们5个人。我多么渴望自己也得浮肿病，也进肿病医院，去吃那用米糠和黄豆制成的令人垂涎的营养品啊！可是，我虽然瘦得皮包骨，只剩下80来斤，但皮肤上就是不起浮肿病特有的窝窝。

即便这样，我们仍是规规矩矩的，没有设法去获得

1960年全家合影于重庆　（父亲45岁　母亲44岁）
董仁崑、董仁国、董仁扬、董仁威、董仁群
董仁民、母亲廖宗俊、父亲董季常、董仁海

全家福

1960年，全家九口人好不容易从全国各地聚集在一起，我于这一年，离开温暖的大家庭，从重庆赴成都，在四川大学读书。这一年，我（后排右2）18岁

分外的食品。其实，这样的机会是有的。有一次，我领着4个同学去收获我们自己种在生物楼前花圃菜地的红薯，拉了一板车回去。在送红薯去食堂的路上，没有遇到一个人。我完全可以把红薯分一点给那些一起拉架架车、饿得发昏的同学的。我想都没有这样想。红薯拉到食堂后，管理员给了我们一人三根指头大的红薯根作奖励。不吃还好一些，吃下去把"饿痨病"引发了，使我难受了一天一夜。

根据父母亲的安排，我在大学的学费和生活费，是由我大哥负责的。那会儿，我大哥刚从北京航空学院毕业，分配到成都420厂工作。420厂是一个兵工厂，生产飞机发动机的。大哥与我年龄相差七八岁，中间隔着一个大姐，一个二哥，从小就与我没什么交往，不记得同他说过什么话。只记得有一次，我陪大哥步行到江北县政府所在地鸳鸯场去办什么手续，来回有60多里地，把我走惨了。大哥学问大，但性格内向。我同大哥在成都不常相见，见面也没什么话说。我问他一句话，他要走100步后才突然回答我。倒是我们一起开野炊，买糠来做烤馍，聊慰辘辘饥肠一事，在我记忆中还留下了苦涩的印象。我是很感谢大哥的，后来，只要需要，我都会竭尽全力地帮助他。

进校前，我不知何为生物物理专业，只知这是一个尖端前沿科学专业，进校后才知道，我们是用以培养国家急需的原子弹及原子能工业生物原子辐射防护专业人才的。专业是五年制，前两年主要进行生物系各相关学科的基础知识学习。

在川大的头两年，生活是灰暗的，每天主导自己思想的就是一个"饿"字。1961年寒假，我回了一趟重庆老家。

我先去乡下看了母亲和祖母，为乡间赤地千里的景象震惊。花朝门前的那棵大黄葛树被砍了，先供大炼钢铁用，后来又被没有燃料煮野菜的社员把根都刨了。我的七弟董仁民就在这刨根的人群之中。祖母得了浮肿病，卧病在床。虽然她是城市户口，但那一点净粮，无肉无菜，哪儿能养活一个老人！虽然母亲和祖母关系不太和睦，但我却很爱我的祖母，在家几天，一直尽心地照顾她老人家。母亲进城，常在人前夸我，说我有孝心，孝顺祖母，同我的一个表哥虐待我的外祖母，抢外祖母的口粮吃，形成鲜明的对比。但孝心不顶用，我回成都不久，就得到了祖母的死讯，她完全是饿死的！

随后，我同母亲一起进城去看父亲。在困难时期，父亲当了长航局重庆施救站的伙食团长，住在站里，照料施救人员的生活。父亲不像那个时候当伙食团长的人那么"污"，管着那会儿比黄金还要贵重的粮食和蔬菜，也未乱动过一斤一两，充其量让家属来吃自己节约下来的粮食，把自己从胖子饿成了"瘦猴子"。困难时期的父亲瘦骨嶙峋的形象深深地印到了我的脑海里。

我去施救站看父亲的那一天，正好碰见父亲在食堂的大厅里验收长航局派人从贵州山中收购来救急的冬瓜。这时，大冬瓜已摆了一地，送冬瓜的人也已走了。晚饭后，父母亲才把三把凉椅安在门外的石天井中，一人泡了一盅茶，一人摇着一把大蒲扇，坐在竹躺椅上聊天。

施救站位于重庆小什字闹市区下面的水巷子里。水巷子宽大的石梯上睡满了人。大旱使这一年的重庆特别炎热，大家晚上在家里待不住，几乎全到街上来了。炎热使人们忘了礼仪，男人个个穿短裤，赤膊上阵，女人也只加了一件背心。一个来访的法国年轻女人，入乡随俗，更进一步，连背心也不穿，光着上身，从宽大的石梯上走下来，去考察当年挑夫是怎样从千厮门把河水一担担挑上来，供应全城，使这一条巷子成天湿漉漉，成为名闻遐迩的"水巷子"的。法国女人所到之处，引起一片惊呼。一群顽皮的小孩跟在法国女人后面，唱着不知谁根据"月亮走"改编的儿歌："摩登走，我也走……"

法国女人走远了，我们父子俩聊起天来。小时候，我们父子俩是很少聊天的。如今儿子大了，成了大学生，父亲对我不得不刮目相看，与以前那个不屑一顾的儿子谈起知心话来。

我把在乡下见到的情况向父亲讲了一遍，父亲叹息一声："饿殍遍野啊！"

我心里"咯噔"一下，觉得父亲太反动，忙劝道："爸爸，别乱说，谨防惹祸哟！"父亲笑道："放心，我只是在家里说一说，在外面不会放炮的。"

哪个男儿不多情　我的女朋友我的"初恋"

终于，困难时期熬过去了。刚过困难时期，国家便立即设法调配食物，让寄托着国家希望的大学学子们吃饱吃好。12元5角一月的伙食，却能做到一日三餐，顿顿打小"牙祭"，隔三差五还要打一次大"牙祭"。没过多久，青年学生中的浮肿病消失了，脸上的菜花色转成了桃红色。

这天，午餐又打大"牙祭"，土豆烧牛肉、咸烧白、酥肉狮子头大杂烩、瓦块鱼、麻婆豆腐、白砍鸡、烤鸭，一样一大盆。半个小时后，桌上的菜已被大致吃完，大多数学子心满意足地回宿舍睡午觉去了，只有几个"游击战士"意犹未尽，在各桌选食剩下的菜肴。

我和在同低年级一起进行植物学实习时认识的女同学——薛同学开始进入状态了。每天，我们都是最后吃完的，虽然早已吃饱了，却捧着空碗，对坐着在一张餐桌旁闲聊，直聊到一个人都没有，才悻悻离去。

薛同学长得娇小妩媚，在峨眉山实习时就开始同我密切交往。

1962年，我读大二，暑假后，学校宣布，因执行"调整、巩固、充实、提高"的八字方针，我们生物物理专业被撤销了，让我们

野外实习课

在峨眉山与低年级同学一起上野外实习课，火热的青春藏在这张老照片中

转专业。我同班上的好友胡志海商量，转向植物专业求学。转植物专业的原因有两个，一个是川大有三个一级教授，一个是历史系的徐中舒，一个是数学系的柯召，一个是生物系的方文培。方文培是著名的植物学家，泰斗级的人物，川大的植物专业，在全国响当当的，他带过的毕业生很受欢迎。第二个则更现实，系上说，我们一转过去，就要跟低一年级的同学去峨眉山补植物分类学实习。我们对峨眉山都仰慕已久，能到山中去耍一趟太安逸了！太有吸引力了！

大三一开始上课，我和胡志海就同植二的小弟弟、小妹妹一起，站在一辆卡车上，一路唱着歌，奔赴峨眉山。这次上山实习，不仅取得了植物学分类的实践经验，还获得了几个低年级女生的芳心。那时，因我常在川大校刊上发表文章，已小有名气。低年级的女生都是用仰慕的目光来看我的。

我在峨眉山实习时，有两个女同学对我特别好，一个姓赵，我生病了，是她主动照顾我，上山时帮我背被盖卷。一个便是薛同学。从峨眉山回来后，薛同学就天天约我一起上晚自习。我性格比较内向，有点腼腆，薛同学很大方，经常主动约我到校园散步。

我同薛同学的密切来往引起了组织上的注意。这时，组织找我谈话了，说薛同学资产阶级思想严重，不仅同我，还在同一个军人谈恋爱，要我处理好。那时候，我们学生大多都是听组织的话的。上面打了招呼，学生没有不听的道理。

我的第三个人生梦　当作家成为我一生的副业

我觉得读大学太轻松了，考前一两个月用用功，我便能考个全优，在全班不是数一，也要数二。我把大量剩余时间用于读书。我喜欢钻图书馆，坐阅览室，读了许许多多的书，读了各种各样的书。我最喜欢读的书，除了科学书外，便是文学书了。我读遍了古今中外名著。我特别喜欢读美国作家杰克·伦敦写的长篇小说《马丁·伊登》以及《杰克·伦敦传》。我为杰克·

伦敦顽强的拼搏精神和百折不挠的意志所吸引，决心要做一个像杰克·伦敦那样的作家。这是我一生中立下的第三个宏愿。

我在立下这个宏愿后，便开始行动了。我自修了中文系的一些课程，开始向校刊《人民川大》投稿。校刊编辑、后来川大新闻学院的院长邱沛篁教授一眼看中了我，发表了我的文章。到"四清"校刊停刊前，我的文章期期充斥校刊，有时一期竟有我的三四篇文章。中文系的同学参加记者组，我还要带他们去采访，教他们采访技巧呢。

得到第一笔稿费　写着自己名字的"魔术般的字眼儿"

最令我难忘的，是我代表校刊参加了学校组织的军事野营活动。我是宣传组的组长，自办了一份《野营生活报》。白天，我和战友们一道背着步枪徒步行军，同宣传组的女战士们一起唱歌鼓舞士气。晚上，我自写、自编、自印《野营生活报》，第二天一早便发到战友们手中。我一天出一期报，一天只睡一小时觉，白天照样行军、打靶，且枪枪中的。在这里，我开始显现出"拼命三郎"的素质。回校后，我的一篇关于野营生活的报道在《四川日报》上发表了，得了三元钱稿费。这是我得到的第一笔稿费，这也是我有生以来靠自己的劳动得到的第一笔报酬。拿到这第一笔稿费后，我第一件事是拉上"战友"夏丙松、蒋同学去九眼桥头吃一顿炝锅面。一只铁锅中放上一大勺清油，大火熊熊，烧得冒烟，烧得着了火，一盘肉丝倒下去，"嗞嗞"地响着，再倒进榨菜丝，倒进水，扑灭了火，一锅热气腾腾的汤滚滚沸腾，再捞起下好的面，在锅里煲上三两分钟，连汤带水装进白瓷斗碗中。炝锅肉丝面吃在嘴里，烫在心里，那滋味，别提了！

然后，我们还到九眼桥相馆去合影，照片上书写了"战友"两个字。

我还用这笔稿费，扯了一段布，给自己做了一条裤子。崭新的裤子穿在身上，我感到无比自豪。我反复看着印在《四川日报》上那个魔术般迷人的字眼儿——"董仁威"，心里甜得像喝了蜜一样。从此，我与"笔杆子"结下了不解之缘，"笔杆子"将伴随我走过漫长的人生路。川大使我得益最大的是它的课外活动。我觉得，大学的课外活动很重要，文理农工交融，才能培养出真正的博士。

在这一次野营活动中，我动了真情，对象是我们学生会军体部的部长蒋同学。我们共同负责野营活动的宣传工作。白天，我看到这个娇小的女生背着落伍战友的两三支步枪在成灌公路上急行军，还精神抖擞地领头唱《打靶归来》："日落西山晚霞飞，战士打靶把营归"；晚上，我在编《野营生活报》时，她一边洗衣服，一边陪我。我不自觉被充满活力的她吸引了。回校后，她充满激情的嘹亮歌声，半夜洗衣的"刷刷"声不断地在我的脑海里缭绕，使我日日夜夜都在思念她。我在全校运动会上追着她跑千米的身影狂呼"加油"。这个看似瘦小的人却有惊人的耐力，可以拿到长跑前几名。我能从下课后奔向食堂的人流中一眼认出她，追踪她的足迹走进食堂。但是，我的内向的性格阻止了我向她表白，直到我大学毕业。

普遍开花重点结果　选定爱人终生相守

老伴的青年时代

老伴在青年时代是个大美女，白头偕老，不离不弃，跟随我走遍天涯海角，相伴一生很难得

在这之前，我的生物物理班的同班同学徐桂华，介绍我认识在川师读书的同乡斯曼。她的美丽打动了我。可是，当时我的穿戴穷酸，她也不知我在学校的名气，没有把我打上眼。

一个命运转折的日子到了。那一天，在一个阶梯教室里，生物系60级的全体毕业生聚在一起，听老师宣布毕业生分配工作名单。一切在平静中进行，突然，我听到了自己的名字。谭万珍老师说："董仁威，四川大学细胞学研究生"。教室里一阵骚动。我是川大生物系这一年唯一一个考上研究生的。

这个消息在学校，乃至校外，迅速传开，女生的求爱信雪片般飞来，并附有照片。在这些信件中，有一封是我"求爱未遂"的女生写来的。她就是那个川师的美丽姑娘斯曼。我立即找到我们班上的老大姐徐桂华，要徐桂华帮我请她来耍。她来了，那么漂亮，那么清纯。我们一起逛荷花池、逛街，然后，斯曼挽着我的手，从望江楼对面的龙舟路走到川师。她还把我带到宿舍去，见她的闺蜜。

于是，我生活中的"择偶"阶段结束了。我同斯曼正式开始专一地"谈恋爱"。

读大学期间　最大的收获仍是结识了诸多良师益友

在川大读本科期间，人生的最大收获，是结识了一批良师益友。

我在川大读本科时，给我印象最深的有五个老师，四个是本专业的。首先，是我们植物专业的王牌教师——中国植物学的奠基人之一，杜鹃花科和槭树科的权威专家方文培。他发现了数十种植物新种，建立了全国最著名的植物标本室之一。方文培教授教我们植物分类学，没有教材，全为经验之谈。他态度和蔼，平易近人，典型的大家风范。在学校时，我没有机会单独接触方先生。以后，我应出版社之约，写方先生的传记，曾到他家中，对他进行了三个月的断续采访，受到大家风范的熏陶。我们在植物专业学习，主要由方先生的弟子郑先生教学，胡琳贞先生带我们进行植物分类学实习。胡先生是方先生的一号弟子，因其丈夫当过民国时期的县长，是个"历史反革命"，没有工作，在家当"家庭妇男"，所以只好她一人出来工作，养活全家十口人。胡先生有学识，有教养，对学生像对自己的子女一样。我们从她那里受到了另一种大家风范的熏陶。

上课不专心是我一贯的缺点，但我却专心致志地听过一个青年教师的课，那就是邵岳生老师讲授的《细胞学》。他的课生动，不照本宣科，其中

63

有他自己独到的思考。我们也会跟着他的思考进行创新思维，向他提出许多也许他也回答不了的问题。遇到这种问题，他很得体地用"外交辞令"说，这正是你们今后应该研究的课题。邵先生的《细胞学》，很受我们班学生欢迎，但最喜欢他的学生，除我以外，还有一个，钟惠淑。我这位师姐长得漂亮端庄，学习成绩又好，在我之上。她第一，我第二。她的考试答卷，不会有一丝瑕玼，总是十全十美，100分。她同我一样，认真记笔记，一句不漏；踊跃提问，问题刁钻。邵先生正值青春年华，很快被我的师姐吸引，吟诗作文，赞颂绿衣姑娘之美。后来有情人终成眷属，他们成了夫妻。

还有一个老师叫张田禄，教生化的，讲课语言幽默，也很受学生欢迎。我印象最深的，是他单独辅导我上生化课，以备研究生考试。后来，在考研究生生物化学课时，我发现，题量巨大，题目高深，你没有思考的余地，只能拼命地写，再"凶"的学生，你也不可能得高分的，保个及格就算不错了。好在这些题几乎全是张田禄老师辅导我时讲过的，并严厉地要求我必须把答案背得滚瓜烂熟。我以不到70分的成绩过了关，考上了研究生。从北大来考我们生物系细胞学研究生的师兄王喜忠，生化却考了70多分，比我高。不过，据说我的语文成绩比师兄高得多，是全校第一，得了将近90分。

我在川大读书时，对我影响最大的不是本系本专业的老师，而是校刊《人民川大》的编辑邱沛篁老师。他后来成了川大新闻学院的创始人、院长、博士生导师。那会儿，邱沛篁教授刚从川大中文系毕业，留校任教，意气风发，年轻有为。他在学生的大量来稿中发现了我写的稿子，摘登了一个二三百字的小方块。他把我叫到校刊编辑室，指着有我的名字的那一个小豆腐块，说，你写得不错嘛！并立即任命我为采访组的副组长，组长是历史系的学生李映发。李映发后来成为了川大历史系的教授。从此，我在邱老师的指导下，走上了业余作家的道路。

在川大读本科时，我还交上了一批"白头偕老"的益友。我毕生最好的朋友夏丙松、孔繁涛，就是在这期间结成莫逆之交的。

繁涛是我中学同班同学，我们同时考取成都的大学，一起来到成都求学。我读四川大学，他读成都工学院，两个学校之间只隔了一条小公路。我们住的宿舍之间，步行路程才十多分钟。我们互动频繁，友谊加深。很多熟悉我的人不会相信，我青少年时期是个腼腆而内向的人，不善交际，情商不高。繁涛是我的情商导师，开启了我通向社会交往的大门，对我后来在生活中能建立广泛而极富正能量的社交圈影响很大。记得，大学有一段时间提倡学交谊舞，扫舞盲。我就是一个舞盲。有一次，繁涛强拉我去参加工学院学生的派对，强行要将我这个舞盲"扫除"。我不好意思请女同学跳舞，他给我拉来女舞伴，要她们教我跳交谊舞。我完全不得要领，一个个女舞伴都被我"踩"走了。繁涛只好亲自授课。他使我明白了一个道理，跳舞不过是和着音乐的节奏走路而已，三步、四步，快三步，慢四步，都不过如此。于是，我学会跳交谊舞了。舞技虽不怎么样，但参加各种派对也能应付了。

夏丙松则是我在数学系交的一个至交。我是在学校军事野营活动中与他认识的。他是校学生会的文化部长，喜欢写诗。我把他在野营中写的诗，什么"枪站在肩上"之类发表在《野营生活》头版上。军事野营结束后，我和夏丙松成了莫逆之交，课余时间常在一起，讨论各种高端话题。有一次，他突然问我："你是学生物的，你说，先有蛋还是先有鸡？"

我对此问题早已深思熟虑，说："先有蛋，后有鸡！"

我把理由说了一遍，丙松想了一会，认真地说："你是对的。"

在植物班上，我交的朋友中，同我最好的是班团支书胡志海、系学生党支部书记李用城。胡志海是个性格很内向的人，但他做事较真，学校不准谈恋爱他就坚决不谈，虽然仰慕他的女生有好几个，但通通被他谢绝。由于他作风正派，在班上有一定威望，他经常找男女同学谈话，纠正他们的人生方向，解决他们的思想问题，使我们植物班同学间总体保持了良好的互爱互助气氛。志海同我私交甚好，爱同我摆老实"龙门阵"，传递他的处世真经。他是《增广贤文》的崇拜者，并在生活中加以实践。他给我讲的处世真经，有的我信，如"一饭之恩不能忘，滴水之恩涌泉报""忘记你借给别人的钱，记住别人借你的钱，一分钱也不能欠"之类的，我不仅信，而且终身实践；但有些我却不以为然，如"凡事只须直点头，要是连头都不点，一生无忧又无愁"之类的"呀呀乌"（四川话：胡说八道），我就不接受。但志海进入社会后，却认真实践，使他在复杂的人世间，得以立身。

还有一个李用城，是系学生党支部书记，他对我不错，让我进入班上七人中心毛著学习小组，推荐我考研究生。

还有一个同学刘忠仁，在关键时刻帮了我一把。我和他是一个毕业论文组的，从植物生理学角度总结植棉劳动模范王精一的高产经验，全组有七个人，我是核心，实验方案是我拟定的。但是，由于我在设计实验方案和实施的过程中，常同指导老师的意见相左，顶撞过他几回。在评分时，论文除我的之外，都是优。我如果毕业论文不能得优，就没资格考研究生，问题就严重了。刘忠仁带领论文组的其他同学，找到这位气量狭小的先生，同他据理力争，终于给我争回了"优"的毕业论文成绩。从这一件事上，我对川大的某些老师有了看法。我觉得，老师应鼓励学生的创新精神，心胸开阔，希望

四川大学生物系60级植物班同学合影（前排左6为钟裕蓉，后排右1为笔者，第3排右2为胡志海、右3为刘忠仁、右5为李用城）

我们班出了一个大人物——诺奖得主屠呦呦的主要助手、青蒿素结晶的获得者钟裕蓉

学生"青出于蓝而胜于蓝"，唯唯诺诺的学生是不会有大出息的。

　　大学是成才的关键时期，培养创新能力，提高情商，增强社会责任感，是大学生的重要使命。我在大学时期，没有读死书、死读书、读书死，而是广泛从事社会活动，获得了广博的知识，提高了情商，交了一批良师益友，这使我终身受益。

第四章

人生第一课

"精神原子弹"需要在实践中练就。下乡搞了八个月的"四清",是我人生中最艰难的一段时期之一,但也给了我锻炼,磨炼了我的意志,以及克服一切困难的勇气。这段经历,对我走向生活时遇到的人生最艰难的时期——十年车间主任的生涯,助力不少。这是我上的人生第一课。

读了三个月"研究生"　便奉命下乡参加"四清"运动
在米河心生产队　接受贫下中农的考验
整"走资派"整了好人　成为我终生的遗憾
吃饭成了大问题　以德报怨"走资派"解围
终身悔恨两件事　上了人生第一课

读了三个月"研究生" 便奉命下乡参加"四清"运动

1965年9月,我开始了在四川大学生物系动物专业读细胞学研究生的生涯。我的指导老师是生物系系主任雍克昌教授。雍先生是中国细胞学研究的两个鼻祖之一,他的研究方向是人脑的细胞分裂。这是一个尖端课题,当时,学术界认为,人脑细胞有定数,到了一定年龄,就不再分裂。脑细胞死亡后不会再生。雍先生要用揭开脑神经细胞的秘密,为修复脑细胞找到理论依据和方法。他为此招了两个研究生作助手,一个是我,一个是从北京大学生物系招来的王喜忠。

我的师兄王喜忠是个北方大汉,一口典型的京腔,年龄比我大,待我像兄长一样,成了我一生的益友。当时,整个四川大学,文理科12个系,3个年级一共只有36个研究生,每个年级12个,一个系平均1个。这32个研究生,集中住在川大七宿舍二楼靠学生食堂的一溜房间里,每间住3个人。我同王喜忠,以及历史系比我们高一年级的研究生杨耀昆住一室。我们的隔壁,住着3个女研究生,一个是生物系方文培教授的研究生潘泽惠,另两个是何瑞敏和殷鹃。何瑞敏比我高两个年级。这一批研究生同学,后来大多成了学术精英或者赫赫有名的人物。王喜忠教授成了全国高校名师,项楚教授成了川大中文系名师,历史系袁庭栋教授成了成都市的名人,等等。

那时候,研究生享受教师待遇,同系上的教师一起活动,并有与大学毕业生工资待遇差不多的助学金——每月39元4角人民币。这并不是一笔小数。我开始反哺家庭,每月助学金的25%——10元钱,寄给住在重庆的父母亲养家活口。

1965年夏天,一开学我就同王喜忠去见了雍先生一面。雍先生是个干瘦的老人家,不太喜欢说话,我们向他汇报了半天,他呀呀乌了几句,没向我们做任何指导,令我们大失所望。我们被安排到细胞室做基础实验的训练,实验员小曹是我们的老师。他教我们做猴脑细胞切片,我们还在各个实验室,学习使用现代仪器,比如,价值百万元的超高速冷冻离心机等,我的研究生涯开始起步。我全心全意投入了自己十分热爱的生命科学研究中，梦想着成一个大科学家，为解开生命之谜的研究做出贡献，永彪青史。

但是，现实却很快打碎了我的美梦。刚读了三个月书，正式研究还未开始，就接到通知，同我们系的教师一起，当工作组员，去四川新津县参加社会主义教育运动。

军令如山，我们马上丢下手中的实验，于1965年12月奔赴新津。我们四川大学生物系，同四川什邡县的干部一起，组成了一个工作团，负责新津县兴义公社的社会主义教育运动。工作队员们也混合编组，下到生产大队和生产队去。我下到了十一大队。

在米河心生产队　接受贫下中农的考验

十一大队离兴义公社政府最远，步行要走七八里地。大队有6个生产队，沿金马河分布，其中有两个队在金马河的河心中，叫米河心。十一大队工作组的组长、副组长都是什邡县的干部。组长姓陈，副组长叫蓝世清，是什邡县粮食局的局长，带着我上了米河心，蓝组长负责3队，我负责4队。蓝组长是个知识分子，中等身材，微胖，待人和蔼可亲，对我这个刚走上社会，初出茅庐的小伙子照应有加。

十一大队书记姓高，住在河岸上，这是一个憨厚壮实的青年农民，头上戴着一顶很干净的旧军帽，显然是个转业军人，黑红的脸膛上有一双聪慧的眼睛，眉宇间流露出一股英气。大队长姓米，住在米河心3队，是个老实憨厚的农民。

4队的队长叫米德海，是个忠厚善良尽职尽责的青年农民。我们进驻米河心后，住在3队的大队长将我们安排到4队的粮仓去住，并当晚召集了社员大会。在生产队的一个晒坝上，亮起煤气灯，一张桌子成了主席台。

我被请上主席台。会场上男女老少，黑压压的一片。我还没有回过神来，就听见大队长很干脆地宣布："请工作队的董同志给我们讲话，大家欢迎！"

我大吃一惊。我并没有准备讲话。我从出生到现在，从未在大庭广众中讲过话。一阵响亮的掌声使我变得面红耳赤。掌声过后，会场里很静。成百双眼睛望着我，望得我心里直发毛。但是，转念一想，我是工作同志，不讲话能行吗？

我竟然在大庭广众中做起演讲来，讲得头头是道。从讲中央公布的二十三条，到讲农村中的阶级斗争，讲农村中走资本主义道路的当权派，讲工作组到农村来的使命。讲完了，奇怪，掌声不像刚才那样热烈了，稀稀落落的。大队长喊了一声"散会"，大家就闹闹哄哄地散开，走了。

我平生的第一次演讲虽不算成功，不过，从此以后，我不再惧怕在公众面前讲话了，这为我今后参加工作和各种社交活动打下了基础。

第二天，我同社员一起下地劳动。这一天是收花生。队长米德海照顾我，给了我一个竹篮，在姑娘媳妇老大娘的人群中刨花生。一串串滚圆肥大的花生从自己手中出土，我心里感到说不出的快乐。

我突然想起自己吃饭的地方还没有落实。根据工作队的指示，我们要找最穷的人家去搭伙。我看了看周围，在我的旁边是一个胖乎乎的姑娘。我问："喂，老乡，你们这儿谁家最穷？"

胖姑娘傻乎乎地笑了，问："董同志，你干嘛问这个？"

我说："我要到一个最穷的贫农家里搭伙。"

旁边一个瘦骨嶙峋的老大娘接过话茬，说："你要找最穷的人户吃饭？哟，这谁个不知，哪个不晓，我们米河心最穷的人是米德和！"

"哪个是米德和？"我问。

老大娘指了指正在地边担花生的一个敦实的大汉，说："就是他！"

说完，她扯开粗哑的嗓子喊起来："喂，米德和，董同志要到你家去搭伙！"

这句话把地里的人惊呆了。一会儿，人们似乎醒悟了过来，七嘴八舌地议论着，笑着。姑娘媳妇们笑得最凶，胖姑娘更是笑得前仰后合。我赶紧站起来，向米德和走去。米德和被大伙儿笑得傻了眼，有点浅麻子的脸涨得通红，我走到他面前，和气地对他说："老米，我到你家搭伙，行吗？"

米德和没有答话，只是使劲地点了点头。下工后，我让胖姑娘米玉琼带路，去米德和的家。米玉琼对我说，米德和和他的父亲米德志、生产大队长米德海是堂兄弟。在困难时期，米德和的妻子死了，丢下一个"半截子幺爸"和一个小女儿。由于不会操持家务，不懂得计划开支、肚皮又大，他有了憨吃憨胀，没了饱一顿饿一顿，家里搞得一塌糊涂。要不是她父亲和米德海时常接济，米德和那一家人不晓得咋个活得出来。

米玉琼说着，把我领进了米德和家的厨房。厨房里，乌烟瘴气，一个十来岁的小女孩流着眼泪，在使劲地用吹火筒吹火。米德和坐在厨房的桌子旁，慢腾腾地卷着叶子烟。他见我进来，忙起来让座。一阵浓烟扑入我的鼻孔，把我呛得咳嗽起来。米德和急了，走到灶孔边，推开小女孩，夺过吹火筒，使劲一吹，火燃起来了。

一会儿，米德和揭开锅盖，铲了溜尖尖一大碗饭，抽了一双筷子，端过来递给我，抱歉地对我说："董同志，我家没有什么好吃的，将就着吃点吧。"

我接过碗和筷子，一看，是一碗土豆。我原以为是什么难以下咽的野菜、米糠之类的东西，看到原来是一种并不坏的食物，松了一口气。我高兴地夹了一块土豆，塞到嘴里。一咬，天哪，土豆没有熟，嚼了几下后觉得嘴里直发麻。我不敢再吃第二口。我知道半生不熟的土豆，吃了是要中毒的。我正在犹豫之际，突然听到一阵嘻嘻哈哈的声音。我抬头一望，只见厨房的窗口外趴着几个姑娘媳妇老大娘，在参观我吃饭。我想，这是贫下中农在考验自己。我心一狠，对窗口的人们笑了笑，便大口大口地吃着这碗麻得我的舌头、嘴唇都打颤的土豆。米德和见我吃得这么香，满意地笑了。窗外的姑娘媳妇老大娘们，停止了嬉笑，用尊敬的目光望着我。一会儿，窗外没有人影了，大概她们赶着去走门串户，报告工作同志吃饭的新闻去了吧。

半夜，我的肚子痛起来，到堂屋旁边一个竹林掩映下的茅坑里去拉了很多次。第二天，第三天，虽然我肚疼难忍，浑身无力，但仍装成没事的人一样，到地里出工，到米德和家去吃饭。

三天下来，我明显地感到自己瘦了，脸色一定也不好。第二天下午，我同社员们一起在米河心的沙坝里点麦子，胖姑娘米玉琼凑过来，对我说："董同志，我爸说的，请你今天到我们那里搭伙。"

我笑了笑，说："我在米德和那儿不是吃得很好吗？你替我多谢你爸，我以后再转到你们那儿去搭伙吧。"

米玉琼嘟着嘴，说："董同志，你别骗人了，你当我们看不出来你吃不惯米二爸家的饮食呀？大伙儿见你瘦了，心疼得慌呢！"

我笑笑，没做答复。收工后，我照常往米德和家走去。刚走到米德和家门口，便被一群姑娘媳妇围住了。她们不由我分说，簇拥着我向米玉琼家走去。

米玉琼的父亲米德志，一个瘦精精的中年农民在门口迎接我。进屋后，米德志让我在桌旁的板凳上坐下，向女儿努了努嘴。女儿会意到厨房里去了。姑娘媳妇们没有跟进来，嘻嘻哈哈地离去了。一会儿，米玉琼端着一碗热气腾腾的糖荷包蛋走出来。我知道，这是乡下人待客的礼节，不吃，主人会生气的。我接过荷包蛋，很斯文地吃起来。

米德志见我赏光吃了荷包蛋，很是高兴。他把含在嘴里的叶子烟杆拿下来，在鞋底上磕了磕灰，站起身来，对我说："董同志，你坐一坐，我去叉点鱼来给你吃。"

米德志拿起挂在墙上的鱼鹰笼，取出鱼叉、鱼篓，就出门抓鱼去了。饭还没有煮好，米德志便兴冲冲地回来了。他把鱼篓给我看了看，得意地对我说："董同志，你的福气好，抓了几条刺扑（黄辣丁）。"

没有出面的女主人弄好了鱼，米玉琼端出来。米德志很高兴，拿出平时舍不得吃的泸州老窖大曲，给我倒了一杯，给自己倒了一杯，举起杯来，豪爽地说："董同志，你难得到我们这个'ka'儿弯（四川话：很小很偏僻的地方）来，我敬你一杯！"

说完，米德志一仰脖子干了杯，翻转过来亮了底。盛情难却，我端起杯子，也"咕噜咕噜"地喝下去，学着他翻转杯子来亮了底。

米德志兴奋得一拍腿，说："好样的，董同志，看来，你同我们农人合得来，是一家子。"

自我到米德和、米德志家中吃饭以后，米河心的乡亲们对我亲热起来。我按照工作队的新规定，挨家挨户在贫下中农家里吃转转会，走到哪家，哪家都心甘情愿地把最好吃的东西拿出来招待我。差不多顿顿都有鱼吃，有豆花吃，真是神仙过的日子。有时候我得意地想，吃了三天苦，换来了百日福，真还算划得来呢。

"四清"运动的经历，被我写进长篇小说《花朝门》中

《花朝门》中有关"四清"运动的描写与我在米河心的经历如出一辙，名字均未改，只换了个姓

随着我同米河心的乡亲们建立了感情，工作顺利地开展起来了。以米德志为中心，我们串联了全队的贫下中农，成立了贫农、下中农协会，米德志当选为主席，米德和当选为副主席。以米玉琼为中心，我们把全队的青年组织了起来。每天晚上，堂屋前都灯火通明，开这样那样的会。米河心沸腾起来了。每天开会前，我便教青年们唱革命歌曲。由于我是"左"喉咙，教出来的歌手唱歌也走了样。每天晚上，那个走了音的大合唱，便在米河心的上空飘荡。有一次，我从河那边开会回来，在麦地里听到了我那些可爱的"左"歌手们的合唱，自己都忍不住笑出了声来。

整"走资派"整了好人　成为我终生的遗憾

这种欢乐的气氛，并没有在米河心持续多久，运动便转入了揭发阶段。我日日夜夜同贫协委员们在一起开会，要他们揭发大队的问题，揭发队长米德海的问题。我到贫下中农家里，挨家挨户登门拜访，摸队上的情况。我的

收获很小。

这一天，工作队的陈队长过河来4队检查工作，他是什邡县供销合作社的主任，已经搞过两期社教，有丰富的搞运动的经验。他脱了鞋，坐在我的床上，眯着眼睛听我的汇报。我说，社员们交口称赞，米德海是一个好队长，是4队的好当家人，没有什么大问题。只是有人反映，他与地富子女打得火热。

他拍腿，说："这就是问题嘛！大问题。与地富子女打得火热，是个阶级立场问题，'四清'运动的目的是整走资本主义道路的当权派，搞阶级斗争。"

这一天，陈队长决定留在米河心不走了。他要乘胜扩大战果。我带陈队长在社员家吃罢晚饭后，回到堂屋，陈队长要我整米德海的材料。第一次写的材料，不能使他满意，他便详细地给我指点了应该怎样上"纲"，应该怎样上"线"，哪些问题是要害。我根据他的指示，重新把材料整理了一遍。陈队长看完这个材料，满意地笑了。他拍着我的肩膀，称赞道："到底是秀才，还是有'两刷子'嘛！"

听到陈队长的称赞，我也想跟着他笑一笑。但我笑不出来。我的良心受到煎熬。我痛苦地责备自己，为了完成任务，竟然写出了一份违心的材料！

在陈队长的一再催促下，我召开了社员大会，让米德海做检查。沉重的气氛笼罩着米河心，笼罩着会场。没有人领着唱歌。黑压压的一片人，坐在谷仓前，沉默着。米德海走上讲台。他局促不安地站在台上，眼圈红红的。从在材料上签字到现在，才不过一个多星期，他就显著地变苍老了。他的嘴唇哆嗦着，好久说不出话来，他的脸憋红了，他的全身都颤抖起来。他用尽力气憋出了几句话："我……阶级界限不清。我……阶级立场不稳。我……走资本主义道路。我……向党赔罪。我……向乡亲们赔罪。我……对不起乡亲们，我……对不起党。"

米河心笼罩着阴影。队里那些能挣钱的"资本主义"苗子——鱼鹰组、竹器组解散了，船运队的活动被限制了。1966年3月份，大麦收获前的一个月，米河心断粮了。我心急如焚，四处奔波，终于给米河心的乡亲们要到了一点返销粮。有了返销粮指标，还没有钱买啊！我又去为米河心要到了一笔贷款。返销粮买回来了，为了分配返销粮，在生产队的晒坝里，开了许多个晚上的扯皮吵嘴、使人烦恼不堪的社员大会。这是我在米河心最烦恼的一段时间。开始，我怪米河心的乡亲们自私，不能互谦互让渡过难关。后来，我心底里怪起这场运动来。"调整、巩固、充实、提高"的英明决策刚使国家从三年困难时期中复苏过来，人民的生活才好了一点，又要搞什么运动，又要不停顿地搞阶级斗争。这个运动，这场斗争，到底解决了什么问题，给农民们带来了什么利益呢？不管怎么说，民以食为天。不论搞什么运动，最终不能给人民带来实际的利益，不能提高生产力、发展生产力的运动是值得怀疑的。

吃饭成了大问题　以德报怨"走资派"解围

我自己也开始为自己的吃饭问题着急起来。那些曾经十分热情地款待过我的乡亲们对我越来越冷淡，我竟然找不到地方搭伙吃饭了！我哪儿还有心思工作？我全力以赴地扑到解决自己吃饭的问题上。除了运动对象米德海家以外，我已在米河心贫下中农家里吃了一大转。

回过头来，我又在米玉琼家里搭了一个月伙。这家豪爽而善良的人，对我毫无怠慢之意，仍然像过去那样尽力热情地款待我。但我发现，这一家人也已招架不住了，米德志经常半夜去打鱼，第二天拿到集市上去换粮回来。我心里十分过不去，我决心无论如何要另找一家搭伙。

我到几家贫农社员家去搭伙，都被婉言谢绝了。无可奈何之中，我到几家从未打过交道的中农家去试了试，家家都毫不客气地断然拒绝了，闹了我个大红脸。他们既不是运动的对象，也不是运动依靠的力量，"事不关己，高高挂起"，有什么必要讨好我呢？

从最后一家中农家里出来，我茫然四顾，到哪里去搭伙呢？我又气又急。我感到自尊心受到了莫大的损伤。我拿着钱拿着粮票去搭伙，却要像讨口子一样，去乞求人家施舍。我真想对着米河心的座座林盘，把米河心的人大骂一通。但转念一想，你在米河心做了哪些好事，使米河心的人得到了好处，使他们愿意供奉你呢？没有。岂止没有呢，我还使米河心人减少了收入，增加了他们的困难。

想到这里，我的气消了一大半，可是，总得找个吃饭的地方呀？我突然想起了米德海。对，到米德海家去搭伙。虽然他是运动的对象，这会儿他名义上还是队长，他得对我的吃饭问题负责！我毅然拔脚向米德海家走去。走到米德海家的林盘前，我犹豫了。我能那么理直气壮么？我们把人家整得那么惨，人家会怎样对待我，会不会是一场更大的羞辱在等待着我呢？

"董同志，屋里坐！"正在我举棋不定的时候，一个红光满面的老大娘从林盘里走出来，迎接我。我认得，这是米德海的母亲。米大娘领着我走进院坝，我看见米德海坐在一个小木凳上用竹条编制鸳兜。米德海见我进来，放下鸳兜，将我迎进屋去。我坐下后，米大娘唠唠叨叨地说开了："董同志，你真是稀客呀。到我们米河心来了几个月，还没有到我们屋里来坐过。从土改那年起，我们米河心来了好多工作组。哪一个工作组都在我们家吃，我们家住。唯独你们这个工作组不同……"

米德海瞪了米大娘一眼，埋怨地喊了一声"妈！"打断了米大娘的话。米大娘不满地瞪了瞪儿子，说："你不要堵我的嘴，我就是要说。他是上面派下来的人，我有话不给他说给谁说？董同志呀，听说我儿子犯了大错误，你可得好好帮助他。我这儿子，是个老实的乡下人，文化浅，不懂政策，不像你们知书达理。不过，你要晓得，我们米家世世代代，为人正派，我这儿子也不是坏人。他没有做过伤天害理的事，他没有整过人，他没有贪污盗窃……"

米德海严厉地喊了一声"妈！"坚决打断了她的话，对她说："妈，有些事你不懂，你不要多管闲事。董同志到我家来，总有什么事，你不要啰嗦了好不好！"

米大娘嘟着嘴，说："好，我不懂，我不懂。现在我有些事是不懂，我看你娃儿也未必懂。反正，今后不准你再当队长了，给我惹是生非。"说完，闭了嘴，气鼓鼓地坐在一旁，不再吭声了。

米德海望着我，等着我的回答。面对着这两个善良的人，我那个卑微的要求很难启齿，不启齿也得启齿呀！还是那句老话，"民以食为天么"，对谁也没有例外。我硬着头皮，开门见山地说："米队长，我们想到你家搭几天伙，行吗？"

米德海愣了一下，很爽快地点了点头，说："行哪！"

没想到那么容易就解决了这个比天还要大的难题。我辞别了米家母子，走出门。刚走进竹林，就听见米大娘叹息了一声，说："唉，这工作同志也怪可怜的。听说他走了几家，都没人同意他搭伙。以前的工作同志哪为了吃饭问题作难过呀！年纪轻轻的，出来办事，不容易呀。德海，你不要怪罪他，小后生嘛，没得经验……"

我下意识地停下步，想听听米德海怎么回答。米德海说："妈，我不怪他。我听说，他也不赞成这么搞。现时的政策是这样，他也没办法。"

我的眼睛模糊了，米德海多么体贴人，多么能够为别人着想啊！我走出林盘，来到麦地。麦子长得又矮又稀又瘦，我痛心地想，今年米河心的乡亲们怎么过呢？我能够为乡亲们做点什么呢？我是学生物的学生，我是能够为他们做点什么的。我抓起一把土，看了看。我突然想起了植棉模范王精一。王精一的棉花可以亩产皮棉200多斤，我曾经去总结过他的植棉经验，我用内行的眼睛看了看米河心的土质，一眼就看出这种土壤种粮食作物虽然收成甚微，种棉花却非常好。我蹲在地里，久久不能离开。我心里盘算着一个美好的计划。这米河心河坝地的几百亩土地，如果都种上棉花，平均亩产皮棉一二百斤，每斤皮棉可以卖1元多钱，大队可以有多少收入，每个社员可以分多少，这一算，我心里乐开了花。照这个计划，米河心的乡亲们一定能够富裕起来！

当天晚上，我到米德海家吃饭时，向米德海提出了我的计划。米德海放下筷子，专注地听着我讲这个计划。听完，米德海的眼睛里闪闪发光，兴奋地对我说："好，董同志，你这个主意好。我们这儿的人没种过棉花，趁你还在这里的时候，你把种棉花的技术传给我们吧！"

运动突然停顿了，既不叫撤，又不指示要怎么搞下去。我们在乡下，根本不知道城里已闹得天翻地覆，派我们来整下面小"走资派"的上面干部也成了"走资本主义道路的当权派"。他们无所事事，运动自然也松散了下来。

然而，"蛇无头而不行"，工作队决定重建基层组织。米德海的材料报上去，划成了三类，米德海虽犯了"走资派"的严重错误但不属敌我矛盾，受了个警告处分了事。

工作队要我们物色新的队长人选，但我选来选去，也选不到合适的人。看来，只有让米德海出山。我把这个意见向陈队长汇报了，以为他会反对。谁知，他满口赞成，说："这几年我见得多了。干部嘛，该挨打的时候就得乖乖地挨打，该让你干活的时候就得老老实实地干活。"

我不以为然地说："没有那么简单吧。我们把米德海弄得够惨的。现在要他再当队长，他肯定不干。"

陈队长有把握地说："他敢不干！他要不干，我有法子收拾他。"

我请陈队长下来蹲点，教我驯服"烈马"的办法。陈队长十分乐意收我这个徒弟，跟着我来到米河心。我派人把米德海请进我在谷仓内的卧室兼办公室。我坐在陈队长的对面，不敢直视这位队长。我很有些怕队长呢。

"米德海，工作队决定仍然让你当4队的队长，你有啥意见？"

"我不当。"声音很低，但也很干脆。

"党要你当，你也不当？"

"当不下来。"

"当不下来也得当。想当得当，不想当也得当。"陈队长很"横"。

米德海很"牛"，"横"不过陈队长，便用沉默来反抗，任陈队长怎么问，怎么讲道理，"打死不开腔"。

80 僵持了差不多一个小时，我以为陈队长没辙了，他却突然使出了杀手铜，一拍桌子，说："你不当算了。但你要想好，是当队长，还是丢党籍。你考虑五分钟，我只再给你一次机会。"

说完，陈队长开始看表。

这一招镇住了米德海，他那紧闭的嘴唇松开了，执拗的表情慢慢消失了。他捧着头，紧张地思索起来。

时间到了，陈队长问："怎么样？当还是不当？"

米德海抬起头，费劲地从牙缝里挤出一个字："当。"

终身悔恨两件事　上了人生第一课

工作队事情更少了。工作队员们三三两两相约去金马镇喝酒，到县城去吃"王'火巴'肉"。我趁大伙闲得发慌的时候，请假到简阳去，从我的一个在省农业科学研究院简阳棉花试验站工作的朋友处，要了一口袋优质棉种和一大摞种棉技术资料。

清明节前几天，棉花播种的季节到了。米德海在2队拨了两分地出来给米玉琼为首的青年植棉科研小组，要我指导他们种棉花。这一天，是米河心乡亲们的一个喜庆的日子，青年科研小组要播棉种了。米德海叫各队派人来学习。我带着小组的姑娘、小伙子们平整土地，小心地播上了棉种。试种棉花，使米河心恢复了生气。乡亲们十分关心这一项新奇的试验。不仅种棉花在米河心还是一件祖祖辈辈没有见过的新鲜事，更重要的是，这项试验如果成功，可以为他们带来莫大的物质利益，改变他们的穷困面貌。每天一早一晚，社员们唯一感兴趣的事就是看棉花。蹲在自己的自留地里看，围着科研组的试验地看。人们奔走相告：棉籽从地里冒出来两片子叶了，长出来两片真叶了。

当试验地里的棉苗长成棉株的时候，我向社员们做了一次惊人的表演，把棉株一株株地用脚踏到地下。这叫踩株，是植棉劳模王精一的绝技。通过踩株，可以防止棉株疯长。这一天，全队的社员围在试验地边，看我表演。

81

我踩倒了几株棉株，小青年们心疼地叫起来。我叫他们跟着干，他们嘻嘻哈哈不肯动手，不忍心踏到长得好好的、青葱嫩绿的棉株上。

正当我同4队的乡亲打得火热，饶有兴趣地进行植棉试验时，工作团突然把我调到团部，要我参与调查一个工作队员犯错误的事。这个工作队员是我们生物系的一个职员，擅长工笔画，他负责的那个工作队的农民反映，他对妇女不尊重，经常色眯眯地盯着漂亮的姑娘媳妇看，并编了一首顺天溜挖苦他："×××，×骚年，见到婆娘就把口水流。"这可不是小错误，那会儿工作队的纪律很严，一个工作队员，因在一个妇女喂奶时逗了小孩一下，就被开除了。

根据工作队的决定，我当天下午就打好被盖卷，赶到兴义乡政府去了。我背着被盖卷，怀着无限惆怅的心情走出了我住了八个月的谷仓，经过晒坝，向河边走去，米河心的乡亲们都到河对面薅秧子去了。我只把贫协主席米德志请来，叫他帮我划一下过河船，没有惊动其他的人。

我这一去，就没能回来。形势发展得很快，"文化大革命"运动已经掀起。我还没抽出时间回米河心，工作队便得到了立即撤离的命令。在工作队仓皇撤走的那一天，我抱了一大堆送给米河心乡亲们的政治书籍、技术书籍，赶到米河心去向乡亲们辞行。那天正在下大雨，河水猛涨，找不到船过河。我坐在去米河心渡口的一个胖大嫂的茶馆里，一直等到黄昏，雨还没有住。茶馆屋檐上的雨滴，点点滴滴，打在石板上，打在我的心上，使我的心里充满了眷恋米河心的情思。我望着河心中迷蒙的小岛，想着岛上的乡亲，无可奈何地将礼物托胖大嫂转交，恋恋不舍地离开了这块我待了八个月，上了走向人生第一课的地方。

后来，我收到了米玉琼代表米河心乡亲们给我写来的一封信。我从信中得知，乡亲们为了送我，划着生产队的运货船，赶到县城。可惜，那会儿我已连夜坐着学校来接我们的车，回省城参加"文化大革命"去了。我捧着这封信，心里激动不已。只要你老实地为乡亲们做一点事，忠厚的乡亲们是不会忘记你的！

除了眷恋，我在米河心留下了两件令我终身悔恨的事。

一件是，我整了好人"米德海"。虽然那主要不是我的错，但盲目服从命令，干了"坏事"，也肩负有历史责任。

另一件是，我在送米德志的儿子去参军时填的表格。那时，在农村能"参军"，是件不容易的事。我把分给4队的一个招兵指标给了4队贫协委员米德志的儿子，米玉琼的哥哥，以答谢米德志全家对我的照顾，这本来是干的好事，但是，我却同时办了一件蠢事，当公社武装部长要我填写一张表格时，我本着"忠诚老实"的原则，将米德志新中国成立前夕曾参加"反共救国军"一事填上了。当时，公社武装部长看了这张表，就嘀咕了一句："这一下他完了。"后来，听说，米德志的儿子从部队回来同米德志闹，要他交代，他到底干过什么坏事？我心中开始不安，想这一定影响了米德志的儿子入党提干，后悔在听到公社武装部长嘀咕时，没把表要回来重填过。本来，新中国成立前夕参加过"反共救国军"算个什么问题呢？当时，村民大多参加过，就像新中国成立后适龄的青年村民大多参加过民兵一样，普通而寻常的一件事。可是，在那个"阶级斗争为纲"的年代，家庭背景有了这条，就不得了。你表现再好，也得不到信任的。这种后悔，几十年我一直未停止过，乃至，我多次想去米河心看望那里的乡亲，都因这件"无颜见江东父老"的事而止步。

下乡搞了八个月的"四清"，是我人生中最艰难的一段时期之一，但也给了我锻炼，磨炼了我的意志，以及克服一切困难的勇气。这段经历，对我走向生活时遇到的人生最艰难的时期——十年车间主任的生涯，助力不少。这是我上的人生第一课。

第五章

动乱年代

"精神原子弹"的练就不会一帆风顺，但只要善于总结经验，勇于正视错误，"负能量"就会转化成"正能量"。我是"文革"中觉悟最早的人之一，但我没选择抗争，而是当了"逍遥派"，也跟随大流，做了几件坏事。同时，我的处世哲学有了变化，注入了"负能量"，是我人生经验的一大收获，但也是我人格修养的一大倒退。

从农村"仓皇"出逃　亲历川大"八二六造反事件"
我成为"逍遥"派　但仍被"裹挟"参加了武斗
"革命串联"中途叛变　免费旅游"狐假虎威"

从农村"仓皇"出逃　亲历川大"八二六造反事件"

我们从农村"仓皇"出逃，马不停蹄地回到原单位，才知道国家发生了很大的事，"文化大革命"开始了。

1966年8月26日，我亲眼目睹了西南地区影响深远的川大"八二六造反事件"。那天上午，我跟着四川大学组织的师生队伍坐"大巴"到了成都锦江大礼堂，坐在台下。我看见，主席台上，那些习惯威严地坐在主席台上的高干们，廖志高、李大章、许梦侠、杨超，站成一排，大多两手下垂，弯腰驼背，低垂着头。唯有廖志高将身板挺得笔直，头只微微下垂，让人觉得这是一个很有骨气的老军人；许梦侠，这个干瘦的老头儿，不知为何，浑身不停地哆嗦着，似乎随时都有可能倒下，让人目不忍睹。

主席台的横梁上，悬挂着一幅大红标语："打倒李井泉，解放大西南！"李井泉却不在主席台上，他早已逃之夭夭，让他西南局的同仁们来代他承受这一场风暴。"文化大革命"，李井泉是不赞成的。他对毛泽东主席直言道："你要把我们全打倒，我打死也想不通。"

李井泉是有资格想不通的。毛泽东主席发动的一次又一次狂热的运动，他都积极参加了，还创造性地多走几步，是毛泽东主席常常夸赞的左派。"大跃进"中，四川的高产卫星放得最早、

"文革"中在单位参加批判会（后排右3为笔者）

在"文革"的大灾难中，我明智地当了"逍遥派"。参加工作后，一心扑在"抓革命，促生产"上，没有虚度年华

最多。在国家最困难的时候，高风格地把四川干部、工人、学生的粮食定量压到全国最低。

在观众席上，我袖手旁观着礼堂里正在上演的一场闹剧。左手臂上缠着"红卫兵"袖章的男女学生，争相上台抢夺麦克风，声嘶力竭地狂呼着"革命无罪，造反有理"的口号，控诉西南局、省市委的罪恶，揭发李井泉"吃鸡不见鸡"，过着腐化生活等罪行。

我当时也同台上那些"走资派"一样，对这场运动很不理解。我的手虽然也勉强跟着大家一起一落，嘴里却发不出声来。那些派我到农村去抓"走资派"的人，一夜之间自己也成了"走资派"，真是不可思议。李井泉的替罪羊，西南局第二书记廖志高，代表西南局检讨了"执行资产阶级反动路线"的错误。廖志高是个老地下党，曾任川东特委书记。现在，在大邑建川博物馆，还有他的纪念雕塑像。他那不卑不亢的检讨，高傲的神态，激怒了红卫兵。一个红卫兵冲上台来，抢走了廖志高身前的麦克风，对着话筒发表了一番演讲，虽然谁也听不清他说的是什么，但他那慷慨激昂的声调和神态，却很有煽动性，会场里骚动起来。巨大的"嗡嗡"声笼罩了会场，眼看大会不能继续进行下去了。

这时，校"文革"筹委会主任兼"保皇派"的首领余永志，迈着军人般坚毅的步伐登上主席台，"救驾"来了。他是孤儿出身，曾经当过历史系党总支书记，公认的校领导的接班人，在全校师生中享有崇高的威望。他那炯炯有神的眼睛慢慢地环视了一下大礼堂，举起双手坚定有力地向下压，一下又一下，示意大家安静。凭着他的威望，他硬是用双手将塞了几千人的礼堂压得清风雅静。他发表了一通演讲。话刚起了个头，从讲台旁的楼梯上就冲上来一队红卫兵，我一看，那领头的红卫兵十分瘦小，穿一身黄军装，扎一根皮带，头戴黄军帽，露出一双小辫，她就是无线电系的学生预备党员江××（绰号"根号二"），后来成了西南地区家喻户晓的著名"造反派"领袖。她手持一面红旗，在台上一招展，显现出几个金光夺目的大字——"红卫兵川大支队"。这一群男女红卫兵手挽着手，挥舞着红旗，齐声反复地叫唤着:"革命无罪,造反有理,炮轰西南局,火烧省市委!"

这就是著名的"八二六造反事件"。"红卫兵川大支队"领导的"八二六造反事件",拉开了西南地区"文化大革命"的帷幕。"红卫兵川大支队"的勤务员:"根号二"、游××、刘××等七人,取代了昙花一现、很快被摧残致死的杰出人物余永志,成了川大和西南地区的主宰。这时,时代的主宰人物,"红卫兵川大支队"一号勤务员江××威风凛凛地站在台上,对着麦克风大喊:"革命的留下,不革命的滚开!"

台上"不革命"的"走资派"们早已被押解着滚开了,一些不怕戴"不革命"的帽子的人站起身,纷纷开溜。我本来已站起身,准备离开了。听了"根号二"的话,我又坐下了。之所以叫"根号二",是因为她长得矮,身高1米42,恰好与2的开方1.41426近似。我可不愿戴"不革命"的帽子。我受的党的教育是,"在任何政治运动中都要走在前面,成为运动的积极分子。"这是当时学校评判学生优劣的最重要的标准。谁不愿成为优秀生呢?"根号二"就是一个优秀生,学生中罕有的预备党员。是不是应该效法"根号二",起来革命,起来造反,走在这场暂时令我还莫名其妙的运动的前头呢?这一场闹哄哄的革命一直革到华灯初上。红卫兵们一个个上台演讲,大谈一些我无法理解的要造"走资派"的反的大道理。"根号二"又对着麦克风宣布了一个惊人的行动:"革命的同志们,红卫兵的战友们,现在,我们列队去西南局静坐示威!"

我的脑袋"轰"的一声炸开了,我的脑海中翻滚出"匈牙利事件""反右斗争"这些可怕的字眼,觉得这"革命"很过头,很危险,不能再搅在里面,我哪怕背"不革命"的黑锅,也得滚开了。我随着同我做出一样决定的人流"滚"出大礼堂。大礼堂外排着一长列不知是谁组织起来接送学生的公共汽车,我坐上汽车,回到川大七宿舍。

我周围的朋友有的成了铁杆"保皇派",如毕业留校在生物系担任系办公室主任的胡志海,还有生物系学生党支部书记李××。后者的经历最奇特,他被西南局派到八二六去当间谍,因为他是参加"造反派"唯一的正式党员，"造反派"对他很重视，所以他进入了领导核心，成为勤务员之一。但很快就被八二六发现，驱逐出来。

我的王师兄则当了铁杆"造反派"，他去投奔八二六生物系分团，分团一号勤务员李××却说他是教工，得去教工中活动，于是，他参加了八二六在教工中的组织——"红教工"，他成了"红教工"中除了一号勤务员以外最活跃的人物。

我成为"逍遥"派　但仍被"裹挟"参加了武斗

我在大革命运动中消沉了，既未参加"保皇派"，也未积极参加"造反派"的活动。当时，红卫兵川大支队在学校建立了外围造反组织——八二六革命造反兵团，邀我去他们办的机关刊物——《八二六炮声》当编辑，我谢绝了。

我只是被师兄照顾拉进了"红教工"组织，但从不积极参加活动。有一次，生物系开批斗会，"资产阶级学术权威"梁中宇教授被人在台上打，我的微生物老师刘老师被一拳打趴在地下，我十分反感，人人都在举臂呼口号，我却没有举手。

后来，我在川大礼堂外看到了抄录的毛主席的一张大字报：《炮打司令部》，反复看了几遍，总觉得这不是毛主席写的，他不是司令部的"头"么，为什么要炮打自己，难道中央有两个司令部?

我的朋友中，夏丙松最清醒，我们有一次在欢呼江青提出的"文攻武卫"口号的游行时，走在一起，悄悄地议论这个口号，幡然醒悟，说，"文化大革命"不是群众运动，而是"运动"群众，我们被"运动"了，被一个"司令部"利用来打倒另一个"司令部"。我们要小心行事，不要被利用了。

我的另一个朋友孔繁涛，他因为胃溃疡休学一年，那会儿还是学生。我去看他，坦率地将对这场运动的看法告诉了他，劝他急流勇退，不要卷入这场"目的不明"的运动，被人利用。孔繁涛是何等聪明之人，他马上领悟了，觉悟了，偃旗息鼓了。

但是，我们是很现实的人，并没有公开出来唱反调。我们知道，谁也无力阻挡这场运动，任何阻挡这场运动的行动，都是螳臂当车。我们只有随大流。

对运动消极抵制，并不能使我们置身事外。一天半夜，学校里的广播中突然传来嘹亮的军号声，这是集合号，学校里的师生，不分是哪派的，绝大多数都在紧急集合号的召唤下，起床穿衣，奔向学校宿舍区林荫大道上各系的集合点。我一面扣衣服的纽子，一面奔向生物系的集合点，这里聚集了几百人。

生物系学生"造反派"的头子李××站在高处，向我们下达命令，说："革命的同志们，红卫兵的战友们，我们今天的任务是：攻占四川日报社，发布八二六革命造反兵团的夺权令！"

原来，要我们去参加四川两大造反派系：八二六与"红卫兵成都部队"接管四川政权的夺权斗争！这不是我的心愿，但退出已来不及了，我尝到了被裹挟的滋味。一声令下，向右转，齐步跑。我们慢跑着，穿过九眼桥，通过水井街，奔向如今叫红星路的路上的四川日报社。

半夜，街上空无一人，只有我们这一队人"咔嚓咔嚓"的脚步声。队伍先在成都日报社驻足，那儿是八二六派掌权。休息了一会儿，李××抱着一个印有"夺权声明"的铅版，过来带领队伍跑步向不远处的四川日报社进发。四川日报社是"红成"的势力范围，戒备森严，铁门紧闭，铁门里面，点燃了一堆堆大火，布了"火龙阵"。

李××将手一挥，高呼一声："冲啊！"

我们手挽着手向大门冲去。我突然发现，挽着我一只手的竟是生物系主任罗鹏教授。我的研究生导师雍克昌已不担任生物系主任了，"文革"甫一爆发，即不幸过世。罗鹏主任是一个著名的遗传学家，他的夫人蓝泽邃是我的遗传学老师，很漂亮，课也讲得好，是我喜欢的老师之一。夫妻俩一个是米丘林学派的，一个是摩尔根学派的，两个学派水火不容，但他们夫妻俩却和睦相处，两面吃糖，永远立于不退之地，令人羡煞！

这会儿，我却觉得这个矮矮胖胖的教授失去了往日的尊严和风度，挽着我的手在瑟瑟发抖。我们狂呼着"冲啊！"向四川日报社的大门扑去。几个红卫兵翻上铁门，从里面开了门。我们如潮水般涌进去，赴汤蹈火，冲进印刷车间的大门。印刷车间的工人立即停止了操作，站在机器旁傻望着这一群入侵者。李××正准备将带来的铅版换上印刷机，他突然发现，后面的队伍没跟上来，几千"红成"的人把我们生物系分团的几百人包围在印刷车间里，从印刷车间的门内向门外拉我们的人，一个一个被拖出去当了俘虏。李××把铅版递给我，我没接手，对他说："冲出去吧！"

李××说："对！"我们又手挽着手，抱成团冲出去。抱团的队伍势不可挡，我们冲出了四川日报社的大门。我们回到了自己人中间。我发现，我们八二六的几万人包围了"红成"的几千人。身心疲惫的我，在晨曦中溜出了队伍，回到了川大。不久，我就看到了套红的四川日报，八二六夺权成功了，成立了以张、梁、刘、张为首的四川省革命委员会。张者，张国华也，进军西藏立了大功的12军的军长，梁者，梁新初也，著名的王牌军、万岁军——38军的军长。刘者，刘结挺，张者，张西挺，这二位则是著名的支持"造反派"的"革命"领导干部。他们上台后干的第一件大蠢事是撤除皇城，修建毛泽东思想纪念馆。我们一面被迫参与这一毁坏成都这座历史文化名城标志性建筑的遗臭万年的恶行，一面在心里咒骂决策人。至今，我一见到这个"展览馆"就是气，后来，我曾多次向成都市政府建言：撤除展览馆，恢复皇城，并刊登在政府的内部通讯上，成都市也曾掀起恢复皇城的一波又一波运动。可惜，至今我们这些老成都人的心愿也未实现。

以后，在不同番号的解放军的支持下，两派为争夺政权的武斗开始了。我们川大生物系的"红教工"每人发了一支枪，负责守卫川大的理科大楼。我领到了一支猎枪，把子弹推上膛，对着窗外树上的鸟儿开了一枪。枪声很响，虽未吓倒经过军训、当过预备役军官的我，却吓着了我身边的一个女教师。她教过我生态学，被吓得一屁股坐到了地下。我赶紧把她拉起来。

武装起来的"红教工"轮流值班。我常一个人，抱支猎枪，守卫理科大楼。这是我最幸福的日子，因为学校的图书馆当时设在理科大楼里。学校的图书馆里好多书啊！我只是挑里面的小说看。我最爱看的一部小说是莫泊桑的《俊友》，这部小说的主人公不是英雄，而是一个"小市民"，靠吃"软饭"达到人生目标。这部书使我认识真正的人生和社会，使我知道，完全用"理想化"的方法认识社会，认识人，是行不通的。人有很多弱点，如何克服人性的缺陷，加强修养，使自己成为有社会责任感的人，很重要。

但是，我的这些思考，受到现实生活的严峻考验。我们负责守卫的川大理科大楼，也不是世外桃源。那时，武斗开始激烈起来了。川大八二六，与"红成"成了死对头。在成都，除了川大，几乎所有的其他高校都是"红成"的天下。我们的邻居——成都工学院，同川大对着干，互相射击。住在我们研究生住的七宿舍那一头，正好与成都工学院的宿舍相对相望，成都工学院"红成"打过来的子弹射死了那里的一个同学，他们还把抓到的川大八二六战士吊在水塔上示众，让我们看了身上都要打寒战。更想不到的是，一伙"红成"从川大后门攻进来，直扑理科大楼。那天，正巧我值班，抱着那支猎枪一个人守护大楼。我看那么多人持枪冲上来，哪儿是他们的对手。我赶紧放下枪，藏在一个楼梯间，待攻打的"红成"冲上去后，我赶紧从楼梯间跑出来，混入进攻的队伍，一起呼喊着"冲啊！"攻上楼顶。然后，同从楼顶下撤的人一起走下楼。在一楼楼梯间推出我的自行车，骑上一阵狂奔，逃命去了。

"革命串联"中途叛变　　免费旅游"狐假虎威"

以后，革命串联开始了。王师兄和另一个老大哥——化学系研究生秦师兄组织了研究生长征队，准备从贵州遵义出发，重走在毛主席亲自率领下走完的长征路，一路播种"造反"的种子。

王师兄是研究生长征队的队长，秦师兄是政委，他们任命我做宣传部长，并要我打前站，去重庆搞到遵义的火车票。我顺利地拿到了免费的火车票，想到朝天门码头去看一看长江。朝天门码头人山人海，从全国各地来的红卫兵都想在这里搞到一张船票，或顺着长江去组织"造反"，或浑水摸鱼借机去进行免费旅游。

在码头长航局售票处门口，有人一把抓住了我。我转身一看，是我的好友孔繁涛。我和孔繁涛虽然身处对立两派的学校之中，但在武斗的枪声中也未中断友谊，停止往来。我有时悄悄溜进成都工学院后门，找他玩，回来出校门时，他都要找他的好友——成都工学院武斗队的队长送我出来，保证我的安全。

孔繁涛扬了扬手中的几张票，说："坐船到武汉去。你娃娃运气好，我搞到了三张船票，有一个人打退堂鼓了，正好给你！走，顺着李白、杜甫的路，过三峡，出夔门，去看看'极目楚天舒'的景象。"

我动心了。像李白、杜甫一样，游遍祖国的名山大川，是我做了十几年的梦。想不到实现这个梦的机会来得如此快。而且，有免费票和免费饭，不用花钱；还有"毛根朋友"相随。这种机会真是千载难逢！但，我摸了摸胸口中的十几张火车票，犹豫了，说："哎呀，可惜我已经参加研究生长征队，当了宣传部长。我们准备沿着毛主席走过的路线，到长征路上去播革命的火种！"

孔繁涛白皙的脸上露出嘲讽的笑容，对我说："你好'瓜'。当初我在学校抢麦克风时，你把我拉下来，说'情况不明，不要乱说乱动'。我听了你的话，不再闹了。现在你却来劲了，要到长征路上去进行革命串联。"

我分辩道："那时情况不明嘛。现在毛主席发话了。他在天安门广场上接见了上千万的红卫兵，我也去了。毛主席挥手我前进，不得错的。"

孔繁涛说："任何人都有错的时候，（"文化大革命"）这件事复杂得很，弄不好头掉了还不知道是怎么回事。还是离这场革命远一点好。"

我觉得他说得对。我把火车票交给来到重庆的研究生长征队队长，把宣传部长的职辞了，跟孔繁涛上了船。

上了船，我们才知道这是一只军用登陆艇。我们被赶进密不透光的底舱中，走了两天两夜，什么也没看着，便到武汉了。

下船后，我们挤上一辆公共汽车，到东湖边的武汉大学去。公共汽车很挤，我拼死挤上公交车。公交车上有个工人模样的中年人，刚才在挤车时被我推搡了一下，睁着圆眼怒视着我，气愤地说："挤个什么？谁叫你们到这儿来的！影响大伙儿上班抓革命、促生产！"

我被骂"毛"了，拉着那个工人的手臂，怒吼道："谁叫我们到这里来的？毛主席！你敢反对毛主席？现行反革命！你等着，下车找人来同你算账！"

那工人吓呆了，不敢再开腔，挣脱了我的手臂往车厢里面挤。下车后，我余怒未消，把那工人恶狠狠地看了几眼。

我为自己的这一个行为后悔了一辈子。这是我在"文革"中借"毛主席老人家"的名义"狐假虎威"，主动干的一件令我愧疚一生的一件坏事。

我们来到武汉大学的接待站。在接待站登了记，在男生宿舍找到了分配给自己的床，在伙食团吃了一顿晚饭。一罐白生生的米饭，一罐排骨炖藕煲。那排骨炖藕煲味儿真鲜，至今我还能回味起切成丁状的湖北莲藕的清香。那时，学生串联吃饭住宿都不要钱，但我在登记时，老实地写上我是研究生，有收入的。后来，一张补缴款的通知寄到了学校，我老老实实补缴了款。我对此并不后悔。

我们准备从武汉坐汽车到韶山去，瞻仰毛主席的故居。在汽车站领票时，三天以内的票都领完了。正在一筹莫展之时，我们发现有一辆即将发往韶山去的汽车旁围着一大堆人，正在闹哄哄地选旅客代表。孔繁涛挤上去，毛遂自荐，当了旅客代表。他要大家排好队，自己首先上车维持秩序，由服务员验票、收票上车。我尾追他，想混上去。但服务员铁面无私，没有票不准我上去。孔繁涛在上面挤眉弄眼，作声不得，他怕自己露了馅被赶下来。车启动了，我被甩下了，在怅然间，另一辆车开来了，我挤了上去。查票时，我说"票在前面旅客代表那里"，便轻松过关。这是我第一次撒谎，心里怪不好意思的。

我是"文革"中觉悟最早的人之一，但我没选择抗争，而是当了"逍遥派"，也跟随大流，做了几件坏事。同时，我的处世哲学有了变化，注入了"负能量"，是我人生经验的一大收获，但也是我人格修养的一大倒退。

第六章

成家立业

成家是奋斗的后院，立业是人生的责任，"精神原子弹"得到进一步磨练。

代人购车酿大祸，失去兄弟骨痛彻。人生总有些坡坡坎坎让人迈，没有迈不过去的坎，生活还得继续。

"革命意志衰退" 忙于结婚成家生子

"修正主义苗子"被处理 细胞学研究生被分配到弹丸小厂

"鸡窝里飞出金凤凰" 甩开膀子创大业

成家又立业 "乱世"之中双丰收

人生第一次灾难 失去兄弟骨痛彻

"革命意志衰退"　忙于结婚成家生子

回校后，我成了逍遥派。我在川大的两个"造反派"师兄率领研究生长征队在甘孜、阿坝、凉山一面重走长征路，一面掀起了三州的革命造反运动，打倒了"走资派"，后又被"保皇派"抓去坐牢，同当地的"走资派"阿宝关在一起，历尽艰辛后回到学校。革命热情高涨，我们研究生住的宿舍，几乎成了全成都高校研究生和四川三个少数民族自治州的联络站。我除了同他们乘车翻过二郎山去沪定旅游了一次以外，几乎没参加他们的活动。有一天，秦师兄看到我又在用清油做炸馒头，半调侃地数落我说："你娃娃革命意志衰退了啊！"

我笑而不答，我行我素。"革命"虽不积极，但我却忙起另一件事来。我要成家了。

1967年，全国的武斗正酣，我同斯曼确定了关系。我给斯曼写了一封信，说我愿同她结秦晋之好。斯曼1965年毕业后分到了绵阳地区，未分配工作便到专区所属的广元参加"四清"运动。"文革"一起，她结束了在广元参加"四清"运动的生涯，分配到当时属于绵阳地区管辖的潼南中学工作。她回信说，她征求了父母的意见，同意了我的求婚。于是，她从潼南来到川大，在七宿舍一楼借生物系女老师史安静住的寝室暂住了一夜。

我去生物系办结婚证明，生物系掌权的夏贵武从他随身背的一个挎包中，取出一枚公章，在结婚证明上盖了一个鲜红的公章。我们便结伴回了重庆，并获得了父母与亲戚的认可。五姨妈在见了斯曼后，悄悄地对我说："这是我们家媳妇中最漂亮的。"我心中为此暗自得意。

我们回到江北县鸳鸯区龙溪公社范家院子乡下的家中，双双到龙溪公社去扯结婚证。公社办公人员告诉我们，"造反"时，结婚证被当成封资修的东西烧了。无奈之中，他取出公社的公章，在川大生物系开的结婚证明上，加盖了一个公章。于是，我们便算进行过结婚登记了。这一天，是1967年的5月3日。

　　回到家里，我们才知道，大哥董仁扬带着新娶的大嫂王学敏回家来了。于是，全家晚餐时吃了一顿婚宴。父母及从丰都赶回来的二嫂周忠莲参加了庆祝。大嫂不知为何，一脸的不高兴。也许她不满意我们这时结婚，因为我们这时结婚降低了她第一次到婆家的重要性吧。二嫂热情地为她夹菜，问她好不好吃？她竟用一口椒盐普通话回答："不好吃。"使全家惊愕万分。后来，热情豪爽的二嫂经常学大嫂的椒盐普通话说"不好吃"，以表示对大嫂的不满。

　　这一天晚上，母亲为我们准备好的新房让给大哥和大嫂了，我们被安排在堆满杂物、黑灯瞎火的"跃层"阁楼上。

　　很快，我们有了爱的结晶。斯曼怀孕了。1968年1月27日，我带着即将临盆的斯曼回到重庆，住在父亲工作的长航局二食堂。长航局二食堂在重庆市中心小什字下的水巷子里。这时，武斗在重庆打得十分激烈。

　　1968年1月27日下午，斯曼要生产了，我不知所措，父亲也很着急。那时，只有我们父子二人，两个大老爷们怎么可能接生呢？父亲说，只能送到小什字附近的重庆市第一人民医院去。可是，去医院要穿过小什字。小什字是"反到底"造反兵团的堡垒，楼上架着机枪，封锁了十字路口。

　　怎么办？我看着惊恐而无助的斯曼，一股男子汉的豪气涌上心头，不敢也得敢啊，走，闯关去！

　　于是，我搀扶着斯曼，沿着石梯走上水巷子，来到小什字口。街上阒无一人，只有不时传来的几声枪响令人丧魂失魄。我叫斯曼把肚子挺高些，麻着胆子穿马路。好在"造反派"也是有人性的。枪声停止了，昔日的闹市静得出奇。我们迈过了死亡的门槛，走向生。我们来到打铜街附近的一医院。医院里很清静，既无医生，也无病人，只有一个扫地的老太太，背上挂着"牛鬼蛇神"的标志。我呼喊了半天医生，也没人搭理。斯曼吓得哭起来。这时，那个扫地的"牛鬼蛇神"放下扫帚，来到斯曼身边。我后来才知道，这个"牛鬼蛇神"是一医院的妇产科主任，天天挨批斗，接受改造。

　　我们真幸运啊！在那个动乱的年代遇到了好人、好医生。1968年1月28

97

日晨，我的第一个儿子出生了。我把儿子抱回家去，父亲很高兴，给这位长孙取名为"兵"，红卫兵的"兵"。父亲为她的大孙女取名为"红"，大外孙取名为"卫革"。这样，连起来就是"红卫兵"。父亲思想虽"反动"，政治上却很"潮"呢！但我虽不敢违父命，却对"红卫兵"的"兵"字很反感，建议改成"兵"的谐音"冰"，治水英雄李冰的"冰"，冰清玉洁的"冰"。父亲让了步，答应了。后来，我们想方设法回到了江北县龙溪公社范家院子的乡下，让斯曼在那里坐月子。

儿子满月后，我回到川大。斯曼带着儿子回到潼南中学。我们谁也不敢脱离单位，怕丢掉饭碗啊！

我的"全家"福（前排右1大儿子董冰，右2小儿子董晶）

"修正主义苗子"被处理　细胞学研究生被分配到弹丸小厂

1968年夏天，在史无前例的"大革命"中，我同全国研究生一样，被当成"修正主义苗子"处理了。

我和王喜忠的分配名额，一个是到成都，一个是到自贡。自然，我要将在成都的名额让给师兄，因为他已同从北大毕业分配来成都工作的徐行健结婚，在成都安家落户了。因此我将去自贡分办报道。可喜的是，生物系教工王喜忠被川大留校工作，不占分配指标。于是，成都的名额就是我的了。我到成都市分办去报道。分办的人说："你们这一批研究生原来是中央直接分配的，我们也不知把你往哪儿分。我们考虑你是学细胞学的，成都卫校要一个教人体解剖学的教师，人是由细胞构成的吧？（这点常识我还有。）你到卫校去教书吧。"这种荒唐的理由让我哭笑不得。不过，我们这批研究生在分配中遇到的荒唐事可多啦。一个数学系的研究生被分配到乐山碗厂去工作，并被嘱咐，他是学数学的，一定要数清自己造了多少个碗。真是"秀才遇到兵——有理说不清"。

我到成都卫校去探了一下营。那里接待我的人说，学校根本不需要人，是分办硬塞给他们的，向我表示了不欢迎的态度。我回到分办，正好碰到成都味精厂张厂长来分办要人。他知道我是生物系研究生毕业后，如获至宝。张厂长长相很帅，高大英俊，是个曾在全军运动会上拿过男女混合体操大赛季军的转业军人，对人和善，能言会道，很有亲和力。他说，味精厂现在虽然是化工厂，但正在研发发酵工程技术，建起了味精发酵车间。

我被打动了，决定去味精厂再探探营。我叫好友孔繁涛陪我去。我们走进九眼桥南老马路的味精厂，立即就被惊呆了。这个小厂还在沿用19世纪末日本人发明的化学水解法生产味精的老工艺，将面筋放在陶瓷坛中，倒进浓盐酸，让其在胆巴浴中慢慢煨，以使面筋中的蛋白质水解成氨基酸，再把其中的谷氨酸提取出来，精制成味精——谷氨酸钠。在味精生产过程中，整个厂区被有毒的盐酸烟雾笼罩。工人们为防毒气，脸上打着花脸，用毛巾捂住口鼻。工厂里生存环境十分恶劣，寸草不生。

我看了这个场面，回想起在重庆南开中学读书时，去重庆猫儿石天原化工厂参观，一群原本热爱化学的同学全被工厂弥漫的乌烟瘴气吓坏了。我也对工厂产生了极端的厌恶之情，发誓今后决不去工厂工作。我在高考填志愿时，更是小心地避免任何一个与工厂有联系的志愿。

孔繁涛看了这场面，直摇头说，这么个小厂，有个中专毕业生足矣！

我考虑了很久，却决心到味精厂去工作。成都卫校不需要你，而这个小厂渴望人才，渴望知识，应该到"祖国最需要的地方去"。而且，张厂长描绘的发展前景又那么诱人，我去同他并肩战斗，助他实现他的美妙的"现代化梦"，说不定还有发展前途。那时，味精厂建立了新生红色政权，成立了"三结合"，即解放军的代表、革命群众的代表、革命干部的代表组成的权力机构——成都味精厂革命委员会。解放军的代表就是这位成都警备司令部独立师（成都市武警部队的前身）的转业军官，叫张天钦，由他担任厂革委会的副主任。革命干部的代表有四个：一个叫胡烈勋，担任书记；一个叫陈兴义，担任副书记；一个叫袁绍华，担任主任；一个叫蒋志伦，担任副主任。"造反派"的代表叫李××，担任副主任。

我到工厂后，发现味精厂有两个事业心很强的副厂级领导干部，除张天钦，还有一个是副书记陈兴义，他是从成都市蔬菜公司调来的。两个人雄心勃勃，要在成都味精厂大干一番事业。

"鸡窝里飞出金凤凰" 甩开膀子创大业

于是，我义无反顾地去成都味精厂报了到。我被安排在厂区内的单身宿舍里住宿，同一个工人黄碧清住在一起。我是第一个到味精厂工作的大学生。之后，在张厂长的努力下，工厂又来了无锡轻化工学院的一对大学生夫妇——姚俊杰和施书明，一个成都财经学院的毕业生尹大玉，一个天津河北大学中文系的毕业生纪敏学。

我们先到第一线去劳动锻炼。我被分配去当锅炉工。那时的锅炉工劳动强度很大，很苦，要不停歇地一铲铲往燃烧着熊熊火焰的炉膛内加煤。经过在南开中学时艰苦劳动的锻炼，再加上在农村"四清"运动时的经历，锅炉工这点苦活对我而言不算什么。想当年，我带领兴义公社十一大队的河工队去金马河进行岁修，同社员一起，担了一个月沉重万分的河泥，也没难倒我呢！

不过，我很快被分配到厂种子分析室去工作，并当了主任。上任第二天，不服我领导的女工李××就造了我的反。我召集全室人员开会，刚讲了两句，李××就向我开了火。经过"四清"运动和"文化大革命"洗礼的我，并未慌乱，沉着应对。我发现，她采用的是泼妇骂街的一贯手法，骂人是有套路的，无理可讲的。你要是对嘴，她会越骂越起劲。结果显而易见：她必胜，你必败。这种局面的破解方法只有一种：不动气，不接嘴。

于是，我搬了一把竹椅，坐在她的对面，抽起香烟，笑嘻嘻地听她骂。她骂了差不多一小时，突然不骂了，惊诧地问我："你哪个不起气呢？"

我笑答："你骂得多好听，像唱歌一样。继续骂！继续骂！"

李××笑道："妈哟，不骂了，不骂了，还没见过这么经得起骂的人。"

她的回答引来众多围观者的一阵哄笑。

从此，全厂著名的一号泼妇成了我的粉丝，我的"保皇派"，谁要敢骂我，欺负我，不用我动嘴，自有她和我后来收服的另两个"泼妇"保驾。

另一个"泼妇"叫任××，她是我们中心实验室的种子工，从成都轻化工研究所凌孟君研究员那里学到一身过硬的本领。我诚心诚意地拜她为师，学种子技术，她也认认真真手把手教我。一次，她在丈夫的单位宿舍里与人吵架，最后发展到打架，与她一样泼辣的小女儿参战，她小女儿的手杆被打断吊起来了。我住进她家里，三个日夜中，为她排解纠纷，直至事件获得圆满解决。从此，她将我当成小兄弟，关怀备至。

说实在的，对于工厂的这种吵吵闹闹，环境又极为恶劣的生活，我并不喜欢。但是，你不喜欢什么，"命运"却偏要你干什么。个人在社会面前显得何等渺小，面对许多事又是何等无奈。

然而，我并不因为不喜欢工厂便消极怠工。我把一个人的职业与事业分开来对待。社会给你安排了一个职业，不管你喜欢不喜欢，你都要有敬业精神。这便是职业道德。

我到这个小厂后便忘命地干起来。我参与了将味精老工艺改造成现代发酵工艺的战斗。因工艺改革，工厂的生存环境改善了。一天，我看到工厂的土地上生出了一株绿色的小草，欣喜若狂。我不准任何人扯这株小草，把它保护起来。我找了一个架架车，在厂外去拉了几车净土，在厂内我居住的单身宿舍外的地面上搭起了一个花坛，买了各种花种撒上，还栽下一株冬瓜。不久，我花坛里的太阳花、胭脂花、牵牛花开了，姹紫嫣红，好不热闹。后来，冬瓜藤还结出了一个十多斤重的大冬瓜。我那会儿的思想可纯洁呐，用公家的地种出来的东西，不能私人享用。我将冬瓜交给了职工食堂。

以后，我被调到厂技术组做组长，开始了与张厂长和陈书记配合建制药车间的行动。

因为那几年在搞"战备"，味精行列不受重视。为了将工厂做大，争取国家投资，张厂长和陈书记在胡书记和袁厂长的支持下，策划了在味精厂建制药车间，将味精厂变成制药厂的行动。在正常年代，跨行业建药厂是匪夷所思的。但在那个年代中，你可以什么也不干，你想干什么也能干什么。他们将我作为助手，参与这个行动。

我们三人到位于杉板桥的国家医药局直属的四川抗生素工业研究所求助。那时是赵主任接待了我们，他当场拍板："干！"我们决定由川抗所支援，建立卡那霉素原料药生产车间。卡那霉素当时是一种新型抗生素，与庆大霉素齐名，还是另一种疗效很好的新型抗生素——阿米卡星（丁胺卡那霉素）的原料药。我们组织了一个学习队，住进川抗所学习技术。我开始学习"种子"岗位技术，还和姚俊杰学消毒配料，和一个中专生姚方学提炼，和另一个中专生孙红、张国蓉学分析。我在川抗所研究员张老师的严格训练下，学得了一身"微生物"种子培养的过硬本领。

回厂后，我们开始了小试验。我们用24立升的小发酵罐进行试生产。我叫姚方用我们的摇床室进行提炼操作，并拿出了第一批几十克卡那霉素样品。我们用这一点样品去市医药局报了喜。不久，中央人民广播电台闻讯赶来，要采访"抓革命，促生产"的典型。一天早上，厂里的喇叭传出了激动人心的声音。中央人民广播电台播出了"鸡窝里飞出了金凤凰"的长篇报道，味精厂成了名扬四海的先进典型，厂领导到处做报告。在报告中，我被作为功臣多次提到。我成为"知识分子接受工人阶级再教育"的典型。以后，我同张厂长成了忘年交，通家之好。每年"十一"国庆节，我们全家都要到张家去做客。我同斯曼轮流抱着儿子董冰，从九眼桥通过人民南路，步行到他家。他家在四川剧场内，嫂夫人是省人艺的名演员。他们请我们吃晚饭，然后，在他们家的后院看国庆焰火。不亦乐乎！

　　邓小平复出后，重用知识分子。我先被任命为味精发酵车间（二车间）

我的忘年交——张天钦（右1）一家
　　张天钦，是我走向生活后的第一个知己，他在担任成都味精厂副厂长时，让我的潜能充分释放，使我成为了成都制药四厂的开拓者之一

的车间副主任。主任是老工人马树成，他戏称我为"董权威"，其中，有一分调侃，也有一分尊敬。技术上，他全由我说了算。一年多后，我被任命为制药车间（三车间）车间副主任，主任是转业军人蒋作武。不久，蒋作武调走，我升任车间主任，转业军人陈家荣担任车间副主任，老工人钟明伟担任车间党支部书记。我当了八年多制药车间的车间主任。

　　十年车间主任的生涯，是我一生中又一个最艰难的时期。车间主任是中国国有企业的"细胞"，千针万线都要从这里穿过。我不仅要对车间的行政、技术负责，还要对车间的一百多号职工负责。

　　在对车间进行管理的过程中，我以人为本，施行"仁政"。我为车间的职工服务，经常进行家访，了解他们的困难，并关心帮助他们，有个生疮害病，我都关怀备至。有一次，有个女工生病，我将她搭在自行车上，推着送她到医院去看病。逐渐地，一批骨干聚集到了我周围。

　　车间的职工来源复杂，不少工人是家属子弟，良莠不齐，有好几个是九眼桥一带出名的"混混"，有吃"对面钱"的，有要"三节鞭"的，很难管理。我发挥他们所长，将他们改造成车间的骨干。厂里有一个老工人的儿子，就曾是著名的小偷，吃"对面钱"的。我发现这个小伙子极为聪明，便将他的"聪明"引上"正道"，让他钻研业务。他很快成为业务骨干，被我任命为机修组（工段）的副组长。可惜，后来我调离三车间后，他旧"病"

103

复发，故伎重演，成为黑社会中专门替人取"零件"的恶魔。他的兄弟曾对我说，他临死前说，董主任是个好人，他十分怀念。

后来，车间分来一批中专生和知青，我逐步把他们培养成业务骨干。这些骨干调到新建立的车间、分厂，遍布全厂。机修组组长王昌明后来当了一车间车间主任、副厂长；提炼组组长贺思明后来当了二分厂厂长、厂党委副书记。

我在担任制药车间主任期间，领导了三次工艺改革，使我们的技术水平跻身于全国领先地位。国家药检部门公布各个药厂的质量检测结果后，成都厂的药品质量远远高于同行，同行大为震惊，北京、上海的大药厂纷纷派人来取经。我那时便有了竞争意识。我敞开大门欢迎同行进车间参观，同时嘱咐工人见到参观者便立即改用旧工艺操作。同行回去给我写信说，他们确实看到了成都厂产品质量优秀，却一点先进经验也没学到手。但同行仍对我和成都厂十分敬佩，在同行业全国协作组会议上，这个由味精小厂转为药厂、原未被大药厂看上眼的"山寨"药厂，被推举为全国卡那霉素协作组的副组长单位。

成家又立业 "乱世"之中双丰收

成家和立业总是并行的。"文革"中，由于同妻子两地分居，我长期单身一人在成都，居住在厂内的单身宿舍里。单身宿舍与厂区连在一起，中间连隔墙都没有。单身宿舍是一排红砖平房，一间小屋只有八平方米，除了两张床，一张写字台，两把椅子，一个书柜兼衣柜、杂物柜，只剩下一条勉强可以侧身而过的通道。

那会儿，妻子带着儿子在潼南生活。潼南发生武斗，她不得不带着几个月大的儿子，从潼南坐篷船沿涪江下到重庆，然后坐火车从重庆到成都来找我。厂里安排黄碧清去住另一间房，用那间八平方米的房让我安家。开始，我们找了一个叫邬婆婆的保姆带董冰，让董冰住在邬婆婆家。邬婆婆住在九眼桥附近的贫民窟里，条件太差了。斯曼回潼南前，我们找到一家老马路上的幼儿园，将董冰寄宿在那里。那家幼儿园是成都著名的民主人士卢秀办的，很专业，管理有板有眼的。斯曼走后，就是我一个人管儿子。下班后，我就到幼儿园去陪儿子玩。不少家长去看他们的宝贝，喜欢挑剔，说这不对，那要不得，我却总是感谢和赞扬。于是，我的儿子得到了全体阿姨最好的照料。在幼儿园里，只有我的儿子是越长越好的。有一次，我出长差，一个月回来，刚刚学会走路的儿子跌跌撞撞地直奔我而来，扑进我的怀中，使我尝到为人父的最大的愉悦。

1974年，我的第二个儿子在成都市妇幼保健院出生了。几天后，我就把斯曼接回厂里的单身宿舍来坐月子。我的姨妹刘新生从潼南来照顾斯曼母子，我们三车间的女工钟俊清、钟明伟、熊晶玉、张紫勤轮班义务为儿子洗澡，虽条件差，也不觉得为难。

斯曼要我给儿子取名字，我实在想不出来，便到车间里去转悠。忽然，我看到车间的黑板上写有"结晶组"几个字，灵光一闪，就用那个"晶"字吧。大儿名"冰"，"冰"和"晶"，象征纯洁，冰清玉洁。我希望自己的儿子单纯一些。于是，董晶这个名字便诞生了。后来，董晶很不满意我给他取的这个名字，因为后来很多女孩子都用"晶"作名字，男女难分，闹出许多笑话。

人生第一次灾难　失去兄弟骨痛彻

这段时间，我经历了人生的第一次灾难。有一次，我到重庆去出差，厂里供销组的组长宋加木托我给他买一辆自行车。我请堂哥董仁远在他供职的三八百货公司给他买到了一辆紧俏的"永久"牌自行车。那时，我七弟董仁民顶替父亲，在长航局参加了工作。我骑着给宋加木买的车，仁民骑着他的车，陪我从解放碑回江北范家院子的家。那会儿，父亲因与仁民置换户口，变成农村户口，回到范家院子，同母亲、六妹、弟媳一齐住在乡下，成为农民。我们从解放碑经临江门，下行到一号桥，我在前面，七弟在后面。过了几个陡峭的急转弯，我突然听到后面"嘭"的一声巨响，我本能地急刹车，

105

老照片：七弟坟头前的哀思（前排中为笔者，其余为大哥、二哥、姐姐、五妹）

代人购车酿大祸，失去兄弟骨痛彻。人生总有些坡坡坎坎让人迈，没有迈不过去的坎，生活还得继续

从自行车上摔下来了，触地时左手受伤，满手是血。

我站起来往后一看，天啦！仁民直挺挺地躺在地上。我扑上去，见七弟头上有一个小洞，无声无息。我悲怆地哭号着："这是我的兄弟呀！"

警察来了，我被扶着上了车，跟七弟到市二医院去。我被包扎后，左手吊着绑带，被警察带到太平间，并被告知，我的弟弟已不治身亡。我的头"嗡"地一下大了，刚才还鲜活的，同我有说有笑的弟弟，怎么说没就没了呢？我昏昏沉沉地到了住在市中心的仁远二哥家，躺到二哥的小床上，让二哥去帮我善后。经过漫长的车祸纠纷调解过程，父母原本是农村户口，公安局答应将他们从农村户口转为城市户口。但是，公安局死活不同意将弟媳蹇宗碧的户口转为城市户口。蹇宗碧愤怒了，在她的堂兄，我儿时的朋友蹇宗禄的怂恿下，带人抢了我们父母在范家院子的家。我回家时，看到父母蜷缩在家徒四壁的角落，无比难过。我将父母接到成都，住进厂里的单身宿舍。我将八平方米的正房给父母住，自己住进守门的岳大爷让出的一个偏棚。这个偏棚是用围墙和单身宿舍间的一个缝隙，搭上牛毛毡建成的，只能容下一张床。那时，斯曼在外地工作，回来探亲时，就同我住在这个贫民窟式的窝棚里。虽然简陋，毕竟我上有父母，中有妻子，下有儿子，而且事业初成，算是成家立业了。

106

第七章

在科学的春天里

在科学的春天里，青少年时代练就的"精神原子弹"小试"牛刀"，初露锋芒。

纪念周总理　川大学子哭晕一大片
参加"四五运动"　呼唤"小平"出山
在科学的春天里　我开始成为"赛先生"的战士

纪念周总理　川大学子哭晕一大片

1976年，"文革"进入最后阶段。我在工厂里"抓革命，促生产"，很少卷入政治漩涡。我在川大八二六战斗兵团的朋友，很是羡慕我的生活。

1976年1月8日，我们敬爱的周恩来总理去世。第二天，天气阴冷，细雨恼人，低矮的天穹压得人喘不过气来。我穿上棉大衣，将连夜赶制好的黑纱戴在左臂上，跨上自行车，赶到工厂去上班。那时，我已住进工厂新修的宿舍。宿舍在民主路，红瓦寺附近，离厂不远。

上班的人陆陆续续走进大门。大多数人左臂上戴着黑纱，脸色阴郁，忘了像平时那样在厂门口互相点头招呼，心事重重地走向工作岗位。少数没有戴黑纱的人，有意识地躲藏着不光彩的左臂，急匆匆地钻进办公室。

我走进车间办公室。办公室里围着一大堆人，车间一个女工扯开她那特有的大嗓门，翻动着厚嘴唇，正在眉飞色舞地讲着什么有趣的新闻。她看见我走进来，对我嚷道："董主任，给你说嘛，今天在公共汽车上，打得好凶哟。一个人没有戴黑纱，售票员不准他上车，这个人硬要上来，还说了些攻击周总理的话。大伙儿'毛'了，把这个'虾子'狠狠地捶了一顿。"

"捶得好！"我解气地说。

女工继续说："总理去世，没有哪一个有良心的人不难过。我们厂里好怪哟，一点动静都没有，灵堂不设一个，牌坊也不扎一个。刚才大家围着张书记、朱厂长，要求他们组织我们悼念，他们直摇头。"

我沉思了一下，说："别难为他们了。上面有通知，不准组织悼念活动。这样吧，官方不组织，我们老百姓自己组织。愿意走的，跟我到大门口，把牌坊扎起来。"

人人都愿意走。我将志愿者分了工，有的找花，有的找总理像，我带了两个人，其中有一个是车间的消毒工"时钟"，蹬三轮车到川大去砍柏枝。石钟蹬着车，我坐在三轮车上，从川大后校门进入校园。奇怪的是，偌大的一个川大校园里竟看不到一个人影，冷清清的。我们在生物楼前停下三轮车，顺利地砍了一车柏枝。我们拉着柏枝，从生物楼出发，赶到理科大楼前面，准备从大门出去。忽然，我听到一阵奇怪的声音，在川大校园上空滚动。我竖着耳朵听了一会，发现这是一种呜咽声，这不只是一个人、两个人的呜咽声，这是成千上万人的呜咽声。呜咽声越来越大，像一阵阵低沉的雷鸣，不停地在校园上空滚来滚去。这一阵凄楚的呜咽声，强烈地震撼了我的心灵。我鼻子发酸，眼睛湿润。我蹬上三轮车，向呜咽声传来的方向奔去。

大操场上挤着成千上万的教师、学生，黑压压一片。主席台上有用松枝、柏枝扎成的巨大的牌坊，无数的白花点缀在牌坊之上，两幅巨大的白纸上写着斗大的字，白发苍苍的老校长站在麦克风前，回忆在抗大时聆听总理教诲的情景，泣不成声，热泪纵横。台下的教师、学生三五个人抱成一团，哭得捶胸顿足。我们停下三轮车，走进人群，融合在悲壮的洪流中。我噙在眼睛里的眼泪夺眶而出。我同周围的人一样，放声痛哭，如丧考妣。广场上的人，一生中大多没有经历过这种声嘶力竭痛哭的场面。我们哭啊哭，哭不是亲人胜似亲人的总理，哭多灾多难的国家；哭苦难深重的中华民族，哭失去了的光明、希望、幸福，直哭得天昏地暗，日月无光。

参加追悼会的师生，不顾市委的劝阻，在老校长的带领下，抬着花圈，迈着沉重的步伐，到街上游行示威。我们则回到厂里，在大门上用松枝和白花扎成牌坊。

几天后，我在川大侧门外的小巷里碰见川大八二六的核心人物、"江游集团"的二号人物游××，他在街上碰见我，对我说："董仁威，我真羡慕你。"

"我有什么值得羡慕的？"

"这几年，你毕竟干了一番事业，做了些有益的事。"

"我不过在药厂里当了几年苦力罢了，算得上什么事业，哪儿比得上你们干得轰轰烈烈？"

"那是啥轰轰烈烈呀！我们在对神灵的顶礼膜拜中干了那么多现在一想

起来就脸红的蠢事。我们侮辱打倒了中国最不该打倒的人：刘少奇。我们今天打倒这个、明天打倒那个，糊里糊涂地侮辱、打倒那么多不该侮辱、不该打倒的人。直到他们要我们打倒中国最最不该打倒的人：周总理，我们才醒悟过来。我们在这近十年的时间里，毫不吝惜地抛掷了最宝贵的青春，做着甘洒热血写春秋的迷梦，却干了一件疯人才会干的大蠢事。这是历史对我们最残酷的戏弄，最无情的摧残。"

参加"四五运动"　呼唤"小平"出山

以怀念周总理为名，质疑"文革"的浪潮席卷全国，大字报铺满了全国的城镇。一个星期日，我骑着自行车，到文化宫、春熙路、英雄口一带转了一圈。大字报、小字报，铺天盖地，挤满了大街两旁每一处可以贴纸的地方。我细细地看着这一些以悼念总理为主的大、小字报。我特别注意看那些藏在大、小字报缝隙中的文章。这些文章真是"反动"极了，把矛头直端端地指向江青、姚文元、张春桥，更有甚者，竟敢犯上直指"红太阳"。路人见到这种触目惊心的文章，大多像碰到瘟疫一样赶紧回避，只有少数胆大包天者不仅要细细观看，还要在上面急急忙忙的批几个字——"好！""痛快！""勇敢！"

在骡马市街口，到处挂着小瓶，意为呼唤"小平"出山之意。小瓶被一幅大标语覆盖。标语上写着："邓小平若上台，千百万人头就要落地。"标语前冷冷落落的，没什么人。我发现有人用小扫帚在那幅标语的"人"字上刷上浆糊，将一个"猪"字贴上去。我把大标语看了一遍，恍然大悟，一字之差，大标语的含意魔术般地翻了个个，竟成了"邓小平若上台，千百万猪头就要落地。"人头落地是血淋淋的恐怖景象，猪头落地则是欢宴升平的喜庆图画！新颖的改动立即吸引了行人，一会儿工夫，大标语前黑压压地挤满了一片人。人们评头论足，点评这个改动的妙处。有人笑起来。人们受到感染，跟着开怀大笑。"哈哈哈！哈哈哈！"千百人的笑声汇聚在一起，弥漫在骡马市上空，使行人止步，汽车停驶，又一处交通被堵塞了。

最大的交通堵塞，发生在英雄口。这一天，重庆来的技术员白智清在英雄口银行外的围墙上贴了一张矛头直指张春桥的大字报，引起了轰动全省的"英雄口事件"。我得到消息，是第二天清晨，没有看到头一天英雄口人山人海的盛况。我骑自行车，赶到原名"盐市口"，"文革"中改名"英雄口"的闹市区。天刚蒙蒙亮，柏油路上昏黄的路灯照耀着寂静的街道。惟有英雄口人头攒动，像大白天一样热闹。有人用电筒照着那些大字报，大声朗诵着。伴随着朗诵声，人群中不时传出一阵叫好的热浪。后面的人将前面的人的背脊当桌子，记录着大字报的内容。我融入叫好的人潮中，同百姓们一起享受呐喊的欢乐。人走了一批又一批，到上午九点多钟，英雄口又被围得水泄不通。

"闪开！闪开！"一阵骚动声从后面传来，一伙带着藤帽，提着糨糊桶的小伙子从人群闪开的夹道中横冲直撞而来。他们在大字报上刷了一层糨糊，沿着银行围墙贴上了一幅大标语，覆盖了大字报。我定睛一看，大标语上写着："把矛头指向中央首长，绝没有好下场！"

人群围上去，制止他们覆盖白智清的大字报。忽地，这群小伙子"唰"的一声，齐楚楚地抽出插在腰间的短棒，在人群头上挥舞起来，挨打的人"哇哇"叫起来。人群混乱了，纷纷四散逃跑。短棒在人群上空飞舞，追逃声惊天动地。有人大喊一声："跟他们拼了！"

抱头鼠窜的人们清醒过来，纷纷转身同短棒队员搏斗。这时，我已经退进谭豆花店。几个短棒队员冲进来，木棒就要打到我头上。我急中生智，顺手拿起店堂里的板凳，同短棒队员对垒。几个工人模样的中年人、青年人，也学我的样，拿起板凳同短棒队员对打起来，店堂里一片"乒乒乓乓"的声音。短棒队员一见寡不敌众，好汉不吃眼前亏，转身就跑。老鼠过街，人人喊打，大街上震荡着一片吼声。

我推着自行车走到交际处。交际处前人山人海，堵塞了交通，我问一个踮起脚伸长脖子观察的老头："老大爷，你在看啥？"

"总理遗言！总理遗言！"老头激动地凑着我的耳朵咕噜着。

我架好自行车，站在自行车后架上，望见了那张轰动全市、甚至全国的《总理遗言》抄件。后面的人叫起来："前面的，念啦！念啦！"

有人大声念起来，混乱嘈杂的大街渐渐肃静下来。我掏出笔记本，赶紧抄起来。

我抄起遗言，如获至宝，拿回厂去，见人就传播。后来，在清查政治谣言时，我被厂里的医生老曾出卖，负责清查的党总支副书记刘林书和组织科科长谷文娟把我叫到办公室，对我说，我被揭发了。好在，刘书记和谷大姐同我持有相同观点，他们把这件事敷衍搪塞过去了。

在科学的春天里　我开始成为"赛先生"的战士

"四人帮"粉碎了。1978年，随着全国科学大会的召开，科学的春天来临了。我的大哥出席了全国科学大会，他在"文革"中潜心写作了一部应用数学的书。大嫂当时气他不做家务事，却成天写这种无用的书，把他的书稿撕了许多次。等大哥的书出版了，为家里挣回了稿费，又当了四川省的劳动模范，在全国科学大会上受到表彰，大嫂才回心转意，知道自己没嫁错人。

哥哥出息了，弟弟不甘落后。这时，我正在制药车间当车间主任，闻到了春天的气息，我蠢蠢欲动。我拿起闲置了15年之久的笔杆子，首先写了一篇以我当车间主任为背景材料的短篇小说：《红辣椒》。我把这篇短篇小说交给著名作家艾芜看。

艾芜是我的一个部下的父亲，通过他，我认识了艾芜。

艾芜仔细地看了我以车间生活为基础写的这篇小说后，逐字逐句做了批改，并推荐到重庆《红岩》杂志，在1980年1期发表了。从此，我常常到艾芜家去请教。艾芜十分喜欢我这个当车间主任的文学青年，不仅同我谈天说地，还反复传授我写小说的秘诀，强调"意料之外，情理之中"规律在小说创作中的作用。我同艾芜成了"忘年交"，艾芜介绍我参加了四川省作家协会，我遂为"文革"后四川省作家协会的第一批会员。

　　同时，我又写了许多科普文章，到处投寄。我的第一篇科普文章被四川人民广播电台的编辑何道文看中，在1979年播出了。我见诸文字的第一篇科普小品，由成都市科协方守默推荐，在《成都晚报》科技副刊发表了。我的科普活动，引起了有关方面的关注，他们让我参加了由四川省科协和成都市科协联合举办的成都笔会。笔会上，全国著名的科普作家郑文光、童恩正、刘兴诗、肖建亨等在会上讲了课。我向笔会呈上了我的一篇习作：科幻小说《分子手术刀》，引起了大会组织者的注意。《科学文艺》的主编刘佳寿对我说，这次笔会发现了两个人才，一个是我，一个是后来成为著名科幻小说作家的王晓达。会后，我的科幻小说在《科学文艺》（《科幻世界》的前身）1979年3期发表了。成都笔会和我后来参加的自贡檀木林笔会、重庆小泉笔会、九寨沟黄龙笔会，对我一生的创作活动产生了很大的影响，使我在进行各种创作活动时，始终把天平的砝码倾向科普。

　　这时，我写了另一个短篇小说：《老夫子与"锚固桩"》，投到《四川文学》，这篇带点科普味道的小说未被《四川文学》采纳，后来在《科学文艺》发表了。但《四川文学》编辑陈静对我说的一番话却使我思考了一辈子。陈静说我可能在三方面有发展，一是办企业，一是写小说，一是搞科普。但我只有搞一种，才可能达到一定高度。我却听不进陈静的好心劝告，我倒是感觉另一位朋友说的话很入耳。这位朋友调侃说，我左手掌上的纹路显示，我有许多条事业线，每条事业线都会达到一定高度。

　　我听了这位朋友的话，在各条战线上干起来。灵感来了，想起什么题材，就写什么题材，适合写小说便写小说，适合写科普作品便写成科普作品。稿约来了，不管是小说、报告文学、传记文学、科学小品、科普著作、专业著作，只要能变成铅字，能出书，便滴水不漏地接下来。我在圆小时候当小小图书馆馆长时立志长大了要写出一架书的梦。

　　我小说写得正有劲，突然，我得到了写书的稿约，便把重点转向科普了。我接受了四川科技出版社写作《遗传工程趣谈》一书的任务。这件任务本来是给我的老师梁中宇教授的。梁中宇教授向出版社推荐由我来写，并把自己的一个有关遗传工程的讲稿给了我。这个讲稿是给当时的四川省省委书记讲课用的。我以这个讲稿为提纲，结合我对生命科学的认识，完成了《遗传工程趣谈》的编著，并在1980年发表了。这本书是我对自己热爱但却无缘参与研究的生物学的一个怀念。以这部书为基础，我为少年儿童写了一本书：《奇异的"魔法"》，责任编辑肖晓琴说，她从未见过在一部书中倾注了这么多感情的。后来成为基因工程专家的杨顺楷研究员说，他是看了我的《遗传工程趣谈》，才开始真正理解基因和基因工程的。

写作《遗传工程趣谈》《奇异的"魔法"》等科普书，使我感到，我虽然没有条件从事生命科学的研究，但我把对生命科学的理解写成科普书和科普文章，吸引更多的人来关注生命科学，也是一件很有意义的事。我用了很大的精力搜集有关生命科学与生物技术的资料，写了大量介绍生物工程的文章发表在成都市、四川省和全国其他各种报刊上，成为全国有影响的普及生命科学和生物工程知识的专家，在"文革"后我国第一次科学启蒙运动中做出了贡献，奠定了我在中国科普界的地位。21世纪初叶，我在生物工程普及工作中的集大成之作《生物工程趣谈》，获得了第四届中国优秀科普图书奖，这是对我在普及生命科学和生物工程上的成就的肯定。

《遗传工程趣谈》等有关生命科学的科普书

以一份讲稿为参考，我开始毕生创作生命科学科普书的历程。其中，《物种起源之谜》《生物工程趣谈》《生命"天书"》，获得了中国图书奖、中国优秀科普图书奖等多项国家及省部级优秀图书大奖，《生命"天书"》等，被中宣部、国家新闻出版总署推荐为全国青少年100部优秀图书

我是不安分的。我并不单打一地写纯粹的科普文章。1980年，四川人民出版社的王兰智约我写科学家的故事。我又一头扎

进科学家传记文学和报告文学的天地。

在写作过程中，我将书中的一个片段《少年达尔文》试投刊物，在北京《儿童文学》杂志发表了，受到小读者的欢迎，并获得了"<儿童文学>优秀作品奖"。中国少年儿童出版社将我请到北京去，参加"儿童文学培训班"。我听了王蒙、刘绍棠、刘心武等著名作家的讲课，拜会了著名儿童文学作家冰心。以后，我在《儿童文学》上连续发表了《王安石变法风云录》《沈括》等儿童传记文学作品。如果我沿着这条路走下去，也许会成为中国顶尖级的儿童文学作家，我在"儿童文学培训班"的同学，如沈石溪，便在后来成为了专业儿童文学大腕。

虽然我没有成为专业儿童文学大腕，但我在科学家传记文学和报告文学上的造诣在全国也是屈指可数的。我为四川人民出版社写了传记文学《物种起源之谜》，这部书重印及改版印刷达10次，发行10多万册，获得"成都市首届优秀文学作品奖"。我还参加了四川少年儿童出版社的畅销书《中外著名科学家的故事》丛书1、2、3辑的写作，出版了《达尔文》《李时珍》等科学家传记文学作品。这些书有的被共青团中央、国家新闻出版署推荐为"全国少儿假期读物"，有的还获得了"冰心图书奖"。

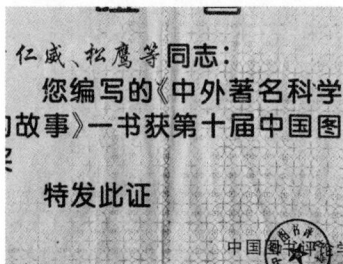

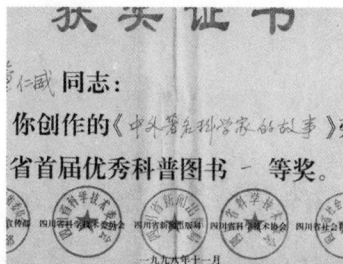

《中外著名科学家的故事》丛书获奖证书

写了一辈子，奖状装了一箱子。荣誉不重要，为理想奋斗过，为社会做贡献尽了力，人生就有厚重的幸福感了

我不满足于用查资料的方法来编写科学家的故事，虽然这也不容易。我为了写关于达尔文的文学传记，查阅了1000多万字的资料。我从中发掘出达尔文为科学牺牲了同芳妮的恋情的独特资料，连研究达尔文的专家也来函向我

请教出处呢。我应用我在读书时当《人民川大》记者组组长时的经验，四处采访科学家。我首先瞄上了重庆市的劳动模范苟文彬，参加了苟文彬的TDP研究会，并成为理事。我鞍前马后，围着苟文彬转，在对苟文彬深刻了解的基础上，写出了脍炙人口的科学家报告文学作品：《他在灯海中闪光》。

我还同著名科学家、科普作家童恩正交上了朋友，在成都川大校园童恩正家中采访童恩正，写了《两栖人》等科学家报告文学作品。我采访了我国著名植物学家方文培。我在三个月中，用全部下班时间和假日，到方文培教授家中，同教授在小院坝里的葡萄架下屈膝谈心，写出了《绿海探宝》一书。

第八章

"拼命三郎"

在科学的春天里，"精神原子弹"有了用武之地，"拼命三郎"显神威。

为了抢回被"四人帮"耽误的十年时间，我在多条战场上作战，时间显得不够用。我当车间主任，当技术副厂长，当成都儿童营养中心主任，本职工作就够重的，我还要当成都健康食品研究所所长兼总工程师，走南闯北，时间显得不够用，我哪有时间再写作呢？

解决问题的方法便是拼命。

为了抢回被"四人帮"耽误的十年时间　我开始"拼命"
本职工作不含糊　创建 "成都儿童营养中心"
我第一次出国　是改革开放后第一批走出国门的中国大陆人
建设成都儿童营养中心　费尽心机
创建成都健康食品研究所　自任所长兼总工程师
要在那么多战场上作战　时间不够用只好拼命

为了抢回被"四人帮"耽误的十年时间　我开始"拼命"

那时候，"抢回被四人帮耽误的十年时间"，成了一个时尚的口号。我在这个口号的鼓舞下，变成了一个"工作狂"。

我同时在几条战线上拼命。白天，我主要干本职工作。成都味精厂在我们这一群大学毕业生、中专生、返城知青和全厂其他干部、群众的集体努力下，基本上没有靠国家投资，"自力更生，艰苦奋斗"发展起来了，成为一个产值过亿、员工上千的中型原料药厂，是国家生产卡那霉素、丁胺卡那霉素重要的原料药基地。我的主要贡献是在卡那霉素上，我的一篇专业论文《卡那链霉菌噬菌体研究》曾获得过四川省科技进步奖。我们厂发展丁胺卡那霉素，是詹仕纬的贡献，他是我重庆南开中学高年级的校友，曾当过"志愿军"，转业后读了沈阳药学院，是半合成与合成药物的专家，曾在三车间同我一起工作，先是我的部下，后升任总工程师兼二分厂的厂长。他不是厂领导，厂里的技术工作是我这个技术副厂长负责的。不过，我的权力在二分厂基本上是无效的，完全由詹仕纬"独断专行"。我也由得他，"闲事少管，走路伸展"嘛！况且，我的"心"并不专，空出"心"来还可干别的事，何乐而不为？

不过，即便这样，我还是忙得很。我当了八年车间主任后，1983年，在重用知识分子国策的氛围中，市医药管理局将我、姚俊杰、向忠惠三个人作为重点考察对象，准备提拔为厂级领导干部。向忠惠是我的川大低年级同学，原在甘孜州炉霍县工作，他的爱人娄书铭是他的同班同学，也是我的川大校友，是我的部下，炉霍发生大地震后，我四处奔波，将他从炉霍调到成都，在我们厂工作。

在征求群众意见时，姚俊杰得票最多，群众认为，我虽能干，但心不在厂里。那时，我在《红岩》发表了小说《红辣椒》，因是以我的部下、车间女技术员李朝秀为模特儿写的，便有人怀疑我们的关系。同时，我的许多书稿是由我的部下段建义、杨禄方抄写的，我的不务正业的名分得以坐实。于是，最后的结果是，姚俊杰当了厂长，我当了副厂长，向宗蕙当了副书记。另一个考察对象纪敏学则调到成都制药三厂去当了党委书记。我们厂的书记则由从成都制药一厂调来的卿成让担任。

最初，我分管技术科、设备科、基建科，是技术副厂长，并分管供销科。我的管理理念从来是新潮的，走在时代前列的。我首先抓供销科，我提出，一个工厂，应有三分之一的人搞销售，工厂在社会主义市场经济中才有前途。我宣扬工厂管理的"哑铃"理论，认为，工厂的营销和技术是哑铃的两头，中间用生产来连接。我在成都召开了一个大规模的全国用户会议，让用户的代表吃好，喝好，玩好，开始同他们建立起良好的用户关系。

我作为技术副厂长，与同工厂科技工作有密切关系的成都市科委、四川抗生素工业研究所建立了良好的关系。

我同市科委主任，也是我川大生物系高年级同学的王家善，以及先后担任市科委工业处长和财务处长的李祚炳，成了终身的莫逆之交。在他们的支持下，成都制药四厂成了他们重点扶持的科技企业，我们厂先后从成都市科委获得了上千万元的国家科技拨款。

我同川抗所的关系也十分密切，成果处的处长汤仕涛，也是我的川大同学，后来成为我的莫逆之交。他是负责成果转让的，我通过汤仕涛，拿到了当时全国争抢的丁胺卡那霉素半合成技术，以及灵芝深层发酵培养技术。

国家科委副主任（左2）在成都市科委主任王家善（2排右1）的陪同下来科技示范厂考察

我是分管技术的副厂长，在任职期间，为工厂争取到上千万元的科研资金，成为成都市科委重点扶持的科技企业

本职工作不含糊　创建 "成都儿童营养中心"

　　这时，一个让我走向世界的机遇出现了。1983年，意大利总统佩尔蒂尼访华，这位总统二战时是个反法西斯战士，同邓小平主席会面时，两个反法西斯战友相谈甚欢，他主动表示，要安排意大利政府拿出钱来，支援邓小平主席领导的现代化。意大利外交部和中国经贸部负责落实两人的指示。中国经贸部立即组织落实一批赠款项目。经贸部负责此项工作的是负责西欧地区的彭大福处长。他是川大经济系的毕业生，自然要照顾家乡。四川分到两个名额，成都、重庆各一个，市政府发文要全市企业报项目。我找到彭处长，请他面授机宜。他说，这种赠款项目，应该是福利性质的，让我们自己动脑筋。我考虑了半天，决定从儿童福利入手，报一个项目。许多项目汇聚到市政府，又通过省政府报国家经贸部。有一天，我们厂突然得到通知，让我们去参与同意大利外交部的谈判。

　　我带着技术科科长孙翊诚立即买了火车票，坐了36个小时的快车抵达北京。孙翊诚也是我川大生物系的低年级同学，说得一口流利的英语。我们到了北京后，首先到四川老乡彭处长家去探底。那会儿，"贿赂之风"还未兴起，我们只带了一大包成都的特产——又嫩又胖的豌豆尖还有几瓶五粮液去作见面礼。

　　我们终于在北京西单附近找到了彭处长的家，坐电梯上了10楼，按了1003室的门铃。

　　"谁呀？"一个儒雅的声音在门内问道。

　　我操起四川口音说了声："你的四川老乡，来看你的。"

　　门"吱"的一声开了。一个戴宽边玳瑁眼镜，有一张微笑着的"国字"脸，面目和善的中年人伸出头来，看了我们一眼。虽然只有一面之交，彭处长还是认出了我。他把我们让进了屋，我赶紧把见面礼拿出来，彭处长看了看豌豆尖，说："这东西很好，四川人爱吃四川家乡菜嘛。前几天，我到川办去，看那儿的主任正在分从四川带来的蔬菜，说，这是小平的，这是尚昆的。"

彭处长没评论那两瓶五粮液，连正眼都没看一眼，便到厨房去安排太太给我们弄饭吃。吃饭时，他开了五粮液，要我陪他喝。这可是我的强项，一顿喝半斤酒是没问题的。谈笑中，彭处长告诉我们，四川报的项目，意大利人只看起了两个，一个是重庆的急救中心，一个是成都的儿童营养中心。现在，意大利政府派了意大利国立营养研究院的安娜·费洛露西教授来中国考察，要我同她面谈。

从脸型身材看，安娜·费洛露西教授年轻时一定是个大美女。但她是

老照片：在成都同来访的安娜·费洛露西教授（右1）交流

意大利国立营养研究院著名的营养学家安娜·费洛露西教授（右1），开始不愿意与我这个中国工厂主谈判，后来，她为我这个自学的"营养学家"的营养学知识和对中国儿童营养的现状的了解所折服，成为很好的合作伙伴，共同创建了两国政府的合作项目——成都儿童营养中心

一个严谨的学者，不苟言笑，至今未嫁，开始，她不想以我这个工厂主为对手，而要同中国的营养学者对话。临行前，我恶补了一下营养学知识，在川医卫生系去搜集了一些有关中国和四川儿童营养状况的资料。我告诉教授，我先向她介绍一下情况，然后，欢迎她到四川去，同当地大学、儿童保健专业机构的学者交流。我侃侃而谈，从中国儿童的三病：缺铁性贫血病、佝偻病、营养不良症，到中国儿童营养的现状，全面介绍情况。教授见我还内行，便放下架子，认真同我交流起来。

后来，我在成都接待了安娜·费洛露西教授，费洛露西教授让川医卫生系的营养学权威彭恕生教授、儿童营养权威郑德元教授，同她进行交流。我还在成都接待了意大利外交部的项目官员贝尔多拉索。成都市政府非常重视这个项目，由常务副市长朱永明和市经委主任、后来的副市长吴平国抓。朱市长对我们厂的一把手说，成都儿童营养中心是成都市获得的第一个外国政府赠款项目，很重要，比成都制药四厂的所有其他工作都重要。于是，厂里解除了我分管供销科的重任，让我重点抓这个项目。随后，我接待了意大利

政府考察团。由于我给这个考察团以超高规格接待，意大利外交部的项目官员贝尔多拉索对我说，我到意大利去，他也将给我超高规格接待。是什么超高规格接待，使贝尔多拉索如此感动呢？那时，接待意大利政府考察团，是由受益单位负责的。我破格为他们买了一等舱的飞机票，他们这一级官员本来是只能享受经济舱待遇的。贝尔多拉索平生第一次坐一等舱，感动得不得了。加上，我给他们安排的市长出面的接待，我组织的群众欢迎的鲜花和掌声，让他们赞不绝口的成都美食，都强化了他们对我们的好印象。

意大利人是知恩图报的绅士，在接下来安排中国政府代表团访问意大利时，贝尔多拉索也安排了对我们的超高规格接待，他安排我们住在王子饭店。他对我说，这个饭店只接待过中国正部长级的官员。他还给我们安排了专车，让我们在意大利的城乡、风景名胜地，自由转悠了一周。

我第一次出国　是改革开放后第一批走出国门的中国大陆人

这是我第一次出国，也是改革开放后第一批走出国门的中国大陆人。代表团的团长是成都市医药局的副局长卿成让，是从我们厂党委书记的岗位上升上去的，同我是"哥们"。这是一个想干事、能干事的人。成员还有两个官员，一个是四川省卫生厅的陈科文副厅长，一个是四川省外经贸厅的处长罗秀芳，一个是我们从川抗所请来的翻译刘兴仁，他是中国著名作家刘心武的哥哥。我们厂除我外，还有我从绵阳调来搞设备的一个工程师，我的川大生物系同学、厂技术科科长孙翊诚。

1985年10月，我们从成都启程，到北京后先赴法国巴黎。那会儿，从北京还没有直达罗马的航班，必须绕道巴黎。

我们在巴黎下了飞机，叫了一辆出租车，直奔中国驻法大使馆。

大使馆的官员热情地接待了我们，临时给我们做了一大锅鸡蛋面。我看见厨师将一筐鸡蛋放在灶上，毫不吝啬地连续打了十多个蛋在油锅里，忙说："别打了，太奢侈了！"

厨师笑了，说："鸡蛋是这里最便宜的东西，不用心疼。"

我们在大使馆住下后，便迫不及待地出去逛街了。我们在巴黎可以待三天。

我们一行六人，穿着一色国家补贴购置的西装，来到巴黎著名的香榭丽舍大街、凯旋门。街上人头攒动，人们穿得花花绿绿，但很少像我们这样穿一色的西服，披一色的黑呢大衣的。听说，那会儿西方国家的人称我们中国大陆出国人员为"黑乌鸦"，一见这种装束的人就知道是从"中国来的'宝器'"。

我们这个代表团的一切费用是由我那个单位负担的，但我却不是代表团的团长。我们兴致勃勃地钻了不少商店，在凯旋门照了好些神气的相后，发现已是下午一点多钟，肚子已饿得"咕咕"直叫。我们开始找饭馆进餐。翻译英语很好，却不懂法文。他看不懂店前的明码实价，不敢贸然进去，怕进得去出不来。那会儿，在国外的出差补贴很少。看了一家又一家，翻译都不敢喊我们进去。后来，翻译干脆不看了，放弃了职责。到下午两点多钟，我已饿得受不了啦，对卿局长愤愤地说了一声："叫花子团长！"便带头钻进了一家饭店。

侍者迎上来，将我们安顿到一张大圆桌旁坐下，递上来菜单。翻译仍不敢接，我一把将菜单抓过来。阿拉伯数字总看得懂！我将数字最小的菜名一点，用手势比划着要了六份。菜很快就上来了。哈，蛋炒饭！只是太少了点，一份只有鸡蛋那么大一坨。我们狼吞虎咽，两三秒钟便见了底。我做了个再要的手势。又是六份上来，又是两秒钟见底！侍者看得呆了，没等我再做手势，便飞快地跑进厨房，给我们端了一铜盆蛋炒饭进来。我们乐坏了，恢复了绅士风度，我灵机应变，做着手势，指点着其他客人吃的普通菜，要了几份菜上来。

吃完饭，一结算，并不贵，大家松了口气，给了侍者100法郎小费，就出来了。大家在街上说起刚才的情景，一阵大笑，惹得街上的行人驻足观看。我们忙做手势噤声。因为我们已发现，这儿的人不喜欢在公众场合高声喧哗，繁华的商店里、大街上都是静悄悄的。我们安静了，却发现饭馆门口闹起来。再一看，陈厅长没有出来。看来，他不知因何事在饭店里"脱不了爪

123

爪"啦。我们赶快折回去，原来，衣帽间的老太太拉着陈厅长不准他走，激愤地吵着，叽里呱啦说个不停。卿团长上去，掏出一个熊猫纪念章送她。她推开了，连声说："NO！NO！"陈厅长赶紧拿出一盒万金油递给她，她仍不要，"NO！"说得更多更急了。出过国的朋友教我们的两手社交法宝不灵了。我忽然悟道，我们虽然给了侍者小费，但还没给衣帽间老太太。这儿的服务是"铁路警察，各管一段"！我赶紧掏出100法郎，递给她，她接过法郎，转嗔为喜，连声说："Thank you！Thank you！"

小费的尴尬我们还遇到过多次。有一次，我们住进意大利外交部给我们安排的豪华饭店，进去时付了不少小费给帮我们提行李的人。卿团长心疼了。在离开这家饭店时，想省掉这笔小费，便安排我们做好准备，到时一起冲关。

卿团长叫我们把行李提在手上，见接我们的车开来了，他一声令下，我们同时从几个房间里冲出来，奔向汽车，将行李放在汽车上。我们的这一惊人壮举，把诸多准备来给我们搬行李的侍者惊得目瞪口呆，搞不懂世界上为什么会有住得起豪华饭店，却舍不得给小费的人。

到了意大利，我们住进王子饭店。意大利外交部举行了一次欢迎宴会，宴会简朴得很，上了三道菜，一道汤。上头三道菜时，我们学着做绅士，谦谦君子，小口小口慢慢吃，没吃两口，就被收走了，换上另外一道菜。直到一份水果上来，我们才知道宴会已结束了。回到驻地，大家都喊饿，马上拿出自带的烧水壶烧水吃方便面。不过，这只是官方宴会，我们住在王子饭店的一周中，都在餐厅吃饭，贝尔多拉索给我签字权，叫我尽量吃，意大利政府外交部买单。吃饭时，卿团长不敢点菜，我毫不客气地拿走了他的点菜权，每顿必喝香槟，吃好多意大利大菜，饭后将各色豪华冰淇淋吃够，外加一篮各色时鲜水果。之后，意大利外交部安排了一周在意大利各地考察的行程，并未派人相陪，由我们按他们的安排自由行，坐专车时没问题，但有一次坐火车出行，却难坏了我们，火车开了，一个站一个站地开下去，我们却不知在哪里下站，翻译不懂意大利文，又一次干脆放弃了责任，在火车上蒙头装睡，卿团长也不知所措。我这个可以不负任何责任的团员只好自动承担起找下火车车站的任务。我手持贝尔多拉索给我的一个字条上写的下站车站的站名，与每个站的站台上的标牌对，寻找疑似下站车站。用这个笨办法终于找到了下站的车站，我把团长和翻译好一阵怨。

我们在意大利国立营养院研究和意大利有关儿童食品生产厂完成了考察任务，同时，在法国和意大利玩了个够。10多天下来，我们游了巴黎的卢浮宫、埃菲尔铁塔、巴黎圣母院，意大利的罗马斗兽场、威尼斯水城，梵蒂冈的教堂，卿团长站在罗马街上发呆，说了声："这儿什么都好，就是小费不好！"

建设成都儿童营养中心 费尽心机

回国后，我就忙开了。意大利政府提供274万美元，中国政府配套100万元人民币的中意两国政府合建的成都儿童营养中心正式启动了。我被任命为成都儿童营养中心的主任，还兼任着成都制药四厂技术副厂长的职务，在两个办公室办公。我忙设计，忙选址，忙落实配套资金，在成都市经委主任吴平国的陪同下，去找四川省顾省长，又拿着顾省长的批示去找省财政厅。最后，财政厅的张处长落实了这笔配套资金，并把他的女儿张治蓉"嫁"给了成都儿童营养中心，成

成都儿童营养中心落成大典（中为成都市副市长朱永明，左1为笔者）

中意两国政府合作建设的成都儿童营养中心，是在我任成都制药四厂副厂长时的一个杰作。我为工厂争取了274万美元的赠款及数百万元人民币的配套资金。可惜，由于1979年那场政治风波，意大利政府中断了用以建立分月龄、年龄生产婴幼儿食品的2期项目，上千万美元的优惠贷款"泡了汤"，再加上体制的原因，在20世纪末那场"国有企业"改革的浪潮中该中心被兼并。如今，那座意大利后现代主义建筑变成了一家商务酒店。每立方米可承重数吨的坚固厂房变成了火锅店。令人不胜唏嘘

125

了中心中间试验车间主任，我从成都酿造三厂挖过来的同学张治水的媳妇。

用配套资金建起的成都儿童营养中心的建筑是意大利后现代派的风格，我亲自选定的。起初，建筑设计院拿了些火柴盒式的房屋设计图来，我"打"了回去，希望他们拿出有自己独特风格的设计来。他们经过许多努力，终于拿出了我心仪的图纸。

不久，意大利赠送的设备到了，我特别喜欢其中的四辆依卫科汽车，有两辆是客车，两辆是当货车用的房车。"唐老鸭"式的车头，怪头怪脑的，开到街上，会引起市民围观。我是成都市，乃至全川、全国首先引进依卫科的。后来，这种车在全国流行开来，已不足为奇。

意大利安装设备的工人来了。那个工头与我特别合得来。我请他去小天鹅吃火锅，看表演。他说，你们比我们吃得好，我不明白我们为什么要援助你们。

意大利营养专家来了。这是个曾在联合国工作的营养学博士，三十来岁，带着夫人伦格尔一起来成都，做我的营养顾问。他常同我争得面红耳赤，一次，在我送他们去青城山游览的路上，我同他为我们自主研发的产品问题，争得几乎翻了脸，把他的夫人伦格尔吓得够呛，她出面调解，卖劲地讨好我，我才平息下怒火，化干戈为玉帛。

创建成都健康食品研究所　自任所长兼总工程师

在筹建成都儿童营养中心的过程中，为了锻炼队伍，学习食品工艺，并配合全市的科技体制改革，我在成都市科委的支持下，建立了一个面向全川招聘科技人员兼职参与的成都健康食品研究所，自任所长兼总工程师。

我带着这支队伍，在四川各地、全国各省疯跑，给国企送去先进技术，拯救那些濒临倒闭的乡镇企业。我给这一批专家带来了业余兼职收入，也给我所在的工厂带来了福利。每年中层干部的年终奖，都是用我们科技服务带来的钱发的，并且，没有用厂里的任何技术。《中国科技报》报道了这件新生事物，我们被他们称为"无编制的正规军"。

我还把自己的副厂长办公室当实验室，研发产品。我和技术科的翟鸿琼，从实验室借来一些试管、吸管，一些瓶瓶罐罐，在我的办公室里研制出一批新型饮料，包括后来得了成都市科技进步一等奖的"高温作业保健饮料"。成都著名企业菊乐公司的第一个饮料，也是我研制的。至今我还是菊乐公司不拿一毛钱的挂名副董事长。

更重要的是，我通过这些活动，从战争中学习战争，成为好几个行业的专家。我当了四川省营养学会、四川省食品发酵工业协会、四川省保健品协会的常务理事，成都市生化学会副秘书长，成都市保健食品工业协会副会长兼秘书长，写作并出版了一批专业学术著作。

1986年，我领导了四川省科委的软课题《四川省淀粉资源及其应用调查研究》，成果获得了四川省科技进步三等奖。我在此基础上，写成40万言的科技专著《淀粉深加工技术》，1988年在四川科技出版社出版了。《淀粉深加工技术》出版后，读者来信如雪片般飞来。这为我当"科技川川"提供了许多机会。这部书后来长期被四川工业学院食品系选为专业教材。直到2001年，这部书的读者来信均未断过。这年6月，新疆奎屯市北疆小麦淀粉厂周厂长，从图书馆查看了这部书后，专程从新疆到成都来找我，要我为他们的工厂拿主意。

我写的专业书不止一部，《食品加工新技术》《畜禽脏器深度加工技术》都是市场上很受欢迎的书籍。我的《淀粉深加工技术》《畜禽产品加工技术》等专业性的技术普及读物，被选入《中国农村文库》《万村书库》，获得了第二届国家图书奖提名奖。

由于我有专著，无可争议地成为成都市首批工程师、高级工程师、执业药师，并最终成为教授级工程师（正高级工程师）。我领导成都儿童营养中心研制出一批保健产品，在成都儿童营养中心中间试验车间生产，"泡司"系列产品上市后大受欢迎，供不应求，有一段时间，销售公司要排3个月队才能拿到货。

要在那么多战场上作战　时间不够用只好拼命

　　要在这么多战场上作战，时间显然不够用。我当车间主任，当技术副厂长，当成都儿童营养中心主任，本职工作就够重的，还要当成都健康食品研究所所长兼总工程师，走南闯北，我哪有时间再写作呢？

　　解决问题的方法便是拼命。那时，妻子通过厂人事科长，后来市医药组织处的处长谷文娟大姐和陈书记等人的帮助，辗转从潼南中学调到郫县三中、一中，又从郫县一中调到无缝钢管厂子弟中学教书，户口迁到成都，我们一家终于团聚了。我们分到了厂里修的一套宿舍。两个儿子开始进小学读书。这所小学后来成为成都音乐学院附小，与我家近在咫尺。

　　我长时间住在一套狭小的住宅里，下班后，孩子们要做作业，妻子要看电视，没有我写作的立锥之地。于是，我改变作息时间，吃了晚饭便睡觉。半夜醒来，妻儿都睡了，我再起床写作，在喧嚣城市难得的几个小时的宁静中才写下了一篇篇充满激情的篇章。我每天只睡三至五小时觉，硬是在"睡不醒的前三十年"里挤出理当享有的休闲时间，写下一篇又一篇文章。成都市科协了解到我的这一情况后，号召全市科普工作者向我学习，"向深夜进军"。在我多次暴病病危后，成都市科协副主席方守默常常感叹地说，她很后悔当时的倡导。

　　我另一个可利用的时间是出差途中。火车上、等待"批文"的空闲，是我写作的黄金时间。有一年冬天，我到北京出差。一日，无事可办，我只身钻进北京陶然亭公园。天寒地冻，松枝上挂满冰凌。公园里很安静，"千山鸟飞绝，万径人踪灭"。我坐在一个亭子里，在万籁俱寂的氛围中，写出了后来的获奖作品《少年达尔文》中最精彩的篇章。

　　我寻找写作时间还有一个多年不宣的秘诀，那就是在开会时间写文章，在参加各种学习班时著书立说。那几年，无聊的会议很多，一周几乎有一半时间在开会。每次开会，我都带上一个小本子，一副专心记录、认真学习的模样儿，其实我在潜心写作。有一次我差点露了馅。厂长在讲台上很起劲地讲着什么，而我在下面认真地写文章。突然，厂长走在我面前，问："我刚才在讲什么？"好在我一面写作，一面支起半只耳朵在听厂长演讲。我竟将厂长刚才演讲的要点说了出来，引得全场人哄堂大笑。

此外，那几年学习班也不少，当领导的每年差不多有四分之一的时间泡在学习班、培训班里。这更是我每年写作的好时机。我最多四分之一的时间用于功课，四分之三时间拿来写作。这是我在大学里练就的看家本领，平时成绩并不好，正式考起我一定能拿"优"。俄语中级职称学习班，毕业考试时我得了第一名，但因为我平时成绩差，降为第二名，没拿到大奖。厂长经理培训班中的遭遇也差不多，反正我以不坏的成绩毕业了，又写好了一本书，一举两得，何乐而不为？

一举两得，双赢，这是我多年前就明确了的处世原则。一个业余作者哪来那么多钱到全国各地去采访？但我因职务需要到各地去出差，在办好公事的前提下，利用闲暇时间去搜集写作资料，是一个"多快好省"的办法。我利用出差的机会，数次在北京和平里郑文光家中采访郑文光，写出了科学家报告文学作品：《他注视着深邃的天空》。我利用在上海出差的机会，采访了我国首次南极考察队科考班长、首次南极考察越冬队队长、南极英雄颜其德。我住进颜其德家中，采访颜其德和颜其德的妻儿，写出了科学探险报告文学《南极探险纪实》。

我常说，一个人只要想做事，一辈子可以做许多事情。时间有的是，只要你用心，是个有心人，要做的事总会挤出时间来做的。

第九章

"透支生命"的代价

"透支生命"是要付出代价的，但那颗"精神原子弹"，能使我不顾一切，"为'赛先生'而战，活着干，死了算，完蛋就完蛋"。

第一次病危　心跳停止一分多钟
继续"拼命"　变成"说死就死"的人
生死置之度外　每一天都是赚来的
为"赛先生"而战　完蛋就完蛋
紧跟时代步伐　率先进入网络世界

第一次病危　心跳停止一分多钟

为"抢回被四人帮耽误的十年时间",就要透支生命。透支生命是要付出代价的。从1990年到2002年,我曾四次大病住院,妻子曾接到过三次病危通知。

1990年,"六·四"以后第一个中外政府合作项目在成都剪彩,意大利驻华大使来了,经贸部的官员来了,四川省省长来了,成都市市长来了,主席台上站满了中外人士,大小官员。庄严的剪彩仪式在有条不紊地进行。少年鼓手队吹起了嘹亮的军号,敲起了振奋人心的洋鼓,美丽的礼仪小姐走上主席台,将一束束鲜花献给贵宾和有功人士。这时,在主席台侧面,作为剪彩仪式总指挥、中国意大利政府合作建设的成都儿童营养中心主任的我却站不住了。我当时虚汗直冒,顾不得礼仪,从口袋中掏出一个小瓶,取了几颗

老照片:我在成都儿童营养中心落成庆典主席台一角吃"救心丸"(前排右1为笔者,前左为意大利驻华大使,右2为成都市副市长朱永明,后排中为四川省省长张皓若)

我成功地组织完成了成都儿童营养中心落成庆典,付出了沉重的代价,心脏累得跳不动了,停跳了一分多钟,经历了第一次病危

小丸子，放入口中咀嚼起来。观众席中有人发现了这个动作，诧异地望着我，窃窃私语起来："董厂长怎么啦，这么庄严的场合还要吃零食？"

其实，我在吃救心丸，吃了救心丸，觉得心里好受了些。我不动声色地继续领导剪彩活动。晚宴以后，庆功舞会在成都饭店进行。中外人士，俊男靓女，伴着优美的乐曲，翩翩起舞。医药局卿局长在我耳边窃窃私语："这次活动你办得好，领导满意，外宾满意，连'散眼子'（四川话：平头百姓）都满意！"

为了这"满意"，我付出了沉重的代价。我三天三夜没合眼，心脏病不时发作，我实在熬不住了。这时，美丽的意大利专家夫人伦格尔来邀我跳舞。我咬咬牙，陪着这位因身高而蹲下身来跳舞的夫人跳完全曲。我精疲力竭，喊上司机，溜出跳舞厅，回家一头扎在床上。

昏睡了一夜，上午10点醒来，我发现自己心脏如鼓点般乱跳，将"救心丸"吃了一把也不管用。我打电话叫来办公室主任孙翊诚，在孙翊诚陪同下走到医务室，在医务室吃了一点急救药。医生觉得问题严重，叫人马上把我送去了医院。我在孙翊诚和曾德琼医生的搀扶下从三楼走下去，准备上车去医院。

在楼梯转角处，我突然觉得天旋地转，身子向下坠，"灵魂"一下子向天灵盖冲去，眼看就要出窍！这时，搀扶着我的曾医生摸了摸我的脉。呀！心脏已经停跳。停跳10秒，20秒，30秒……难道已经死了？赶快急救！掐人中，按摩心脏……我感到正在出窍的"灵魂"又从天灵盖向下落。我吐了一口气，活过来了。

我被送到了四川省人民医院监护室，浑身插满了管子。监护室里住着八个病人，几乎每天都要死一个。可是，省医院怎么也查不出我哪儿出了毛病，只是查到心脏有些肿大。我几次感到心脏乱跳，被送进监测室，却又没被抓到室颤与房颤之类的心脏病证据。

继续"拼命"　变成"说死就死"的人

于是，我被转到四川省干部疗养院去边疗养边找病因。我在这里继续工作，全身插着管子接见了意大利政府官员舒拉女士，同时，继续写作，完成了《中外著名的科学家故事丛书》中的《李时珍》一书。

这期间，成都市委组织部准备调我去新成立的高新技术开发区，副厅级待遇。组织部的张部长来医院看我。医生为了我的前程，说了假话，说我的病不要紧。我很快办了出院手续，回单位去准备接受新任命。

不过，我并没有去上任。成都高新区主任张学果到厂里来找我，劝我去高新区工作，并让我去上了一周班，体验高新区的工作。我开始介入高新区的一些绝密策划，比如房地产开发、贝特上市公司计划等。体验了高新区初创阶段没日没夜的紧张工作后，我犹豫了。我一怕自己的身体吃不消，二怕我热爱的科普写作会因没时间半途而废，三怕官场中的生活。没有后台，官是很难当的。但张学果却对我很满意，他说，我在基层摸爬滚打十多年，底子厚，他就喜欢这种有根基的人。他三顾茅庐，最后一次带来了调令，但我却鬼使神差地一口回绝了。厂里的党委书记吴晓辉十分诧异，问我为何拒绝高升。须知，这是从副县团处级连跳两级，升成副地师级待遇（当时的高新区享受地师级待遇）啊！

我没有为此次的决定后悔过。在此之前，我还曾有担任市医药局局长的职务的机会。那次我动过心。市医药局的龚局长、组织处处长谷文娟，一致举荐我接任市医药局长，组织部赵部长来厂考察。在等他来之前，我同当时担任厂长的同学向宗惠谈起这事，说自己很犹豫，有点舍不得艰苦创业建起来的药厂。

其实，我对这些升官之事并不在意。我从来认为，一个人的价值不在官做了多大，而在事做了多少。

我放弃了两次"升官"的机会，照样忘命地干起来。正事上，忙成都儿童营养中心的二期工程，那可是几千万美元的政府优惠贷款。我们将用这笔贷款建起一座全国最大的分月龄、年龄制作的婴幼儿食品工厂。兼职上，我继续组织成都科普创作中心的创作活动，用意大利政府赠送的车装着成都健康食品研究所的工程师满世界乱跑，完成一个又一个可行性研究项目论证和技术服务工作。

生命在继续透支，我很快就碰到生命的第二次危机。

1990年年底，我奉命去北京参与同意大利政府代表团的谈判，商谈成都儿童营养中心第二期工程的政府优惠贷款合同。我在北京遇上流感，回成都来把病传染给了许多人，也因此并发病毒性心肌炎，几乎死去。

我住进省医院监护室那一天，心内科权威刘主任给实习医生讲课，竟指着我说："这个病人表面看来好好的，但说死就死。"

我听了这话，心里嘀咕开了："既然说死就死，还待在医院干什么？赶快出去快活快活，最后享受一下人生吧！"

于是，大年初二，趁一个不熟悉我的医生要开"后门"收病人的机会，我办了出院手续，家也没回，找到一个铁哥们陈古吉就玩去了，害得家里人和单位上一阵好找。

生死置之度外 每一天都是赚来的

这时，我已将生死置之度外。反正是死过两次的人了，活一天算一天，每一天都是赚来的。活一天就要活得有价值，活一天要算得上一天，甚至两天，以至要抵那些混日子的人的一月、一年，甚至一辈子。"活着干，死了算，完蛋就完蛋"，这是我人生的信条。我带着重病，又不顾一切地干起来。我在病床上写完了《南极探险纪实》三卷的写作。我带着经贸部朋友介绍来的港、澳、台同胞和外国朋友走州过府，为外资穿针引线。我成功地为温江金马旅游开发区引进了第一个旅游项目——温江国际射击俱乐部。

我还帮温江金马旅游开发区策划了世界上第一次"国际名贵兰花拍卖会"。在"幸运城"拍卖现场上，挤满了用100元买一张门票进来的购花者，

3万元、5万元一株的名贵兰花居然有不少人竞买，日本、中国港台客人也积极参与其中。一个台湾兰界人士为同本地的一个富婆竞买一盆川兰名品——大红朱砂，举了10多次拍卖牌，最后不得不屈膝于志在必得的富婆，宣告败北。作为拍卖会的副秘书长的我，则躲在主席台后的一间密室里，左边站着荷枪实弹、当警察的侄女保镖，右边坐着当出纳的侄女，数着竞买成功者交来的大把钞票。兰花拍卖会空前成功。亚视、中央电视台及各种媒体报道了这次创新的大会。

一时间，川西名兰价格暴涨，兰农发了财。我在兰界也成了有名人物。有一次，我在郫县开"四川华联制药"的董事会，在饭馆用餐，被饭馆老板认了出来，硬要免费招待。饭馆老板说，兰界都知道有一个不喜抛头露面的神秘人物，那就是我，是我使兰界朋友发了财的。饭馆老板也是因兰花发财而盖起这座豪华饭馆的，所以今天他一定要尽地主之谊。当然，在这一场兰花大炒卖中，我自己也是受益者，我通过炒卖"绿色股票"，当"川川"（四川话：经纪人），发了一笔不小的财。这是我当国有企业副厂长一辈子也挣不来的。

我还在透支生命，大自然再一次让我付出了代价。

我忙得不亦乐乎。在我组织开完"迎新千年笔会"后的10来天，我的心脏病突然发作了。心脏乱跳，心肌缺血！我不肯进医院。我所在单位的门诊部主任，一个留美归来的神经内科专家朱明霞医生，将我的办公室改建成住院病房。我全身又一次插满了管子。我有专门的护士日夜照顾，享受着特护待遇。朱医生在我病房门口挂上了"谢绝会客"的牌子。

为"赛先生"而战　完蛋就完蛋

我满不在乎。我是已经死过两次的人了。我说，"九死南荒吾不悔"，为"德先生和赛先生"而战，完蛋就完蛋。

我的朋友从我心脏停跳的1990年9月13日起，每年为我举行一次生日聚会，1998年为我举办过一次隆重的8岁生日晚会。这次生日晚会上，两个10岁的孩子，比我大一点的小哥哥、小姐姐与我合了影。这张有趣的照片后来被登在《华西都市报》头版上。朱医生虽然下了禁令，来看我的人仍然很多。他们白天不敢来，晚上来。我在病床上谈笑风生，与我的"兄弟姊妹"们度过了一个又一个愉快的夜晚。一个月后，我"起死回生"了。我打开了电脑，一面治病养病，一面写作，又忘命地干起来了。我在病房中完成了《花卉园艺小百科》的编著，完成了主编《新世纪老年百科全书》的初稿，完成了《新世纪青年百科全书》的框架。

2000年10月，我同家人冒险登上海螺沟，到达冰山温泉宾馆时便发病了，把救心丸吃完也不管用。儿子连续开了24小时车，把我送回家。回家后，我感觉好了一些，不仅不肯住医院，连朱医生都不愿告诉。因为我知道，一旦告诉朱医生，她便会立即给我插满管子，太不自由了。我天天靠救心丸度日。直到有一天，我的一个"姐们"来看我，硬把我拽到"西藏药浴"，让扬州师傅给我做了一次足底按摩。回来后，我的心脏居然不再乱跳了。按摩对我的病有奇效，这不是第一次。十年前我暴病后，靠吃救心丸度过了两年时光。后来，世界科幻小说年会在成都召开，老朋友、天津新蕾出版社的编辑里群在会场上找到我，主动要为我治病。他用眼睛把我前后扫描了两次，断言道："你的心脏没问题，只是心包经发生了堵塞，我给你按摩按摩就解决了。"

我将信将疑，在医院花了1万多元，使用了各种现代化仪器也没查出我的心脏到底出了什么问题，难道里群的肉眼扫描比这些现代化仪器还高明？奇迹出现了。我一面开会，一面接受里群的胸部按摩，两天后，我丢掉了救心丸，一丢就是五六年。而这一次同样的奇迹再现了，我靠足底按摩又一次丢掉了救心丸。

我以为没事了，再一次没命地干起来。这时，我搬进了新家。新家比较宽敞，我第一次有了自己的书房。我在明亮安静的书房里大干起来，一干就是十几小时，有时两三天也不出一次门。我在这间书房里完成了《鲜为人知的科

137

学》《破译生命密码》《隐形杀手》三部书的编著。

这三部书上市后，大受读者欢迎。我所在单位的药厂吴厂长对我的书爱不释手。吴厂长下令买了100多本《鲜为人知的科学》，发给厂领导、中层干部和科技人员，要他们好好读我的书，并请我来给全厂干部做辅导报告。朋友们对我说，我这一批书的水平上了一个层次。

媒体夸我的这一批科普作品前瞻性突出，有思想。这是我实践自己的科普创作理论的结果。我认为，科普读物不能只是科技知识的通俗阐释，也不只是要强调弘扬科学精神，提倡科学方法，还要有在科学发展基础上的前瞻性思路和预测。在成都市举行的一次高层次"克隆人"学术研讨会上，我的发言受到不少青年学者的赞赏，说我的思想比时代先进50年。

我在《破译生命密码》中关于破译"灵魂"密码的思路，受到了一些专业工作者的重视。河南生命科学研究院的一个研究员看了《破译生命密码》一书后，从出版社打听到我的电话，打电话来向我请教，并称赞我的一些设想大胆，有创见，对他们有启发。

紧跟时代步伐　率先进入网络世界

在紧紧张张地过了一二十年以后，世界发生了许多变化。电脑与网络悄悄地潜入了人类生活，我却浑然不觉。我以为电脑与网络是新人类的事，作为已经过时的一代人，不必再去凑热闹了。

可是，我的小儿子董晶却不断地向我讲述电脑和网络的好处。有一次，董晶硬把我拽到电脑旁，将一支电脑笔递给我，说："老爸，我保你一天之内学会使用电脑笔写字，不用敲键盘。"

"知父莫如子"，董晶一下击中了我的要害，小儿子知道我是最畏惧学用键盘敲字的。那么容易便可以进入电脑和网络的世界，成为新人类中的一员，何乐而不为？我经不住董晶的诱惑，一屁股坐下来，拜小儿子为师，学起电脑来。

在董晶的耐心教诲下，我果然在一天内便学会了用电脑写字，并逐步掌握了电脑编辑的功能。于是我便正式买了一台电脑武装起来。有了电脑和电脑笔为武器的我，如虎添翼，文字产品年产量翻了一番。我大喜过望，志得意满，并设想再进一步入网去闯世界。

然而，我的一个朋友告诉我，我的一些文章、一些选题策划，被一些外地编辑认为有陈旧之感。这给了我这个自诩为"思想解放，什么想法都比时代先进10年以上"的人以沉重打击。经过一番思考，我找出了症结所在。在这个信息时代里，不上网络去获取丰富多彩的信息，你有再丰富的想象力，你有再大的本领，也会在市场竞争中失败的。而且，我是从事科学传播事业的，科学信息的获取如果再沿用老的检索办法来进行，实在是太落后了。所以，当天府热线的马小姐来动员我入网，并在天府热线的企业主页上挂一个网页的时候，没用她多费口舌，我便欣然允诺了。

入网后，给我的惊喜太多了。我与四川辞书出版社签署了编撰《新世纪科普大系》第1辑两部书的出版合同，其中一部叫《隐形杀手》，是写病原微生物的。我在网上调资料，在搜索项上输入"传染病"三个字，成百上千篇资料就出来了，有中文简体、繁体、英文。遇上繁体和英文资料，用电脑笔一点简繁互换，或中英互换，繁体字一下变成了简体字，英文一下子就翻译成了中文。虽然翻译得不伦不类，但作为一个专业人员，我完全能够明白它的意思。本来，从事我们这行的人，写作的速度受限于搜索资料的速度，而搜索资料的办法发生了革命，我的写作速度便翻了两番。我上网的时间不到一年，在这期间，我主编并完成了《新世纪少年儿童百科全书》并撰稿50万字，以及《新世纪青年百科全书》《新世纪科普大系》《花卉园艺百科》等书共150余万字的撰稿任务，相当于过去5年完成的撰稿任务的总和。

一年中，我在各种报刊杂志发表了100多篇科学散文，均以资料新、观念前卫，又无原则性的"漏眼"（四川话：漏洞）而受到编者的厚爱，"生意"越来越好。"生意"越做越大，效益自然也越来越好，生活也越来越快活了。

我相信互联网会给我带来越来越多的惊喜。我越活越有劲，觉得自己已从准备安度余生的一辈人中脱颖而出，作为跨进新世纪的新人类中的一员，重生了。

世界不只是变成了网络的世界，不知从什么时候起，原来吃香的国有企业突然变得"臭"起来。原来，我的家里经常宾客盈门，找我开"后门"，甚至有的人认我的朋友为假亲戚，千方百计想挤进我所在的单位。现在，这一帮人不见了，并且阴一个阳一个将他们塞进来的人拖出去，拖到事业单位去了。

第十章

第二人生

退休了，职业生涯结束了，这不仅不是坏事，还是好事，我可以专心从事我热爱的事业，做"赛先生"的职业军人，让我的人生更精彩。

"七上八下"退居"二线" 不甘心淘汰出局再创辉煌

年龄不饶人。我已到了领导干部"七上八下"的节骨眼上。2001年的一天，市委工交政治部的张处长把我请去，通知我从副厂长的岗位上退居"二线"，于是，我便当调研员了。虽然后来又有一纸任命我当成都儿童营养中心主任的红头字文件，但毕竟我已经半下岗了。成都儿童营养中心的固定资产全部并入企业了，没有设备，没有经费，我手下只剩下了三五个人，七八间房，一辆小车，几乎成了个光杆司令。

我没事可干了，职业生涯结束了。经过短暂的苦闷和彷徨后，我很快想通了，想开了。国有企业曾经辉煌过，但在社会日新月异的发展过程中，在市场经济的汪洋大海里，机制落后了，技术落伍了。它已不是先进生产力的代表，必然要被先进生产力的代表淘汰出局，再能干的人也不能挽回国有企业的颓势。我们已经尽力了，我们已经完成了历史使命。

中小型国有企业被淘汰出局了，但国有企业的人不应被淘汰出局，我更不甘自己被淘汰出局。在痛定思痛以后，我想起了《四川文学》老编辑陈静在20多年前给我说的话，反思20多年的经历，我觉得陈静说的话有一部分真理。我在这20多年中，力量太分散了。虽然我八方作战，在很多条战线上都达到了一定高度，但毕竟在每一方面都不是特别出色的，在全国的影响也不够大，我只不过是一支出色的地方军领袖而已。如果我收缩战线，集中精力，也许会干出更大成绩来。

把精力集中到哪条战线上去呢？我选择了科普战线。我认为，中国人在20世纪为"民主和科学""德先生和赛先生"奋斗了100年，虽然中国的"民主和科学"有了长足的进步，但中国在21世纪迫切需要的仍然是"民主和科学""德先生和赛先生"。而民主是需要经济基础的，只有以科学技术为第一生产力，经济发展了，才谈得上民主。如果经济不发达，那些民主斗士一旦掌权，在落后的经济基础上，必然许多都会迅速蜕化为封建魔王。没有"赛先生"，哪有"德先生"！因此，当代中国最需要的便是"赛先生"。

而且，21世纪是知识的世纪，是科学的世纪。科学技术是先进生产力的代表，而宣传科学技术的科普则是先进文化的代表。从代表落后生产力的国有企业中脱出来，站在时代前列，集中精力为先进文化而战，为提高中华民族的科学文化素养而战，是一件很值得做的事。再加上我比较了自己在各条战线上的态势，以在科普战线上的成绩最大，知音最多。在这一条战线上发动攻势有必胜的把握。

决心一下，我便立即行动起来。我是中国科普作家协会的理事、四川省科普作家协会的副主席。我的第一步计划是建立一个科普创作中心，聚集力量，培养科普作家，壮大队伍，出作品，出人才。

利用最后的权力　创办"成都科普创作中心"

1999年1月8日上午，我呼朋唤友、招贤纳士，充分利用我"职务之便"，使用我最后的权力，在自己能管辖的那一亩三分地办起了"成都市科普创作中心"，在成都儿童营养中心会议室召开成都科普创作中心成立大会。

成都科普创作中心挂靠在成都儿童营养中心，由该单位提供办公场所、工作人员、经费，组织四川省科普作家协会会员进行科普创作。会议由我主持，参加会议的还有四川省科普作家协会主席周

成都科普创作中心成立会

1999年1月8日，在成都科普创作中心成立会上，四川辞书出版社送来了"文以载道"的贺词。它跟着我，走过了成都儿童营养中心、四川省科普作家协会、世界华人科普作家协会、成都时光幻象文化传播中心几个阶段，坚持不懈，组织创作大型科普丛书，培养青年科普科幻作家，不断发展壮大，影响力日益提升

143

孟璞、副主席王晓达、副主席兼秘书长吴显奎，以及刘兴诗、王吉亭、何定镛、邓承康等20余人。会议决定，由我担任成都科普创作中心主任，王晓达担任总编辑，吴显奎担任总监制，何定镛担任总策划，聘请周孟璞、刘兴诗为顾问。这个中心，后来伴随我走过了16年，至今还是我终生的伴侣。

创办"成都市科普创作中心"，是我在思考全国科普创作团队建设及作品出版的问题时想到的。当时全国的科普创作境况，可谓每况愈下。好作品、好作者太难出现，再优秀的科普作家也只能单打独斗，缺乏团队的凝聚力和无法复制的核心竞争力。究其原因，一方面是科普创作不赚钱，即使作者有好作品也很难得到出版社出版，自费出版科普作品成为科普作家圈子的常事，也是科普作家的悲哀。另一方面，市场其实很渴求好的科普作品，但出版社即使有好的选题计划，也很难联系到满意的科普作家进行创作。产销难以接轨，是科普作家与科普作品出版机构难以逾越的难题。

我想，四川有那么多优秀的科普作家，也有那么多有见地的科普编辑，为什么不能设立一个机构来加强我们的联系，促进好科普作品的面世呢？"成都市科普创作中心"就是为着这个目的出现的产物。

"成都市科普创作中心"不仅要聚集成都乃至四川的优秀科普作家，更需要吸纳出版社的优秀科普编辑。只有我们二者有机融合，好的科普作品才能顺利面世。

事实证明，我用多年企业经营管理的理念来运作科普创作是正确的。在这样一个平台的作用下，首先吸引来了四川辞书出版社的雷华社长，进而产生了一大批上千万字的作品。

"成都科普创作中心"的成功运行，不仅解决了出作品的问题，还解决了培养创作团队的问题。从此以后，四川科普作家有作品可写、有作品可出、有稿酬可赚，摆脱了科普创作单打独斗的困难局面，走入了团队作战的新时代，也产生了团队创作科普作品的新模式。

这个模式，随着我在2000年11月12日正式接任四川省科普作家协会主席后更加得到发扬光大，我们甚至将这个创作团队的范围扩展到了全川乃至省外。我作为这个创作团队的掌门人，正式上岗，开始了我的科普职业生涯，至今仍未停歇。

成都科普创作中心接到的第一张订单是四川辞书出版社的《新世纪少年儿童百科全书》。《新世纪少年儿童百科全书》是四川辞书出版社社长左大成、编辑室主任雷华策划了多年的重点图书。我们在全国各地找作者，均差强人意。因为这部书的构想很奇特，它要以一年366天为序，每一天以"历史上的今天"为引子，带出一个相关的人、地、事、物的百科知识故事，再引出各类知识词条，既要照顾趣味性，又要考虑百科知识的系统性；要可读性强，又要可查阅。编者不仅知识面要广，写作水平要高，文字能力要强，还要有极强的组织能力。因为这部书要动员各门类的专家、科普作家和文学作家携手合作才能完成。主编要与社科专家、科技专家、科普作家、文学作家都有广泛联系。这太难了！这样的人才太难找了。雷华通过《科幻世界》杂志社社长杨潇找到刘兴诗。刘兴诗说，这个设想很好，但难度很大。刘兴诗建议雷华去找我，说我有办法。

果然我是有办法的。一是我的胆子大，我的前上司、医药局的卿局长调侃地评价我说，我的胆子大得很，除了杀人放火，叫我到天上去摘星星，到水中去捞月，我都敢去。我在写作方面的胆子就更大了，什么选题都敢接，从文学到科学，从科普到专业，只要有人向我约稿，我从未拒绝过。我曾经"提过劲"（四川话：吹牛）：在我面前无难题。二是在20年的创作生涯中，各类文体我都写过，编辑要我写成什么样，我便能写成什么样。三是我写的东西杂，知识全面而丰富，主编百科全书有知识基础。四是我长期担任企业领导工作，组织能力极强，这是其他学者、作家难有的优势，而且我的朋友中既有科技专家，也有社科专家，还有科普作家和文学作家。这正是出版社编撰创新少儿百科全书需要的人才。

但是出版社没有想到的是，我还有一个今后会令他们伤脑筋的优点，那就是我有商业头脑，我还懂法律知识。我曾帮厂里的一个人打官司，将他的儿子救活了。我还同我的侄孙、因打"阳江民工"案而出名的大律师董绪公一起，当过四川人民广播电台的法律顾问呢。我毫不客气地同辞书出版社讨价还价，不仅争取到当时在四川很少执行的版税制稿酬，还拿到了两万元定金。我是不见"血"不干活的。这是我在搞技术咨询服务活动时获得的经验。动听的话不管用，"刺刀见红"，让它流出第一滴"血"，以后便会"血流不止"了。

合同签订完，定金拿到，我便忘命地干起活来。我在电脑前每天坐十几小时，一坐便是两三个月。我拿出了十几万字的框架。雷华和左社长一看框架，完全符合编辑意图，几乎所有使其他作者望而生畏的难题均解决了。

出版社很快拍了板，大型科普丛书《新世纪少年儿童百科全书》工程在我、刘兴诗的领导下启动了。20余个学者、教授、作家汇聚在我们麾下，成为各门类编撰工作的负责人。我们又分别领导着若干学者、教授、作家完成故事的撰写、词条的编撰。编撰工作有条不紊地进行着。

我、刘兴诗不仅是《新世纪少年儿童百科全书》的主编，还是这部书的主要撰稿人，我们分别承担了占全书四分之一的50多万字的写作任务。由于要赶在新世纪的第一天将这本书作为献给孩子们的礼物出版发行，我们日夜赶写。我和刘兴诗常在一起，日夜将其他人写来的稿件加以编辑，修改。一个50多岁，一个近70岁，承受着青年人也难以负荷的重脑力劳动。我们觉得自己的脑袋瓜子都写"木"了，有时互相对望着，连对方是谁都不知道了。我们没有节假日，没有星期天，没时间陪伴家人，引来家人不断的抱怨。是的，做作家的妻子太苦了。老公不陪她们逛商场，不陪她们聊天，成天只知道写、写、写，真是太不像话了。

付出获得了回报　创作高峰开始来到

然而，我们的付出获得了回报。一部新世纪的少儿百科名牌图书诞生了。2001年1月1日，新世纪的第一天，《新世纪少年儿童百科全书》问世了。春节前夕，在成都"西南图书城"举行了隆重的首发式。上百人排着队等待我和刘兴诗签名售书。半小时之内，出版社准备的上百套书就宣告售罄。排队购书的人越来越长，出版社紧急调运了几百套书来支援。签名售书连续进行了两天，138元一套的书竟在一家书店卖了近1000套。四川省、成都市的媒体闻讯赶来，见证了这个火爆场面，并为蓉城人以买《新世纪少年儿童百科全书》为"压岁书"送给孩子的新风尚赞叹不已。连西南书城守门的保安都说，好多年没有见过这么火爆的场面了，就是北京的一些"名人""大腕"来签名售书，最多也只有半个时的热闹场面，哪见过连续两天都火爆的。

2001年5月，《新世纪少年儿童百科全书》进了京城。四川辞书出版社在北京市中小学生素质教育基地举行了《新世纪少年儿童百科全书》赠书仪式。看过此书的少儿教育专家、出版专家震惊了。他们纷纷通过媒体发表谈话，盛赞这部"创新"的少儿百科。

四大百科全书

系列百科全书涵盖了从幼儿、少儿、青年到老年的人生各个年龄段的知识，初步实现了笔者"通过百科全书，建立中国面向新世纪的思想体系、文化体系、科学体系和道德体系"的设想

中国关心下一代专家委员会副秘书长、中国儿童中心《父母世界》杂志总编李树慎教授撰文说："阅读两天来，我已被《新世纪少年儿童百科全书》的两位主编及百余位撰稿人的精神感动，我认定这是一本好书，我赞赏她，学习她，推崇她。"

美国加州大学理论物理研究员、留美博士钟晓弟撰文说："这是一个千变万化、知识整合的时代，当教育从少年儿童抓起时，少年儿童的素质教育、科普教育、整合性教育则应从百科知识的教育抓起。四川辞书出版社出版的这套《新世纪少年儿童百科全书》，从内容新、编排新、形式新、语言新上既反映出百科知识的教育起点，又反映出主编的苦心与坚持。因此有理由相信此套百科知识全书将极大地提高中国少年儿童在学习和使用IT技术时信息的收集能力。"

各方面的专家、权威也认可《新世纪少年儿童百科全书》中所介绍的知识的权威性。中科院心理研究所教授、社会心理学研究所所长王极盛对"半路出家"的心理学家的我所写的心理学词条评价甚高。他撰文说:"《新世纪少年儿童百科全书》在心理学条目选择中,既有'智力''智力发育''智商''思维能力'等条目,又有'情商''情感智力''情感智商'以及'心理健康''创造性人格特质''自我'等条目,反映编者能够掌握心理学知识中最需要让少年儿童吸收的内容。"

京城轰动了,北京出现了争购《新世纪少年儿童百科全书》的热潮。北京图书传播研究所紧急联系四川辞书出版社,希望与出版社合作,把这部名牌书更广泛地推向社会,在半年内使销售量达到30万册以上。这家中国唯一的图书传播研究所在传真中说:"看了《新世纪少年儿童百科全书》,我觉得它既有课外读物的特性,又有工具书的收藏价值,我们深信贵社花了很大心血的这套优秀作品能很快畅销全国。"

《新世纪少年儿童百科全书》在京城脱销了,吉林、辽宁等省也出现了购书热潮。我及其作品,已经走出四川,走向全国了。

2002年5月22日,我满60岁。按当时的"死杠杠",我得立即办退修手续。我退休了,回家了,不用做事了,可以安享晚年了。

如何安享晚年?我们那会儿时兴的是"吃点麻辣烫,打点小麻将"的闲适生活。大学同学会、高中同学会、初中同学会,以及以同事、同乡等各种名目召集的聚会,成了退休人员共同的选择。聚会在一起跳交谊会,忆旧,打"斗地主",搓麻将,聚餐。我无意贬低这种选择,各人有各人的活法,这样活也很快乐。

但是,我是个习惯了写作的作家。须知,一个作家自从拿起了笔,能够发表文章,出版著作以后,只要一息尚存,都不会放下自己的笔的。

各种事办得轰轰烈烈 我却感到很孤独

退休后，我依然把各种事办得轰轰烈烈。我出席各种会议，发表演讲，接受少先队员献的红领巾，大学女生献的鲜花。但我却感到很孤独。

"别写了，别写了！"许多亲朋好友如是说。我知道，他们是为了我的健康。我连年住院，病危通知书下过三次。我的太太斯曼对我的朋友说："他的全身器官都坏了，只有一个脑袋瓜是好的。"

是的，脑袋瓜是好的。既然脑袋瓜是好的，我就无法阻止自己思索。思索成了我的习惯，把思索的东西写下来，也成了习惯。不吐不快啊！

没有人能理解我。人人都在忙于享乐。酒吧、水吧、氧吧；大餐厅、小餐馆、苍蝇馆子；迪厅、卡拉OK厅、发廊、农家乐、度假村、洗脚坊；麻将、扑克、四国军棋；血战到底、斗地主；"吃点麻辣烫，打点小麻将"；"退休不打麻将，生活没有质量"；"下岗不打麻将，生活没有保障"；"追星一族"，追歌星，追影星，追球星……

这是正常生活。我过的生活则在正常人之外，成天坐在电脑旁写啊，写啊，不享天伦之乐，不到外面去享眼福、口福、耳福、香福。一天，在南开同学的聚会上，我的一位毛根朋友竟指着我，在同学面前挖苦道："看，'威威'还在写长篇，十几年都没写完的长篇！"

我生气了，"毛"了，怒吼道："我一贯主张，各有各的活法，我没有管你怎么活，你倒管起我来了。我早就就想对你说了，你以前是社会的精英，如今却变成'吃饭拿钱，等死的一族'！你还好意思挖苦我？！"

我的另一个毛根朋友解围道："他是好意。你已名气不小了，你也功成名就了，你已列入我们南开中学的知名校友录，与那些院士、总理、部长、省长平起平坐了，休息得了，别写了，身体要紧。"

听了他们的话，我闷坐了许多。如今，时兴以"身体健康为中心"。身体健康固然重要，但拿这个健康的身体来干什么呢？我不愿意拿一个健康的身体来等死，成为等死的一族、"吃饭拿钱"的一族，只有活着才能拿到退

149

休金的一族。我在"吃饭拿钱"的同时，还要"拿钱吃饭"。我的生命价值还未完全实现。我不能浪费宝贵的生命，一个人只有一次的生命，137亿年来才有机会获得的唯一一次生命。没有转世，没有来世。我要善待生命，善待今生今世，我不相信"下辈子"一类的鬼话。我要写，写，写……写出我对我所爱的一切人的爱心，写出我对祖国父老乡亲、对地球村公民的人文关怀。

我意识到，死亡是不可抗拒的，既无法选择，又不可替代，大自然只给予了我们每个人70至90年时间，那就是25550天到32850天，我们在浑浑噩噩中，也许已经不经意地在无聊、勾心斗角、争吵、怄气、烦心、尔虞我诈中浪费了1千天、1万天、两万天的时间。算一算，你还剩下多少天吧？既然死亡是不可避免的，你也不必怕它，不必在意它，只需珍惜剩下的时光，惜时如金，将每一天用好，恰当地分配创造、享受和休闲的比例。我最不能容忍的人生浪费是无聊地消磨时光和争吵。有人说，我把世界看穿了，我不想活了。如果你想一想，做一世人何等不易，你便会珍惜人生了。宇宙100多亿年一个轮回，约40亿年前大自然在地球上创造出生命，约700万年前创造出人类。可以说，你来到人世是亿万载难逢的机会。来之不易，去后又要等亿万年。可以说，你是大自然的宠儿，空前绝后的机缘。你为何不珍惜生命，为何不设法好好活，用倒计时方法用好余下的每一天？

我还剩下多少天？我如果能活到八九十岁，减去已活过的岁月，还剩大约1万天，也就是说，我还有1万天的时间可活，把一天当一年过，度日如年，我不就还可活到一万岁么?! 好，开始，倒计时，好好过日子，尽情地享受快乐，创造的快乐，爱的快乐，雅俗五福的快乐。尽量地避免痛苦，脱出勾心斗角、尔虞我诈的怪圈，淡泊名利；宽厚待人，避免争吵，特别是亲人之间的争吵；想得开，不为世俗之事烦恼。百年之后，为世界留下精神财富；为家族留下赖以生存发展的物质财富。完成了这些心愿，不枉来世间走一遭，死亦瞑目！

第二次上岗　成为职业科普作家

我第二次上岗了，开始了自己从业余科普作家向职业科普作家的转换。

多年业余科普创作积累的作品和人脉，为我铺就了一条职业化的科普创作道路。

我经常说："抓科普作家协会工作的中心是抓科普创作，科普作家协会的宗旨应该是'以科普创作为核心，出作品，出人才，为会员服务'。"协会不抓科普创作，就缺了"立身之本"。因此，协会将繁荣科普创作放在工作的首位。

科普作家协会的前身就是科普创作协会，以后才逐步发展成为科普作家协会的。其创作对象包含科普知识性读物、科普人物传记、科普影视动漫创作、科普童话诗歌、科学小说、科幻小说等多种形式。

我认为，要推动全民科普工作，首先要在科普领域"造星"，要通过一波逐一波的科普创作浪潮，在社会上掀起科普风，将大众追星的视野拉动到科普上去，去追捧科普明星，再造当年高士其、叶永烈被万众追捧的景象，才能真正在社会上提高科普的影响力，产生科普的社会经济效益。而这一切都要落实在优秀的、有读者基础的、能够广为流传的科普作品上。

同时，作为一个民间协会，也只有通过抓科普创作、出科普作品这一实实在在的路径，才能吸引优秀科普工作者紧紧围绕在协会周围，才能让他们感受到协会的威力和好处，才能真正认识到协会的价值，从而构建一个团结的创作集体，出好人才、好作品，最终在协会整体品牌的成功下，成就个人的辉煌。

在完成编撰出版《新世纪少年儿童百科全书》的过程中，我产生了一个要创作出版一个以"读"为特色涵盖各个年龄段的系列百科全书的想法。

我认为，经过20世纪各种思潮、各种主义的反复较量，人类在第一次世界大战、第二次世界大战和各种国内战争、世界局部战争、主义试验中付出了非自然死亡数亿人的残酷代价，仍未找到社会发展的理想模式。特别是20

世纪90年代初，苏东剧变，冷战结束；21世纪步入知识经济时代，和平与发展成了世界的两大主题，全球经济一体化使"地球村"概念逐渐深入人心，人类的思想观念、道德体系、生活方式都在发生深刻的变化。

在这个大变化的时代里，人们往往感到彷徨、苦闷，旧的思想体系、道德体系被前进的时代粉碎，新的思想体系、道德体系又未建立起来。此时，用各类可读可查阅的大型百科全书，构建起21世纪适合中国国情、融汇中外文化精华的思想体系、道德体系，是一件大得不得了的事情。这件事情，靠我一个人的力量来完成，是不可能的。但我至少可以开个头，"抛砖引玉"，引起各方的注意，让全社会共同来完成这一任务。

整合科普力量　打造一艘中国科普界的航空母舰

一个人的力量也是有限的，必须要有一支坚强的团队，在我的领导下来共同完成这一任务。因此，我在亡命写作的同时，差不多用了同样多的精力亡命地组建科普团队，只为打造一艘"中国科普界的航空母舰"。

我让原来分散的几股力量，包括以写作和编辑出版科普文章、科普读物为主，在科普正面战场上作战的科普作家和科学编辑们；十几年来一直独立作战，业绩辉煌的科幻世界杂志社的老总们；单兵作战、开辟了"少年军校"科普战场的国防科普专委会的同行们，都在我的旗帜下抱成一团，把四川科普界打造成中国三大科普中心中最具活力、最有团队精神的一艘"航空母舰"。这三支队伍在我担任四川省科普作家协会主席后召开的四届四次理事会上齐谱谱地走到一起来了。

万事开头难。就是在这样艰难的条件下，我通过抓科普创作，硬是把科普创作队伍团聚起来了，将中青年科普作家培养出来了。四川省的科普作家队伍空前活跃，空前强大。成都科普创作中心形成了以"十员大将"为核心的创作队伍，能打大仗，打硬仗。这"十员大将"是李建云、陈俊明、徐渝江、杨再华、董晶、韦富章、黄寰、姜永育、尹代群、李庆雯等，大多是二三十岁的中青年编辑、助教、讲师，还有一个青年教授。

　　有了这支过硬的队伍，我著书的"订单"便像雪片一般飞来，两年多签订了13套大型丛书1500余万字的撰稿合同。我还组织科普作家，为《成都晚报》科技副刊、《四川青年报》"新知周刊"、大自然探索杂志社、科幻世界杂志社、少年科学杂志社、课堂内外杂志社等提供了上百篇骨干稿件。这些骨干文章，被国内外报刊、网站广为转载，在社会上产生了重大影响。

　　2000年11月12日，在我退休前不久，我接任四川省科普作家协会主席。我上任后抓的第一件事仍然是构建四川省科普创作人才创新体系。我提出四川省科普作家协会的中心任务是"一个中心，两个基本点"，即以繁荣科普创作为中心，通过抓科普创作，一出作品，二出人才。在这个思想指导下，我四处抓科普"订单"，不仅抓科普图书"订单"，还抓科普报刊、杂志的"订单"，同《大自然探索》、《科幻世界》、《成都晚报》科技版、《少年科学》、《四川青年报》、《新知周刊》等建立了固定的供稿关系。"订单"抓来，我便组织成都科普创作中心及下属的西昌创作室、重庆创作室、大学生创作室、"绵阳农村读物创作室"等各种科普创作室开展创作活动。通过这些活动，从少年、青年、中年到老年的科普创作队伍梯队初步形成。创作员中，最小的一个叫罗喆婧，她11岁时写的科幻小说由我推荐到《科幻世界》发表，得了优秀作品一等奖。在2001年中央电视台的特别节目中，这个成都科幻女孩被请去同杨澜对话，很给成都科普创作中心"拿了一回脸"（四川话：争光）。

　　我根据我自己要建立使科普创新人才脱颖而出的激励机制的理论，提出设立"创新杯：四川省十佳科普作家"的动议。这个动议不仅得到了省、市科普作家协会同仁们的赞同，还得到了四川省科协副主席梅跃农、曾祥炜、学会部部长黄竞跃、副部长姚陆逸、科普部部长韩常坚的支持，动议最终决定由四川省科协主办，四川省科普作家协会承办，共同出资，举行首届"创新杯：四川省十佳科普作家"评选活动。四川省科普作家协会副主席兼秘书长，当时任资阳市副市长的吴显奎"利用职权"，资助了发奖大会两万余元。

十二大科普图书创作出版工程　硕果累累

在这段时间里，我联系大量省内外出版社、科普编辑与创作团队"联姻"，带领协会会员抓了十二大科普图书创作出版工程，硕果累累。

第一大创作出版工程是系列百科全书创作出版工程，除在2001年已完成的《新世纪少年儿童百科全书》以外，在四川辞书出版社社长雷华的全力支持下，于2007年4月出版了由我主编、80余名会员编著的《新世纪青年百科全书》，2008年8月出版了由刘兴诗主编、5名会员编著的《新世纪幼儿趣味百科》，2008年12月出版了由我主编、90余名会员编著的《新世纪老年百科全书》。系列百科全书涵盖了从幼儿、少儿、青年到老年的人生各个年龄段，初步实现了"通过百科全书，建立中国面向新世纪的思想体系、文化体系、科学体系和道德体系的"设想。

第二大创作出版工程是2001年由四川辞书出版社出版的《新世纪科普大系丛书》，该工程有《破译生命密码》《飞出地球村》《地球SOS》《隐形杀手》《地球七巧板》《走进信息时代》《呼风唤雨不是梦》等7部书，由我和我组建的科普创作团队中的"写手"李建云、韦富章、徐渝江、王玉萍、杨再华编著，曾获2001年四川省优秀科普图书奖。

第三大创作出版工程是2001年由四川少年儿童出版社出版的《小学生自我素质教育丛书》，该工程由《绕过暗礁行》《追星畅想曲》《做个小能人》《走进心灵的故事》《戴上爱的花环》《远离危险》6部书构成，由我、刘兴诗和我们组建的科普创作团队中的"写手"陈俊明、徐渝江、李庆雯、张冰、王玉萍、杨再华编著，也曾获2001年四川省优秀科普图书奖。

第四大创作出版工程是2001年12月由海潮出版社出版的《青少年十万个为什么》（上、中、下），该工程由我和我组建的科普创作团队中的"写手"李建云、林少韩、李天道、宫健、沈伯俊、雷佳等编著。

第五大创作出版工程是2004年1月由四川科学技术出版社出版的《小科

学家丛书》，该工程包括《生命"天书"》《决胜万里》《摘取数学明珠》《废墟的呼唤》《向海洋进军》《驾驭风雨雷电》《经济中的学问》《微观世界探奇》8部书，由我和我组建的科普创作团队中的"写手"李建云、李盛祥、董仁扬、尹代群、黄寰、刘更生、戴华等编著，曾获四川省第二届优秀科普图书一等奖、"四川省50年受公众喜爱的10部科普作品奖"，2005年被共青团中央组织百万青少年投票，被评为"全国青少年喜爱的优秀图书"。

第六大创作出版工程是2006年由四川辞书出版社出版的《科普趣谈丛书》，该工程包括《趣味动物小百科》《趣味植物小百科》《趣味气象小百科》《趣味地理小百科》4部书，由我、刘兴诗、李建云、徐渝江等编著，曾获中国首届优秀科普图书二等奖。

第七大创作出版工程是在四川省科协和四川省科技馆支持下完成的《科学有趣》《科学好玩》丛书创作出版工程，于2007年9月由四川科学技术出版社出版，计20册，由我、秦莉、王晓达、黄寰主编，全彩本，5000余幅彩图，100余万言，30余名会员编著。

第八大创作出版工程是2007年8月由四川科学技术出版社出版，由我任主编，松鹰、陈俊明、程婧波、黄寰、王晓达任副主编，汤寿根、赵健审定，由32名会员编著的《科普创作通论》，全书50万言，是中国规模最大的一部关于科普创作理论的集大成之作。

第九大创作出版工程是2010年4月由四川教育出版社出版的《现代农民科学素质教育丛书》，全书24册，240余万言。该丛书由四川教育出版社编室主任何杨担任策划，我担任主编、董晶担任副主编，由20余名会员完成的，已进入10余万家农家书屋，受到热烈欢迎。

第十大创作出版工程是集我组织"科学四川万里行""美丽西部万里行"活动的成果出版的"美丽"系列图书，由我和董晶主编，2009年4月由四川教育出版社出版的《四川依然美丽——环龙门山科考纪事》；2009年10月由四川教育出版社出版的《成都依然美丽——全域成都科考纪事》；2010年10月在吴显奎、雷华支持下，由四川辞书出版社出版的《美丽西部——西部大开发科考纪事》3部科普图书，全彩本，彩图上千幅。

第十一大创作出版工程是在2011年1月百花文艺出版社出版的《金色年华科普新阅读丛书》，由董晶主编，我、王晓达、尹代群、李建云、陈俊明、黄寰、罗子欣、姜永育等16人编著的《我们的家园》《神奇的纳米》《化学很奇妙》《向海洋进军》《废墟的故事》《机器人来了》等12部科普图书。

第十二大创作出版工程是在2011年组织的"科幻丛书"工程，已由四川人民出版社出版的《中国当代科幻文学精选》，由我主编，辑入了老、中、青三代科幻作家的作品；由重庆出版社出版的《星潮——中国新生代更新代科幻名家新作选》，由我主编，辑入了中国新生代科幻名家刘慈欣、韩松、王晋康及更新代科幻名家陈楸帆、程婧波、江波、长铗、拉拉、飞氘等15位名家的作品，被中宣部、新闻出版总署推荐为"青少年暑期阅读百部优秀读物"之一；由人民邮电出版社出版的《流浪地球——科幻星云奖奠基作品选》，由我主编，辑入了刘慈欣、韩松、王晋康、何夕、吴岩等新生代代表作家及更新代科幻名家陈楸帆、程婧波、夏笳、拉拉、长铗、北星（美国华侨）、水弓、李伍薰（中国台湾）等名家的作品，被中宣部、新闻出版总署推荐为青少年暑期阅读百部优秀读物之一，获得第二届中国优秀科普图书二等奖。

除了这十二大工程以外，还有很多由我策划、组织、实施的科普创作出版工作和正在进行的大型科普图书出版工程，就不一一赘述了，但这一阶段我带领协会科普作家创作的作品不仅数量巨大（计85册，1500余万字），而且质量也高。很多都荣获了省内外出版大奖。其中，《科普创作通论》获"四川省政府2007年度出版图书奖"，《科普创作通论》《新世纪青年百科全书》《新世纪幼儿趣味百科》获"四川50年最受公众喜爱的科普作品奖"。先后有60部图书入选政府采购的"农家书屋"。"美丽"系列图书不仅受到读者欢迎，还被作为两届中国西部国际博览会的礼品书，赠送境内外贵宾，受到欢迎。《科学有趣》《科学好玩》丛书不仅供四川科技馆作为活动用书，还由四川科学技术出版社精选18册再版向全国公开发行，受到读者欢迎，并有一部分被选入"农家书屋"用书。

我组织出版的这一批书，不仅荣获很多奖项，创造了较大的社会效益，还取得了不错的经济效益。在作者自己掏钱出书成风的时代，能让广大协会会员在取得出书成果的同时享受一定的稿酬，这也是科普创作的集体胜利。相信，这种胜利成果

成都科普创作中心组织出版的图书一角

从2001年至2015年，由笔者担任主编及主创，共组织500余人编撰出版34套222部图书，累计销售300余万册，进入全国20余万家"农家书屋"及中小学图书馆

会随着这个创作团队的壮大和大量科普明星的涌现而越来越大、越来越能凸显科普作家创作的价值。

我认为，目前的社会现实在短期内还暂时不可能给所有的科普作家以较高的经济效益回报，但是要保持我们的创作热情和积极性，就只能在经济效益以外，以荣誉补偿社会了。因此，我为这个创作团队建立了科普创作激励机制，以鼓励我们的科普创作活动。

在此期间，我带领协会组织了"推荐中国科协成立50年来最受公众喜爱的科普作品"活动，组织了评审"四川省50年来最受公众喜爱的科普作品"和"十大杰出科普作家（科普编辑）"活动，组织了推荐四川省科技进步奖科普图书等活动。

为组织推荐"中国科普作家协会首届优秀科普作品"和"中国科协成立50年来最受公众喜爱的科普作品"活动及组织评审"四川省50年最受公众喜爱的科普作品"和"十大杰出科普作家（科普编辑）"活动，我组织了以赵健为首的省科普作协专家评审组，黄寰、董晶及程婧波为首的省科普作协评选推荐领导小组，达鹏福为首的学校评选推荐领导小组，并邀《成都晚报》

《科普作家网站》等媒体组织开展了这次活动，终于取得了中国科协评出的"中国科协成立50年来10部公众喜爱的科普作品"，我省科普作家（童恩正的《珊瑚岛上的死光》，董仁威、松鹰等所著的《中外著名科学家的故事丛书》）的佳绩，四川科普作家的获奖作品，占了全国的五分之一，这对四川的科普作家是一个巨大的鼓舞！

这一切成就，均是在坚持科普创作的基础上，经过我和协会全体会员的共同努力而得来的，充分说明了"抓科普就是抓科普创作"的正确性。这一点，即使到了将来，也矢志不渝。我忙得不亦乐乎。我迅速度过了常人很难快速度过的职业更替期、生理更年期，感到生活无比充实，感到摆脱"红尘"俗务和勾心斗角后的无比愉快。

2002年我正式退休了。这下，我觉得我有可能实践我的口号了。我再也不用看上级、平级甚至下级的脸色办事了，可以堂堂正正、舒舒服服地做这个民间组织的"一把手"了，可以充分发挥我的经营头脑，为协会、为会员谋福利了。

第十一章
觉悟

要让我的人生更精彩，必须打磨"利器"，让掌控"精神原子弹"的载体有一个优质的"发射基地"。

第二次病危通知　但"九死蛮荒吾不悔"
又一次起"死"回生　我不再那么"满不在乎"
"好了伤疤忘了痛"　又开始"拼命"
第三次"病危"　终于觉悟到必须保护"革命的本钱"

第二次病危通知　但"九死蛮荒吾不悔"

创造一个更加美好的"第二人生"的信念鼓舞着我，使我更加忘命，继续透支生命。

虽然已两次病危，但我满不在乎。我是已经"死"过两次的人了。我说，"九死南荒吾不悔"，"为赛先生而战，完蛋就完蛋。"

我继续"拼命"。我在川大学生中搞《新世纪青年百科全书》征文活动，以选拔出的获奖者为基础组建了"成都科普创作中心大学生创作室"，我到西昌、重庆组建了"西昌创作室""重庆创作室"，到绵阳去筹组"农村读物创作室"，到雅安、邻水去参加省科普作协国防科普专委会组建的少年军校成立大会，同省军区的老将军一起检阅学生兵整齐的方阵。

于是，在2001年，我第二次病危。

2001年，在我去绵阳参加完全省少年军校总结会暨少年军校教材首发式以后，驱车去重庆接85岁高龄的老母亲来成都的路上，我的一种新的严重疾病爆发了。我感觉口渴，喝了许多水，把肚子都快撑破了也不解渴。回到成都，晚上起夜时在客厅里打起"飘飘"来，头重脚轻几乎栽倒在地。我后来非常惭愧地说，作为一个科普作家，我竟然不知道这便是糖尿病的先兆。也不知道"三多一少"，即喝得多、吃得多、尿得多，体重减少，是糖尿病的特征。缺乏糖尿病的科普知识，使我几乎贻误了战机，差点丢了命。

参加邻水中学少年军校成立典礼

我很羡慕军旅生涯，从小想当将军，可惜由于种种原因，美梦未能成真。没想到，退休后，却与四川省军区联合办起了多所少年军校。于是，我同将军们一起，去参加各个学校少年军校的成立典礼，同将军们一起检阅少年军校学员的方阵，自己俨然也成了"将军"

好在我虽然不知道自己得了什么病，但我真正感到生命受到了威胁。在此之前不久，我的直觉告诉我，我要出大问题了。我曾对太太说，我觉得自己快不行了，就要死了。太太觉得我在"摆悬龙门阵"，没有理会。

这一次，我一反常态，主动到医院求治。我首先到武侯区一院去看中医，著名的中医姜大包的徒弟杨医生诊断我是糖尿病，开了一大包药给我吃。我喝了几大碗中药后仍不解渴，理智告诉我"急病、重病得去找西医"。我喊来办公室主任郭英和司机小王，火速赶赴成都市三医院去看门诊。

在三院门诊部一查血糖，坏了！正常空腹值是4.4－6.0，我的空腹血糖值却有18.6。医生一看急了，说，赶快住院，再这样发展下去要出现高渗性昏迷，很危险。住进医院，家人送来一罐南瓜绿豆汤，因为她们听说南瓜能治糖尿病。我正口渴得心慌，咕噜咕噜喝了下去。一测血糖，不得了，指针几乎翻过去了，28.7，再升高到33.0，必定会出现高渗性昏迷。高渗性昏迷的死亡率达50%以上！我第三次病危，病历上记录下"中危"，一级护理的字样。我后来听医生说糖尿病人吃不得南瓜，深切地感到，"伪科普"是"图财害命"的，必须予以彻底揭露，将"核酸营养液"之类的保健垃圾扫地出门，清理科普界门户，否则它将害人至深。

医生立即采取急救措施，给我输胰岛素，连续输了4瓶胰岛素，勉强把血糖指标压低了一点，但很快出现反弹，血糖在20左右波动了5天。查饿血，做"彩多"，背"火头"，测"连续动态血压"，显示我不但血糖高，甘油三酯也高得很，达21，是正常值的15倍。主管医生之一何红说，她还从来未见过这样高血脂的病人。诊断结果是，我不但患有严重的糖尿病，还患有高心病，心脏已开始变形。

又一次起"死"回生　我不再那么"满不在乎"

经过5天急救，第6天，我的血糖终于下来了。10－15，已经无生命危险了。我又一次起死回生。这一次，我不再那么"满不在乎"了。我的主管医生杨军、何红，从西昌来进修的廖医生反复教育我，说，我们现在把你的血糖控制下来了，你出去后不注意，也许一年后没事，但三五年后你就知道后果了。她们带我看同住在内二病房中的病友。这是些糖尿病并发症已经发作的病员，有的脚趾一个个烂掉，直至高位截肢；有的眼睛失明；有的肾功能衰竭，靠透析为生。

死，我并不惧怕，但慢慢地被折磨而死，却令人难以接受。况且，我在世界上还有许多事没有做完，不少宏愿还未实现。我不仅要活下去，还要健康地活着。要做到这一点，必须听医生的话。

在任何时候，我都要成为最优秀的。作病员，我也要做最优秀的病员。我仔细地阅读杨医生借给我看的科普读物《糖尿病知识365问》，严格地控制饮食，百分之百地配合医生治疗，接受护士的管理。我很快接受了其他病员很难接受的"糖尿病是终身疾病"，"要终身治疗，终身服药"，"注射胰岛素是最好的治疗方法"等新观念。一次，住院部值班的童医生来查房，发现我正在将肉片上的肥肉一点点撕下来弃置一旁，感动地说："我从来没见过这么听话的病员，你是这几年来最能够同医生配合的病员。我们一定要精心治你的病，把你的血糖调得巴巴实实才让你出院。"

经过五天急救，第六天，我的血糖终于被降下来了。10—15，已经无生命危险了。我又一次"死"而复生。

三医院内二的医生和护士们都一致承认我是最优秀的病员。她们放我出去到资阳开四川省十佳科普作家表彰大会。3天中，我按医生的嘱咐自己管理自己，吃了几天筵席，回来后一称，居然还掉了两公斤肉，一查血糖，连续10个正常值。我再一次创造了奇迹，这么严重的糖尿病，在一个月中就恢复了正常，连续10天的血糖值都是优秀。我出院了。

我出院了，但我知道自己并非病愈出院。我的病一辈子都好不了。我疾病缠身了。我的身体最好也就是个亚健康状态。医生告诉我，只要听医生的话，按科学的办法防治疾病，还是有希望的，活到八九十岁也有可能。我不会再蛮干了。我还准备活32年，因为"算命先生"算出我的寿命是91岁。那次我同科委主任王家善去黄龙溪玩，一个算命的女先生扭着我们，我开玩笑地对王主任说，让她试一试吧，姑妄听之。这位"女先生"一开口就说，家善官至地师级，我则最多县团级，一下懵对了。我们叫她继续说，她说我这辈子官当得不大，寿命却有91岁。不久，大儿子董晶兴冲冲地告诉我，他在都江堰南桥遇到一个算命先生，算得他们口服心服。他还帮我叫算命先生给我算了一把，说我的寿命有86岁。我不干了，说，我才算了要活91岁，你一下就给我少了5岁，不算数！不算数！

　　虽然我从骨子里不信"算命"，但我觉得这是一种心理安慰，姑且自欺欺人，信一回吧。按活到91岁计，我还要活30多年，也许我的后半生比我的前半生更精彩。因为我的职业和事业在后半生已合二为一了，再也没有人，也没有必要强迫自己去干不愿干的事。我衣食无虞，不必为糊口而求职了。

　　这一次，我不再如多次病危时那么"满不在乎"了。我觉悟了。我忏悔了。然而，我并未"放下屠刀，立地成佛"。

　　我还要干，要集中精力干自己喜欢干的事，了却自己的各种宏愿。但是，不能再蛮干。我要科学地安排我的下半生，使后半生过得更精彩。

　　要使后半生过得更精彩，首先必须保命和健康。要保命，要健康，便不能再拼命，而要按医生的要求科学地安排自己的生活、工作。

　　为了将算命先生的"心理安慰"变成现实，健康长寿，我出院后严格按医生的吩咐办好四件事。

　　第一件事是控制饮食。为了严格控制饮食，我特地叫家人买来一架小磅秤，每餐按糖尿病人食谱蒸50－75克米饭，吃50－75克瘦肉，坚决戒掉我最喜欢吃的肥肠、甜烧白、肝腰合炒等一切含糖、富含脂肪的肥肉和胆固醇含量高的内脏食品，不吃含糖重的水果，少吃面食、粉丝。

　　第二件事是适当运动，坚持每天散步，一天走一万步。

　　第三件事是不要操劳过度。为了做到一、二两点，必须重新安排生活，形成科学的生活规律，以前蛮干、拼命的办法看来是不行的了。把命拼掉了，我的那么多宏愿怎能完全实现？因此，我每天晚上10时睡觉，有再好的电视，再精彩的球赛也要忍痛割爱。早上6时起床。恢复"早睡早起身体好"的优良传统。起床后写作两小时，8点吃饭，饭后休息一会儿后去府南河边，或川大，或音乐学院散步，一面散步一面构思。9点回屋开始写作3小时，12点吃饭。午饭后睡眠1小时，下午娱乐。晚饭后再到府南河边散步半小时至1小时。

第四件事是吃药。糖尿病是终身疾病，要终身治疗，终身吃药。我每天晚上，将药放在四个小盒里，早、中、晚、睡前四次服药。吃饭时先将小药盒放在餐桌面前，念念有词："第一口饭一颗药，最后一口饭一颗药。"

然后，我还制备了两件监控仪器，一件是称体重的秤，看采用四项措施后是否将体重控制在健康人的水平。另一件是血糖测定仪，看血糖水平是否正常。因为糖尿病虽不能治愈，但只要随时将血糖控制在正常水平，便能阻止导致失明、截肢、肾衰等要命的并发症的发生，便能同正常人一样活到八十几岁、九十几岁。

这四件事做起来很难，特别是要日日坚持，一刻也不疏漏，随时抗住美食的诱惑更是难。我散步经过那些馆子时，平时我最喜欢吃的"三大件"发着诱人的香味。我望着满街的美食，常常伤心地想，这一切美好的东西都不属于自己了。我曾立誓要吃遍天下美食，美食的诱惑对我是特别巨大的。

但我有超人的毅力。只要我在思想上认识到了以上措施的正确性，便能坚持下来。我信奉"有所得，必有所失"，我要将因失去一些享受而换来的生命用于人生战场的搏杀，把四川的科普事业搞得红红火火，把成都建设成全国三大科普创作中心之首，在实现人生价值的搏杀中获得更高层次的享受。

不过，这只是我觉悟的开始。

长期以来，大家封了我一个"拼命三郎"的雅号，我也为此沾沾自喜。我无论是在职业还是在事业拼搏中都是"亡命"的，常把"活着干，死了算，完蛋就完蛋"挂在嘴边。我的精力旺盛到让很多人不可思议。一个六十开外的"老爷子"不仅跑南闯北、四处科考，一坐车就是几天甚至十几天，而且天天晚上还要起床写作，给会员的快讯往往是凌晨3点发出，很多一起外出考察的会员都惊呼："我们累了几天了，回家一觉醒来，董主席的考察游记都通过快讯发到电脑里了！"

更夸张的是，我的SSWA快讯和SHKP快讯在两年多的时间里直接发送了700多号，20余万次，加上间接转发的，不计其数。我的科普同仁们常开玩笑，会员们看科普快讯的速度都比不过我写科普快讯的速度。

难道我是铁人，不需要休息？其实，我从生理上来说，不仅不是"铁人"，还是一个体弱多病，冷不得、热不得、饱不得、饿不得、高不得、矮不得、风吹不得、气闷不得的"屁伢疯"（四川话：弱不禁风）。一身病，心脏病、高血脂、高血糖加尿路结石，造就了我这个除了大脑完好无损，一身都快"烂完了"，只能算"精神铁人"的人。我一旦某个病发作，立即成为医院的"乖宝宝"，老实治疗，老实吃药，老实运动。病好了，回家了。用不了多久就开始变本加厉，比正常人还要"疯狂"，完全忘记了自己还是一个常年服药、挂特殊门诊的慢性病人，考察与创作的密度和强度都无以复加。于是，我的心脏病和糖尿病总是在兴高采烈时，不期而至，给我闷头一棒。

"好了伤疤忘了痛" 又开始"拼命"

2007年冬天，成都的天气越来越冷，久违的太阳刚出来两天，就在数九寒天的"三九"的第一天缩回去了。天气阴沉沉、雾蒙蒙、冷飕飕的，我腰痛、心紧，性情烦躁。看报，知"流感"袭击北京，每天增加5000病人。因我曾因并发病毒性心肌炎几乎死去，所以我最怕"流感"，一得"感冒"，我就觉得会遭灭顶之灾。虽然成都还未见流感流行的报道，但北京传到成都，是须臾间的事。

"三十六计，走为上计。"到南方去寻求阳光，在海南灿烂的阳光下，流感病毒是难有藏身之地的。同时，我完成了写作《美丽西部》的任务。"三九"的第二天，2007年1月11日上午10时，大儿子驾车，开着我们新买来的"长安"牌小面包车，载着老伴、儿媳、孙女一起，经贵州、广西，至海南旅游兼科考。

考察的过程是艰苦的，考验着我脆弱的身体。

记得，2007年1月13日，我们从茅台镇出发，来到仁怀，听人说，遵义到贵阳间正在修路，很难走，便临时决定，放弃到遵义的计划，通过金沙县到黔西县，转入西南出海辅助通道。

一路上都在贵州山区穿行，雨越落越密，路越来越泥泞，天越来越冷了。我们把所有的衣服穿在身上，仍不能抵御严寒。

过金沙，穿过326国道，继续在山区公路上行进。已过中午，我们饿得不行，但在长长的公路之上，竟然找不到一个饭馆。

下午1时许，我们抵达高山之巅的重新镇。重新镇正在赶集，我们发现了一个饭铺，赶快停车下来吃午饭。下车后，一阵冷雨扑面而来，冷得我一阵哆嗦。听人介绍，这就是贵州山区常见的"冻雨"。仔细观察，这种"冻雨"似雨非雨、似雪非雪、似冰非冰，确切地说，是一种极细的冰丝、雪丝，打在身上，寒冷彻骨。除了"冻雨"，还有刺骨的冷风。我们赶紧钻进饭铺，找到一个有火炉的桌子围上。这是贵州山区特有的烤炉。烤炉中是燃烧的块煤，有圆筒烟囱将废气导入屋外，屋内闻不到煤烟味。同时，在火炉上摆一铁板当桌面，瓷盘装的菜放在铁板上，成了烧烤。我们一边将脚放在火炉下烤，一面吃着滚烫的、沸腾着的炒腰花、蒜薹肉丝、回锅肉，吃着热气腾腾的"帽儿筒"（四川话：盛满碗冒出尖的干饭），觉得吃上了三天以来最好吃的一顿饭。

重新上路，虽然吃了饭，身上暖和了一些，但仍抵挡不住"冻雨"带来的严寒。车在泥泞的道路上飞速下行，从2000多米的高山向海拔0米的海边飞驶，原路大多为下坡。我们看见，在标有"刹车失灵紧急通道"的路上，真有一辆货车爬上通道，经缓冲后侧翻在砂石堆上，捡了一条命。到了贵阳，"冻雨"仍在下，我们不敢停留，只望早一点冲出"冻雨"区，冲出贵州。可在贵阳城外，却遇到了长时间的堵车，把大家冷得够呛、等得够呛。我拿出笔记本电脑，写作游记，用分散精力来度过难挨的时光。一个半小时以后，路终于通了。一路行来，也未见有什么引起宽敞的高速路长时间堵车的故障，真是莫名其妙！半夜12时，我们仍未冲出"冻雨"区，只好在都匀住下。第二天一大早，我们便上高速路继续全速前进。在下午5时30分，我们终于冲出了"冻雨区"，在广西都安看到了久违的太阳。天气开始暖和起来，我们在南宁前的一个加油站停下来，进行了第一次更衣，脱下了厚厚的棉大衣，穿了毛衣、毛裤，进入南宁城。

艰苦的考察生活终于摧毁了我身体的防线。当我们从海口上跨海轮渡时，由于我们的小面包车一会儿叫上渡海轮船，一会儿叫下渡海轮船，我抱着孙儿跑来跑去，一下子就感觉不行了。船开了，我颓然倒在一张躺椅上，心里非常难受。老伴端来盒饭，我一点儿都没有吃。儿子开着车狂奔，车行两天，终于到达成都。这已是半夜。我叫儿子将车直接开到第七人民医院。一查血糖：快到三十，已达高渗性昏迷的极限值。

第三次"病危" 终于觉悟到必须保护"革命的本钱"

立即住院，抢救，输大剂量的胰岛素。我的床卡上，写着："极重危，一级护理"几个触目惊心的字。住了一个多月院，才脱离了危险。

以后，我几乎都会在得意忘形之时，一再重复过去的错误，每年住一次院。

2009年，我这个老病号已将近有两年多没住院了，近一年来，虽然老是犯心脏病，但经过在省医院的治疗，心悸基本停止了。偶尔查一查血糖，指标也很优秀。对镜看看自己，红头花色的，气色不错。我的再华妹妹，看到我发出的"伊妹儿"上的照片，竟函告曰："董大哥好帅！"还有的姐妹，当面夸我帅。我得意了，开始放松了头脑中那根紧绷的"阶级斗争"的弦，对与糖尿病人不共戴天的"阶级敌人"："三高"食品、酒、糖等放松了警惕。

于是，"阶级敌人"开始了猖狂的进攻。在北京开会期间，一只又一只烤鸭被吞下肚。回蓉后，由于正值成都市科普文艺会演前的评审阶段，成都市科协及各区县请我去当评委，指导节目的修改，完事后，自然要吃一顿"喜喜沙"（四川话：喜宴）。那些色香味俱佳的东坡肘子、粉蒸肉、晾秆白肉，自然是首选对象，一块不过瘾，再来第二块。

还有，戒了好久的酒，也开始悄悄地溜进嘴里。最初，是在防治心脏病需要喝点小酒的借口下，在家里每餐喝一点点。后来，餐桌上的酒也不知不觉地喝起来。歪嘴、丰谷酒，又醇又香，真好喝。泸州老窖、水井坊、五粮液、茅台，更好喝，不喝白不喝！

餐后的水果真好吃，香蕉、美国提子，不吃白不吃！还有，成都的水蜜桃，比王母娘娘的蟠桃不知好吃多少倍，进到嘴里，比蜂糖还甜，让人不能止于只吃一个，管他的，再来一个！

同时，2009年，我连续两年投入四川汶川大地震及灾后恢复重建的科普救援，并完成西博会礼品书《四川依然美丽》《美丽西部》的考察和写作，忙坏了，累坏了。

终于，"东窗事发"了。那天，我在市科协开科普文艺汇演节目评审会，吃了一餐科协食堂的"喜喜沙"，酒足饭饱后，我同老友，评委之一的徐清德出来，本欲"打的"回去，但清德非要请客不可，请我坐公共汽车。盛情难却，我被清德拉上35路公交车，由他帮我刷卡，代付了8毛钱一次的公交车费，欠下他"8毛钱"的情。

那天，天气很热，我坐的位子有太阳直射。35路车从西门到我在东门的家，要穿通城，历时近一小时。我那塞满酒肉的"酒囊饭袋"，经过高温发酵，放出毒气，当晚便将我熏倒了。

晚上，我坐在沙发上看电视，浑身如针扎一样，不得劲，不舒服，口渴难耐。这种口渴，绝非一般口渴，是全身细胞渗透压太高引起的，十分特别，十分难受，我这个老糖尿病号一下就感觉到了。糟糕！糖尿病暴发了。同时，心脏也乱跳起来，气紧心慌。我忙叫董晶来测血糖，第一次：16，第二次：19。快，送医院！

夜里11点多，我住进医院，输液、取血化验。一直忙到第二天。可是，医生说，我的血样中，浮了一层油，无法化验。上午再取了一次血，仍然被油珠"蒙蔽"，无法化验。我的主管医生刘璟瑜告诉我，这样的情况很罕见，一年都难遇到一次。幸喜我平时吃了足量的阿司匹林，否则，我的血液很容易在各部位形成血栓，把我封杀。刘医生还将她的纤纤素手做成剪刀状，嘴中念念有词，"嚓！嚓！嚓！"的声音把我吓得不行。

刘医生说，我的病并非单纯的糖尿病、心脏病，而是严重的代谢紊乱综合症，只是以糖尿病、心脏病的形式表现出来了而已。我偷偷看了我的病历，上面下的结论真够惊心动魄的："二级极危重，糖尿病、冠心病、高血压症、主动脉硬化、颈动脉硬化、高血脂症"，等等。

我的妈呀！这么多病，怎么活得出来？

这一吓，我的嘴才切切实实管住了一段时间。病情一好转，嘴没管严，便又会发病。

这次住院，是我一生中一次重要的转折。在这里，我与美丽的主治医生刘璟瑜结成"忘年交"。她从我的实际出发，制定了一整套对付疾病、强身健体的方法，并用科学的道理说服我，使我心悦诚服，自觉照办，从此走上了健康之路。同时，璟瑜对我进行的科普创作和考察活动十分钦佩，后来成为我的干女儿，悉心照顾我及我的全家，成为我们的健康守护神。

2009年11月10日，我的病终于基本痊愈了，血糖值连续检测均为优良，不再狂咳，不再头晕目眩了。

我神清气爽。我在同心脏病抗争一年多，同糖尿病急性发作搏斗两个月后，心不乱跳，口不焦渴，同正常人并无二致了。我可以过平静的正常生活轨道了。对于正常人，这根本不值一提。但对于一个"三高病人"来说，这是何等幸福、何等一日难求的事啊！

为了巩固用鲜血（每天取四次血样测血糖，鲜血流了不少）和生命为代价取得的养生经验，我必须综合执行保健养生治疗方案。

在璟瑜的悉心治疗和关怀下，我结合自己毕生的经验，开始摸索出了一整套对付疾病，并强身健体的养生之道。

　　我主张积极向上的乐天人生，积极从事著作和各种公益活动，提出在"创造中享受，在享受中创造"的养心口号，在奋发的创造活动中获取生命的能量。我主张高调做事、低调做人，主动提前退出担任理事长，或我创建的协会领导岗位，但"不须扬鞭自奋蹄"，继续奋斗，重新创业；我紧跟时代潮流，结交了从30后到00后的各代朋友，成为永不落伍的时代弄潮儿。

　　我刻苦锻炼以养生，总结出"迈开腿，管住嘴，吃药不能'水'，心静如止水"的一整套与疾病做斗争的养生之道。

　　我要天天过"乐天日"，精精神神、快快乐乐、健健康康地再活几十年！

　　由于我拥有乐天向上的人生观，永不停歇的奋斗精神，坚持养生之道，疾病逐渐离开了我。在第三次病危15年以后，我身体检查时各项指标竟趋向正常，这使我能精力充沛地投身到各项有益于社会、有益于自身健康的各项活动中。从此，我的身体未发生过大的毛病，并觉得越活越有精神，越活越健康，越活越有意思。

第十二章

养心——乐天人生

"精神原子弹"优质"发射基地"建设的第一大工程是"养心",建立"乐天人生"世界观。

一个人的身体健康　首要的是心理健康
为了实现心理健康　建立"乐天人生"观很重要
乐天文化追求的行为规则　适度压抑下的快乐原则
乐天向上的积极心态　是健康长寿的第一要素

一个人的身体健康　首要的是心理健康

常常有人夸我"活力四射"。我不拒绝这种夸赞，并为此沾沾自喜。我以为，一个人的身体健康，首要的是心理健康。

只有心理健康的人，才可能具有快乐的天性。怎样判断自己心理是否健康？首先，一个人要有自信心。他相信自己有能力取得事业和生活的成功。他对自己的生存能力充满信心，具有安全感，即使处于逆境也相信"天无绝人之路"，从而加倍努力奋斗，使前途"柳暗花明又一村"。

心理健康的人，也一定是有自知之明的人。他对自己的能力能做出恰当的评价，既不妄自菲薄，也不狂妄自大。他能够根据自己的能力制定恰如其分的生活目标和事业追求。由于他能"量力而行"，又能"尽力而为"，他的目标一般都能够达到，因此，他对自己常常是满意的。而一个没有自知之明的人，常常苛求自己，"癞蛤蟆想吃天鹅肉"，结果因"心比天高，命比纸薄"，难以达成理想，转而自责、自怨、自卑、自暴自弃，因心理无法平衡而处于心理危机之中，乐天不起来。

一个心理健康的人，一定是一个合群的人。他乐于与人交往，并以善意待人。他在与人交往之时，会以自己幽默诙谐、乐观豁达的天性感染人，以自己的善解人意、博学多才吸引人，在自己的周围营造出一种欢快、积极向上的气氛。他能够容纳各种层次的人，对比自己能力强的人不嫉妒，虚心真诚地求教，对比自己地位高的人不排斥，不卑不亢，对比自己能力弱、地位低的人不倨不傲，平等待人，诲人不倦。

与从美国归来的挚友童恩正（右2）相聚

"有朋自远方来，不亦乐乎！"著名科幻作家童恩正是我结交的良师益友，他的人格魅力笼罩了我的一生。他是我梦中出现最多的一个已故挚友

172

心理健康的人热爱创造性的工作。他不将工作当成负担，当成单纯挣钱以养家糊口的手段。他把工作当成一种乐趣，当成实现自身价值的机会。因此，不管他是从事平凡的工作，还是担任重要职务，他总是力求把工作做得尽善尽美。当售票员、掏粪工，要成为李素丽、时传祥式的劳动模范，当县长、镇长，要为民做主，出政绩。

心理健康的人，热爱生活。他不是事业狂：为了事业，什么都不顾，迷失了人的本性，忘却了七情六欲，六亲不认，薄情寡义。他满腔热情地享受人间的雅俗五福，同时，与民同乐，把温情和爱撒向四面八方。

心理健康的人，敢于面对现实，接受挑战，从不怨天尤人。他面对事业和生活上的种种困难，决不把精力耗费在见人就抱怨"社会不公""生不逢时"一类的唠叨上，而是脚踏实地去寻找克服困难的办法，及时地摆脱困境，争取更好的生活和工作条件。

一个心理健康的人，其人格结构必然和谐完整。人格结构包括智力、素质和情商几大部分。他的智力，包括观察力、记忆力、思维能力、想象力、动手能力，至少是正常的。他的气质、性格、能力、志趣、人生观是平衡发展的。他控制自己和控制他人情绪的能力是一流的。

我在同疾病斗争的过程中，意识到，要健康长寿，第一位的是心理健康。心态好，比什么都重要。要实现心理健康，必须在养心上下大功夫。

为了实现心理健康　建立"乐天人生"观很重要

为了实现心理健康，我同好友张昌余在一次聚会中共创"乐天人生"的理念。

什么样的人生是幸福美满的人生？仁者见仁，智者见智，答案很多。我提倡的是一种符合现代乐天文化精神的理想人生——乐天人生。乐天人生是一种乐观的、积极向上的人生。一个人，如果他的多层次需求（人欲）得到基本满足，有一个高尚的人格，度过了有意义的人生，取得了事业与生活的成功，享受了与他的贡献相匹配的人类物质文明和精神文明成果，一生中乐天的正情绪多于悲观的负情绪的时间，他便拥有一个高质量的乐天人生。

要达成乐天人生，必须要有一个乐天的灵魂。本来，人的天性是趋向快乐的，但由于种种主客观原因，难遂人愿，结果往往是痛苦。诸多的痛苦造就了众多苦不堪言的灵魂。要造就一个人乐天的灵魂，并非轻而易举的事。

要造就乐天的灵魂，必须借鉴人文科学和自然科学对人的灵魂研究的成果。只有在清醒地认识人自身的基础上，才有可能建立起塑造乐天灵魂的科学体系。

给人生以快乐和幸福，是人类永恒为之奋斗的人生目标。谁不愿意快乐幸福？哪个心甘情愿被痛苦烦恼折磨？可是，在这个世界上，从你"呱呱"啼哭着来到人世间开始，直到含泪离世为止，不管你处于顺境还是逆境，无论你家财万贯还是一贫如洗，你都很难每每听到欢歌笑语，充斥着脑海的常常是一片烦人的喧嚣、恼人的呻吟。

老骥伏枥——在四川省科学技术协会年会上发言

我在四川省科学技术协会工作会议上，大侃四川省科普作家协会自力自强、不等不靠的生存之道，受到省民政厅厅长的高度赞扬

人怎样才能避免痛苦？人怎样才能获得快乐和幸福？要回答这个问题，首先得搞清楚：人为什么会快活？人为什么会痛苦？这个看似简单的问题，却难煞了古往今来无数的哲人智者，从外国的先哲苏格拉底、亚里士多德、柏拉图、黑格尔、叔本华、尼采、马克思，到中国的圣人孔子、孟子、老子、康有为、孙中山、陈独秀。他们苦苦地为人类寻求快乐，谋取幸福，虽各有所获，但在现实中却难以达到理想的境界。

人，必须要搞懂自己，搞懂自己的精神世界。如果人搞不懂自己，他怎么可能驾驭自己的苦和乐？为了搞懂自己，思想家们和科学家们孜孜以求。从达尔文到摩尔根，经过成千上万科学家的努力，人类已搞懂了"生物人"的起源和生命活动的规律。伟大的奥地利心理学家、精神分析学说的创建人弗洛伊德和众多的心理学研究者，初步揭开了人类精神活动的秘密，搞懂了人为什么会快乐？为什么会痛苦？人搞懂了自己，才能掌握自己的命运，才有可能主动地塑造乐天的灵魂。

我反复读弗洛伊德的书，系统地研究过弗洛伊德的理论，对弗洛伊德学说有了全面的理解。

弗洛伊德认为，由意识、前意识、潜意识造就的人，具有极为复杂易变的多重人格。一个人是由本我、自我和超我三种基本人格组成的。也就是说，完整的人格结构由本我、自我和超我三大系统组成。本我位于人格结构的最底层，是人格结构中最原始、最隐秘、最模糊而遥不可及的部分，是真正的"心理实在"。本我单一地指向获得快乐，躲避痛苦。它是从遗传得来的自然属性，靠遗传的本能提供能量，激起欲望，不与外界发生直接的交流，我行我素。它不受任何理性、逻辑准则、价值观、道德原则、伦理观、法律、舆论等社会因素的约束，充分体现了和人的躯体一样与生俱来的本性：贪婪、自私、孤僻、非理性、无逻辑、易冲动、无定性等。它是人在获得外部经验前就已存在的内部世界，是构成人的生命力的内在核心。它依靠本能性的冲动行为满足自己的欲望和要求。要是这种行为受阻，它便通过想象、幻想、幻觉、做梦等途径曲折地满足这些欲求。本我遵循快乐原则行事。

本我是先天的人，自我是在本我基础上形成的，是后天环境作用于先天的结果。自我植根于本我之中，接受本我趋乐避苦的要求，同时，由于自我是本我与外界环境联系的中间环节，它在行动时必须按照常识、逻辑进行理性思维，看这样做是否安全。自我是三级人格结构中的安全管理机构，使人的行为趋利避害。自我一切从自身的安全出发，很"势利"。自我还有一种类似本我的功能，那就是产生幻觉和"白日做梦"，把那些在现实生活中难以实现的想法变成美丽的肥皂泡，取得虚幻的愉悦。当然，自我能分辨出哪是幻觉，哪是真实。自我遵循现实原则行事。

自我进一步升华，便有了超我。超我遵循至善原则行事，是人类社会化的产物，是人类文化和文明的结晶。在自我基础上产生的超我，要求人的行为要至善至美，全然不顾及本我的欲望冲动。它用不同国家、不同民族、不同时代、不同地位、不同性别、不同年龄、不同阶级、不同家族的伦理道德观念，严格审视人的行为是否符合"天理良心"的要求，是否与"真善美"的标准一致，并以此决定对自我的奖惩。自我做得对，超我便为自我骄傲自豪，自我也就有了自尊自爱的愉悦感。自我挡不住欲望的诱惑，做了违背真善美原则的错事、坏事时，超我便会产生耻感，为自我羞愧内疚，使自我产生自恨负罪感。

指挥人的现实行为的是自我。但自我的行为受本我和超我的限制，也受自我的行为准则的限制，处于三难之中。弗洛伊德形象地描述这种状态："可怜的自我，它必须侍候三个残酷的主人，且需尽力调和三个主人的要求和主张。这些要求常互相分歧，甚至互相冲突。"比如，一个爱国者，面临敌人的严刑拷打，促其投降叛变、卖国求荣。这时，人灵魂中的自我便会被三个主人矛盾重重的命令搞得神魂颠倒，痛不欲生，人格结构中的多重性也会得到充分展示。本我会命令他：不惜一切代价避免刑讯的痛苦，取得敌人许诺的那些享受金钱、美女、荣华富贵的快乐；超我则要求自我：即使抛头颅洒热血，也不能卖国求荣，"人生自古谁无死？留取丹心照汗青！"自我的原则有些骑墙："来个假投降吧，留得青山在，哪怕没柴烧"，以求苟安。但千万不能做有损国家、民族的事，更不能因自己的变节而出卖自己人。然而，客观环境又很少有可能实现"自我"的如意算盘，两全其美。于是，便会出现自我复杂的决策可能。或者他听从了超我的呼唤宁死不屈，成为彪炳史册的民族英雄，如文天祥、史可法；或者成为遗臭万年的罪人，如秦桧、汪精卫。

本我是人的生物功能，自我是人的心理功能，超我是人的社会文化功能。这三种功能的实现都要消耗能量。这些能量靠人格复杂而精密的心理能量系统提供。本我是心理能量的贮藏库，是本我、自我和超我心理能量的唯一来源。在本我中储存的心理能量首先供实现本我的欲求使用。在本我的能量发泄过程中，由于外部环境的阻遏，自我进行反能量发泄，使本我中的能量传递到自我。在超我阻遏自我能量发泄的过程中，储存在自我中的能量传递到超我。

心理能量通过求同作用、移置作用和升华作用，使心理能量在本我、自我、超我中均衡分布，能量发泄和反能量发泄作用相对平衡稳定，使行为方式日益复杂，知觉、记忆、思维等心理活动获得重大发展。

心理能量的求同作用，基督教的圣餐仪式表现得最为形象，圣徒将象征耶稣基督肉体的圣饼、象征耶稣基督的血的酒吃下去，以求得自己的身心同耶稣基督一样。自我在潜意识求同心理机制的作用下，会产生对某个对象或人物的行为模仿。原始人吃掉猛兽的脏器，就是希望获得他们钦羡不已的猛兽般的力量。求同作用包括自恋性求同作用、目标定向性求同作用、强制性求同作用和丧失性求同作用。

自恋性求同作用是人对自身的及附属自身的身外之物的自我认同。自我有一种将这些特征发泄到其他人身上，使其他人与自己趋同的欲望。具有相似特征的人便在自恋性求同作用的驱使下，因共同的兴趣爱好、相同的社会地位、一致的价值观念，走到一起来，成为朋友、同志、情侣，结成团体，形成圈子，组成家庭。自恋性求同作用是人们进行社会活动和社会交往的纽带。

目标定向性求同作用是指自我对英雄人物、社会名流等成功人士的趋同。自我对成功人士的某些特点求同或模仿，甚至爱屋及乌，对成功人士的其他特点也求同或模仿，包括缺点。

丧失性求同作用，指求同的对象丧失以后，为了弥补，将丧失对象的人格特点纳入自身的人格结构中，塑造出新的自我的理想人格。

强制性求同作用，指的是对象对自我的强制求同。父母、教师、领袖往往利用自己的权威地位，使自我由于恐惧，压抑本能欲望，从顽劣、桀骜不训，变得循规蹈矩、俯首帖耳。有的家长相信"黄荆棍下出好人"的原始教育方法，也许就是这种强制性求同作用在作怪。

人的心理能量还有移置作用。人的本能欲求如果得不到满足，本我中的能量就会向自我中的对象发泄。这种发泄再受阻，心理能量就会向自我或超我中的对象发泄。人的心理能量移置的结果，形成人的兴趣志向、个人习性、情感态度的变化，使之朝秦暮楚、见异思迁。

在心理能量移置的过程中，如果移置的对象是社会文化领域的较高目标，就会导致人格的升华。将人的本能冲动的心理能量移置到追求科学文化知识、从事文学艺术创作、献身社会公益事业等崇高的活动中，可以使人生的价值提高。如何将人的心理能量宣泄，尽可能导向使人性升华，使充斥世界的物质人尽可能多地转化为精神人，是"养心"的重大目标之一。

心理能量如果得不到宣泄，就会在人脑中左冲右突，使人的情绪紧张、焦虑。人就活得很累，苦不堪言。机体一方面在承认现实的前提下，通过求同作用、移置作用和升华作用，使心理能量得到宣泄，从而消除紧张、焦虑，使人活得轻松、愉悦；另一方面则用否认现实，或者歪曲现实的方法，实行反能量发泄，从而减轻人的焦虑。这种反能量发泄，是自我的防御机制。

自我通过反能量发泄作用来抵消或限制能量发泄作用的压抑机制。这种压抑机制迫使具有危险性的记忆、观念或知觉退出意识，防止任何形式的原始的本能发泄。

自我以某种相反的方式来解除焦虑的反向机制，这是反能量发泄的又一种方式。反向作用是人对外在危险和内在威胁的非理性适应。人在生与死、爱与恨、建设与破坏、主动与被动、支配与服从等矛盾体中，用反向作用来掩盖真实的目的，达到迷惑对方、减轻心理压力的目的。比如，一个有外遇的人与情人幽会后，回家来很可能会对心里深恨的配偶表现出虚情假意的爱。爱可能是恨的面纱，利他主义可能隐藏着利己的动机、虔诚可能是罪恶的遮羞布，等等。

以反能量发泄的方式解除心理紧张、焦虑的方法还有解脱作用、固定作用、倒退作用、自慰作用，等等。"退后一步自然宽""不跟你一般见识""儿子打老子"等在烦恼时自我解脱的通常想法就是例证。研究自我的防御机制，掌握机体反能量发泄的科学，教人以解除烦恼的方法和技巧，使人活得轻松愉悦，也是"养心"的重要目标之一。

人格内部能量发泄与反能量发泄的相互作用，人对现实环境的适应、求同和移植，人的潜意识、前意识、意识的相互作用，本我、自我、超我之间的对立统一，人的自然属性与社会属性之间的矛盾联系，导致了人格的升华和人类社会物质文明和精神文明的诞生。

人格升华的过程，便是文明诞生的过程。在人格升华的过程中，人在认识和改造主观世界的同时，对客观世界的认识不断深化，改造客观世界的能力也不断增强。原始人走进文明社会的第一步，是学会制造和使用工具。这样，人从等待大自然的恩赐走向向大自然主动索取。以后，人学会使用火，饲养猪、牛、羊、狗、马、鸡、鸭、鹅、兔等家畜、家禽，栽种小麦、水稻、玉米、土豆、红薯等粮食作物和水果、蔬菜，发明了织布、衣被、酿酒、烹饪、文字、造纸、制笔、印刷、图书、指南针、邮票、钱币、电灯、电话、汽车、飞机、火箭、人造卫星、木船、轮船、空调、冰箱、抽水马桶、电视、电脑、互联网、手机、机器人、火药、炸药、枪炮、原子弹、氢弹、火力发电站、水力发电站、原子能发电站，从筑巢栖身发展到造草房、砖瓦房、钢筋水泥质的高楼大厦，发现了生物进化规律、天体运行规律、物理运动三大定律，解开了物种起源之谜、生命之谜、遗传之谜、人格升华之谜、天体运行之谜、物质的化学结构之谜、宇宙起源之谜，等等。这些发明和发现，大大增强了人类的生存能力，使人成为地球上万物的主宰，也使人的物质生活变得越来越舒适。

人在物质文明发展的同时，也发展了精神文明。人在人格升华的过程中，改变了本我心理能量发泄的方向，导向超我的高级精神活动，发展了人的科学的、艺术的、宗教的、哲学的创造活动。在这些创造活动中，涌现出一大批世界级的大师。他们创造出的精神产品，成了人类的共同财富，使人类的文明不断向前发展。这些大师中的佼佼者，如科学家达尔文、哥白尼、牛顿、爱因斯坦、维萨里、摩尔根、弗洛伊德等；发明家爱迪生、诺贝尔、莫尔斯、瓦特等；文学家托尔斯泰、莎士比亚、但丁、陀思妥耶夫斯基、司汤达、大仲马、小仲马、雨果、莫泊桑、左拉、狄更斯、德莱塞、海明威、巴尔扎克、夏洛蒂·勃朗特、艾米莉·勃朗特、玛格丽特·米切尔等；音乐家贝多芬、莫扎特、肖邦等；思想家苏格拉底、耶稣、释迦牟尼、亚里士多德、黑格尔、叔本华、尼采、马克思等。在中国，则出现了至圣先师孔子、"哲圣"老子、"史圣"司马迁、"书圣"王羲之、"画圣"吴道子、"诗仙"李白、"诗圣"杜甫、"文圣"欧阳修、"情圣"袁枚、"医圣"张仲景、"药圣"李时珍、"兵圣"孙子等。

人类抵御自然和改造自然的全部成果以及高级精神活动创造的全部产物，构成了人类社会物质文明和精神文明的主要内容。此外，人类文明除了那些实用的部分以外，还包括那些虽无实用价值，却具有审美价值的东西。清洁与秩序，也是文明的内容。最后，调节人们之间的社会关系和人际关系是文明的重要内容之一。人不是孤立的存在，而是依靠群体力量求得生存和发展的"社会动物"。人以群体力量限制个体行动来解决各类社会矛盾，避免弱肉强食，有效地遏制了人类文明的倒退，确保了文明的发展。比如，奉行国际霸权主义和地区霸权主义的国家，制造种种借口，干涉别国内政，侵略弱小国家，屡屡遭到世界爱好和平人民的反对，使其企图难以得逞。

我在系统研究了弗洛伊德的学说后，结合中国苦旅文化的精髓，提出了"乐天人生"的理念。我认为，要实现"乐天人生"，首先要塑造"乐天的灵魂"。

乐天的灵魂，是在乐天文化熏陶下形成的。乐天文化能提供修身养性的精神食粮，造就一个人高尚的人格，提高人的智商和情商，提高人的人格智能，学会宣泄痛苦，在顺境和逆境中都能保持乐天的心态，战胜痛苦，使正情绪始终占据优势。这样一个具有乐天灵魂的人，就能够在纷繁混沌的世界上，掌握自己的命运，取得事业和生活的成功，享受到人世间的种种快乐，获得心理健康，从而度过一个幸福美满、高质量的乐天人生。

　　苦旅文化是流行于人性极度压抑时期的一种文化体系，它盛行于西方中世纪和东方中国宋明理学流行以来的时期。这种文化的特征是主张和实行对人欲的极度压抑。乐天文化是流行于人性复苏时代的一种文化体系，盛行于西方文艺复兴时期，并流传至今，东方也在近现代开始在一些国家和地区流行。乐天文化的特征则是主张和实行对人欲适度的满足。

苦旅文化与乐天文化东西方均有，并非一地之特产。在中世纪宗教神学统治时期，西方文化中的苦旅文化占据了统治地位。经过14至16世纪的文艺复兴时期，乐天文化成为西方文化的主体，而苦旅文化作为乐天文化的重要补充，一直存在并向乐天文化靠近。中国的乐天文化一直与苦旅文化共存共荣，只不过长期未占主导地位，但在近现代发展很快，有与苦旅文化平分秋色，并进一步夺取主阵地之势。

乐天文化与苦旅文化的本质区别是，乐天文化对人欲采取疏导战略，苦旅文化则对人欲采取压抑战略。乐天文化的行为学基础是性欲、情欲、爱欲；苦旅文化的行为学基础是灭欲、献身、超我。乐天文化的行为规则是适度压抑下的快乐原则，苦旅文化的行为规则是极度压抑下的现实原则。乐天文化的思想内核是个人至上；苦旅文化的思想内核是群体至上。

苦旅文化和乐天文化，各有所长，各有所短。苦旅文化中，为了群体的生存发展，必须压抑个体的个性，抑制个人的欲望，以个人利益服从集体利益，为群体需要牺牲个人需要，必要时，还要以个人生命换取群体的生存，这其间不乏合理的成分。苦旅文化中的人情味，去除了虚伪和势利的部分，也是令人向往的。家庭成员内部、圈子里、团体中，哥们姐们间相亲相爱，互相帮助，有福同享，有难同当，有什么不好？忧国忧民，"先天下之忧而忧，后天下之乐而乐"的光辉思想，我们为何要抛弃？但是，在苦旅文化氛围中生活的人们，确实活得很苦，很累，与人生追求快乐幸福生活的目的大相径庭。乐天文化正是对苦旅文化不足的补充。然而，乐天文化中的纵欲主义、极端个人主义，也是不足取的。我们应吸取苦旅文化的精髓，在传统乐天文化的基础上，构建现代乐天文化体系。

现代乐天文化，是指结合东西方乐天文化精髓，批判吸收苦旅文化中有益的成分，采用疏导人欲能量方法建立起来的耗散型（外向型）文化体系。在这种文化体系中，提倡尽可能地享受快乐，尽可能地避免痛苦；人欲若与天理相合，则满足人欲；人欲若与天理不合，则应适当压抑人欲，同时，将压抑住的人欲能量导向有益于自身，又有益于人类和社会的其他欲望（需要），使人格升华，尽可能多地造就"精神人"；用科学的反能量发泄机制以最小的代价来消除烦恼，避免痛苦。建立现代乐天文化体系的目的是，力图在人人活得快乐轻松少有痛苦的乐天人生基础上，建立一个幸福美满的社会。

乐天文化的行为学基础是性欲、情欲、爱欲。爱欲本能是主要的生存本能，是人的本能中的建设性力量。爱欲源于潜意识"本我"黑暗王国中的性本能的原始欲望。它是一种纯粹渴求自身肉体愉快的冲击力。它是自私而混沌的，没有固定的目标和对象，在肉体的各个部分和缝隙中左冲右突，寻求快乐。这种被弗洛伊德称作"力比多"的能量发泄，往往被自我压抑，改变宣泄方向，逐步在自我中升华为情欲，在超我中升华为爱欲。在升华过程中，力比多逐渐失去了性的特征，情和爱均被赋予广义的含义。当然，情和爱也有与性直接相连的，如情欲、情话、情窦、相爱、情爱、爱情等，也有与性没有直接联系的，如情怀、情结、情趣、情致、感情、情绪、情操、爱好、喜爱、爱惜、爱护、爱戴等。性本身在升华过程中也发生了变化，如性格、性情、性质等，也与生理学的"性"没有直接联系。性、情、爱是人生的原动力，是乐天文化的生理学、心理学基础。

乐天文化的行为规则是适度压抑下的快乐原则。弗洛伊德说："精神分析理论认为心理过程自动受到'快乐原则'的调节。这意味着任何一种给定的过程如果源自不愉快的紧张状态，都必定采取使结果与这种状态放松相一致的途径。就是说，要避免痛苦，产生快乐。"

寻求快乐，是人的天性，也是人生的目的。然而，"为了在艰难的外部世界保存生物体，快乐原则从一开始就是无用的、危险的。在自我的保存本能影响下，它被'现实原则'替代了。现实原则并没有放弃最终得到快乐的企图，只是使满足延续，放弃它的多种可能性，在漫长和迂回的道路上，暂时忍受痛苦以达到最后的快乐。"

然而，如果顺其自然，不思改进，人的痛苦时间就太长了，快乐只能是两次痛苦之间的短暂停留。这是多么苦、多么累的人生呵！这样的人生总体评价是痛苦的，质量不高的，不合格的。

要提高人生质量，就得换个活法。快活是不能不要的，现实环境也是不能不顾的。有没有两全其美的办法呢？有。我们的老祖宗说，人欲若合天理则为之，不合天理则不能为之。不能为的人欲心理能量如不宣泄，也会坏事。弗洛伊德说："快乐原则在相当长的时间内仍是性冲动的作用方式，它是难以教化的，它一再地发生，或者通过这些冲动的行为，或者在自我中起作用。它压倒了现实原则而伤害整个生物体。"

乐天文化追求的行为规则　适度压抑下的快乐原则

怎么办？在压抑不合天理的人欲时，把人欲的心理能量宣泄导向不损害自身和社会，甚至有益于自身或社会的其他人欲上，比如交友、事业、娱乐等。这就是乐天文化追求的行为规则——适度压抑下的快乐原则。

乐天文化的心理能量宣泄方向是超我。超我是从自我中分化和发展起来的，是人格结构中专管"自我理想"和"良心"等道德的司法部门。它是人在后天接受家庭影响，融合文化传统、价值观念、社会理想等，在心理能量从自我向超我宣泄过程中逐步形成的，是人格结构中最有价值的部分。当然，它也是苦旅文化的生物学基础。现代乐天文化，不能抛弃苦旅文化的精华，舍本逐末。但是，乐天文化的不同点在于，它把心理能量向超我宣泄，是为了避免宣泄不当产生的痛苦，享受高尚人格给自身和社会带来的快乐幸福。

乐天文化消除烦恼避免痛苦的方法是提高情商，增强调节和控制情绪的能力，通过合理的途径宣泄痛苦，转移心理能量发泄方向，或者，通过

183

反能量发泄机制，用最小的心理能量消耗，解除烦恼，减轻痛苦，提高生活质量。

乐天文化的心理能量宣泄方向是超我。超我是从自我中分化和发展起来的，是人格结构中专管"自我理想"和"良心"等道德的司法部门。它是人在后天接受家庭影响，融合文化传统、价值观念、社会理想等，在心理能量从自我向超我宣泄过程中逐步形成的，是人格结构中最有价值的部分。

它把心理能量向超我宣泄，是为了避免宣泄不当产生的痛苦，享受高尚人格给自身和社会带来的快乐幸福。

乐天向上的积极心态　是健康长寿的第一要素

因此，我主张"在创造中享受，在享受中创造"，也就是说，在生活中不仅要把心理正能量发泄到创造活动中，而且，要把一些心理负能量通过创造活动转变为正能量。我在生活中遇到烦恼的事，就用写作来发泄负能量，能很快使心情宁静下来，享受创造的快乐。我写作的东西，都是我喜欢的东西，所以，我在创作科普作品时，得到的是享受。我在国内外旅游，在享受人文自然景观的美的同时，将这种美和自己独特的感受写成文章，不仅能创作出美文，还能创造出价值来。在享受中创造的财富，又可拿去做更多的旅游，实现良性循环。

科学家们研究过，在同等条件下，多用脑的人寿命长，作家、画家、政治家中都不乏实例。托尔斯泰活了92岁，临死时还想娶新娘，邓小平、齐白石都活过了90岁。杨绛活到105岁，还坚持写作。她百岁以后出的五卷书，本本畅销。糖尿病人活到90岁以上成了常态。而心情抑郁短命的也不乏其例。"喷老"鲁迅只活了50多岁，林黛玉虽然是个虚构的小说人物，但也是作者与大众对心情抑郁命不长的社会现象的认知。

因此，我认为，乐天向上的积极心态，是健康长寿的第一要素。

第十三章

养心——圈子

建设一个优质的"社交圈",是"养心"工程的重要项目。

四川科普作家圈的良好氛围　是著名科幻作家童恩正开创的
"三无协会"很难办　还须你是有心人
在构建的各种圈子里　享受爱人与被人爱的快乐
创建世界华人科普作家协会　"孙子"生出"爷爷"

四川科普作家圈的良好氛围　是著名科幻作家童恩正开创的

建立和参与"同好"形成的圈子，提出并实践"在创造中享受，在享受中创造"的理念，做力所能及的事，激发出身体的活力，是我"养心"、保持心理健康的大招。

美国心理学家马斯洛提出了人类需求层次论，指出人类有七种基本需求：生理需要、安全需要、归属和爱的需要、尊重的需要、认知需要、审美需要和自我实现的需要。以后，他将这些"需要"归纳为基本需要、心理需要和自我实现的需要三大类，并认为在这三大类"需要"之上还有一个超级"需要"。以后，不少心理学家企图通过实验证实马斯洛的理论，并不断对人类需求层次论加以修正。现代心理学家一般将人欲归纳成人的五个层次的需求。第一层是生存的需要，如吃、穿、住、行、性等；第二层是安全的需要，如生、老、病、死的保障等；第三层需要是归属的需要，如归属一个宗族、单位、圈子、党派、团体、民族、国家、"地球村"等；第四层需要是情感的需要，如爱、情、尊敬、崇拜等；第五层需要是发展的需要，如自身价值的实现，对社会理想和真善美的追求等；一、二层次的需要是人的基本需要，主要属于物质范畴的需求；三、四层次的需要属人的中级需要；第五层次的需要是人的高级需要；三、四、五层次的需要，主要属于精神范畴的需求。

人是社会的动物，有"人是社会关系的总和"一说。人离开了社会，孤独地生活，是很难得到快乐的。因此，创建或加入一个乐天的社交圈，是获得快乐、保持人心理健康的重要环节。

在人世间，除了父母至亲关系以外，交友恐怕要算是最基本的社交活动了。"叫花子尚且有几个穷朋友"，更何况境遇好一些的人。交友是一件与人的生活关系密切、影响也大的事情。俗话说："跟着好人学好人，跟着坏人学坏人。"因此，交友要慎重。"物以类聚，人以群分。"

朋友的朋友会成为朋友，志趣相投的朋友越串越多，便会形成一个个社交圈子。这些圈子如果同政治、经济、科学、文学、艺术等活动联在一起，便会形成各种党派、社团。一个人，总想归属于一个或若干个圈子、社团或党派。如果没有归属，便会有强烈的孤独感，在危难时更觉孤苦伶仃，空虚惆怅。

我一生喜欢结交朋友，可说朋友无数，有许多个朋友圈子。到老来，我发现有一个朋友圈子是最值得我投入的，那就是四川科普作家群。这个圈子的人虽说不是人人都是圣人，不是没有什么矛盾，但是总的说来，这个圈子里没有其他许多圈子里的坏风气，比如我参与过

著名冰川学者张文敬（前左）向科幻博物馆捐赠手稿
著名冰川学者张文敬是我结交较晚的一位挚友，但一见如故，成为"刎颈之交"，对笔者帮助多多

的文学圈子里的"文人相轻"，兰花圈子里的"勾心斗角"，古董圈子里的"尔虞我诈"，在四川科普作家圈子里很少见。这个圈子里相对单纯一些，每一个人取得了成就，都会在这里得到大多数人衷心的祝福。在这个圈子里，人与人之间的关系胜似兄弟姊妹。圈子里并非一团和气，不少人是诤友，常在聚会中争得面红耳赤，但下来并不计较。进入这个圈子的人，很多一待就是几十年，并结成通家之好。

这个科普作家圈的良好氛围，是著名科幻作家童恩正营造的。童恩正在四川科普作家群中是一个核心人物，他以其人格魅力将"散烟子"作家（四川话：戏称科学作家们为散漫的人）们团聚在一起，使四川科普作家群不断发展、壮大。虽然童恩正过早地离我们而去，令四川科普界的同仁万分悲痛，但以童恩正执着献身科学、献身科普事业的精神汇聚在一起的四川科普作家群，仍然牢牢地团结在一起。

2000年，我被大家推举为科普作家这个圈子的组织者，四川省科普作家协会主席（后改称"会长"）。我便几乎断绝了我与其他几十个圈子里的来

往，全身心投入到这个圈子的建设和活动组织中。在这里，我得到了最大的欢乐。人是有感情的动物。因此，人需要爱，需要温情，需要关怀，需要尊重，需要欣赏，需要夸赞，需要崇拜。被人爱与爱人，关怀他人与被他人关怀，被人尊敬与尊敬人，欣赏别人与被人欣赏，被人夸赞与夸赞别人，崇拜别人与被人崇拜等，是人的一种特殊的需要。

一个不吝啬给人爱，给人温情，给人关怀，尊重别人，乐于欣赏他人，善于夸赞（当然并非溜须拍马）他人至真至善至美行为的人，一定会得到很多人的爱、尊敬和崇拜。如果人在相互的交往中得到了上述那一切，他便会产生愉悦感、自豪感和满足感。

相反，一个心中充满了恨的人，他不可能给人爱，给人温情，给人关怀。一个心胸狭窄，充满嫉妒心的人，不可能欣赏别人，出自内心地夸赞他人的优点和善行，尊敬别人和崇拜别人。这样一个心中只有自己的人，不可能得到他也需要的爱、尊敬和崇拜。

"三无协会"很难办　还须你是有心人

我接手四川省科普作家协会的时候，协会已成"三无状态"，一无一文钱，周老说，因为没钱了，就不交账了；二无固定办公地点，原来的办公地点另作他用；三无固定工作人员，协会没有一文钱，拿什么来给专职人员发工资？

在这样的条件下，要为大家做点什么，确实是难。

在当今世界上，办任何事都要钱，开笔会要花钱，组稿会要花钱，开会员代表大会要钱，开一天会总要给人家吃一顿工作餐吧？

科普是一种社会公益事业，没有收入，国家有关部门又没拨给我一分钱的经费，钱从哪里来？我常自诩：我擅长"干缠"（四川话：空手套白狼）术，"成都儿童营养中心"几百万美元的东西都是我找意大利政府"干缠"来的，还怕"缠"不来协会这点活动经费？"

要"干缠"就要开源。我首先带头呼吁会员为协会捐款。我在四川省、成都市科普作家协会的各种会议上，号召科普作家们"利用职权为科普事业服务"。

科幻世界杂志社老社长杨潇为了支持协会的活动，去动员了时任科幻世界杂志社社长的阿来。我们以理服人，以情动人，从科幻世界杂志社"缠"来了一万元。我筹集了第一笔协会经费，并将活动轰轰烈烈地开展起来。

后来，我又把要钱的目光盯上了一些与科普作协有感情且愿意为科普做事的企业，如已故协会副会长童恩正弟弟童恩文掌舵的菊乐集团，就在协会困难的时候多次捐款帮助。这些钱虽然不多，但也起到了雪中送炭的作用，对协会初期的运作起到了极大的作用。

我还动用多年的老关系，加强与协会上级主管单位四川省科协的联络，除了确保获得省科协每年给优秀学会的两三千元奖金外，还力争拿下省科协的一些科普项目，发动会员一起参与，赚点小钱支撑协会活动。我不仅找直管的省科协要钱，还把手伸向了狠抓科普工作、舍得投入资金的成都市科协。在陈嘉泰书记、周益光副主席、周光智副主席及历届科普部长的支持和帮助下，我拿下了不少市科协的项目。

同时，我通过组织会员和出版系统的合作，出版大量书籍，取得一定收入。除支付给作者的稿酬外，一些额外获得的主编、组稿费用成为协会的一大经济来源。特别是2006年，在第一副会长秦莉的帮助和省科协副主席吴凯的支持下，获得为四川科技馆编著《科学有趣》《科学好玩》丛书，将节约下来本应发给我的稿费及其他运作费用充作协会的经费，支撑了协会后面几年的运转。

开源还要节流。

"干缠"来了钱，不能乱花。数百人的一个大家庭，可不是这点小钱就可以随便玩转的，还必须做好"抠门儿"的节流工作。

搞活动，就发动大家AA制，去个农家乐什么的，一人50元，缴个会费，也就用在当天的聚餐上了，走的时候还能大包小包带走一堆协会的礼品（一般都是与协会相关的书刊杂志），没有人会认为协会收的会费不值得。有很长的一段时间，去三圣乡的圣花园农家乐开会，成了协会会员的家常便饭，发送会议通知都无须指明具体地址，俨然"老地方"是也。

我搞科普创作队伍的组织建设，还有一招省钱的办法，那便是在自己家里招待开会人员，能不花钱就不花钱，买点儿菜、搞点儿瓜子花生和小吃水果，我还是承担得起的。

有一次，省、市科普作协和成都科普创作中心在成都儿童营养中心召开迎新千年笔会，晚上我给每人准备了一份点心。但大家谈兴正浓，又不肯将点心当晚餐，我便在自己家里招待参加笔会的科普作家。人越聚越多，先后来了40多人吃饭，把我家里能吃的东西，包括挂面都吃光了。我和我家的保姆都累得吃不下饭。平时人少的时候，我亲自做菜给大家吃，好多科普作家和青少年作者都吃过我的拿手菜：芋儿烧肉、炸茄饼、粉蒸肉、牛肉汤。很多会员回忆当年说，虽然现在条件好了，次次开会都在高档餐馆吃盛宴，却再也找不到当年在董主席家吃"董家菜"的感觉了。

没有固定办公场所也难不倒我。本来，我可以在工作单位"成都儿童营养中心"建个办公场所的。但是，我退休了，退休就意味着失势。原来的"成都儿童营养中心"随着我这个创建人的离开，立即被原单位卖掉，换了白花花的票子，协会的办公室当然也就不复存在。公家的车子不可能继续使用，原来的工作人员也各奔东西，好不容易建立的"草台班子"基本上散伙了。

没有固定的办公场所，我们就到公园去开会。有一段时间，南郊公园成了我们固定的办公场所，我个人也在家附近的诚信食府建立了办公室，10元钱一杯茶喝起，占上一个花园中的草亭接待会员、出版社和期刊社的编辑，农家乐则是我们开会员大会的场所。

没有工作人员也没关系。董家的人就是协会的人，全家动员，我把我的侄女、嫂子都拉进来为协会服务。此外，我还培养大量的新人，如黄寰、程婧波等年轻的秘书长为大家干活，他们分文不取。黄寰这个四川最年轻的教授，开着自己的车，给我当不拿任何报酬的司机、秘书。后来，在广西打拼的二儿子董晶不愿再做"药川川"，回家乡成都再创业，除我为他在四川科技报找到一份工作糊口外，还在我的影响下，著书立说，成了科普作家，并志愿当我不拿一毛钱报酬的协会副秘书长、司机、护士兼保镖。为协会奉献，是我一贯灌输给协会会员的理念，只有在奉献中发展了协会，会员才有可能名利双收。

没有车也没关系。协会会员的车就是协会的车，所有有车的会员都是协会活动时候的义务司机，开着自己的私车为协会跑上跑下，连油费都得自己掏。

在构建的各种圈子里 享受爱人与被人爱的快乐

后来，在协会与科幻世界杂志社和四川科技报社建立了更加紧密的联系后，在杨潇的支持下、在秦莉副会长的帮助落实下，协会终于在科幻世界杂志社内获得了一间免费使用的办公室，有了自己正儿八经的家，再也不用挤在我家可怜的客厅里面开大会小会了。

正是我的这一套"干缠"手段和"抠门儿"方法，令协会在10年时间里不间断活动、创作，出作品、出人才，在全国产生了不小的影响力，公认四川省科普作家协会培育了中国最大的科普创作团队，其科普创作成就在全国也是居于前列的。

因此，有没有钱不是一个协会成功与否的关键，有没有用心去发展才是关系协会兴衰存亡的核心。

我是崇尚"博爱"的人。在我与人交往的过程中，我总是愿意把自己的爱撒遍天下，尽力为人做好事，不求回报。

当然，并不是"好心就有好报"的，也会遇到"恩将仇报"的人，也会遇到那种你为他做了许多好事，但只要有一件事不如意，就同你翻脸的人。但我从来不过多地生这些人的气，会多想想人家的好处，原谅他一时糊涂、一时愤怒犯下的错。须知，交一个朋友需要一辈子，毁一个朋友只需几分

我的哥们姐们（前排右1为"铁哥们"、考古学家黄剑华，右2为"铁哥们"、现任四川省科普作家协会理事长吴显奎，右3为笔者，右4为我的"铁哥们"、著名科普科幻作家刘兴诗，右5为"铁姐们"、《科幻世界》老社长杨潇，右6为"铁哥们"、汉学家、著名书法家张昌余）

笔者一生交了十多位无话不谈的知己，有上百个可"同苦共乐"的兄弟姊妹，这是笔者一生幸福生活的源泉

钟。如果因一事便毁一朋友，那你很快就会没有朋友，成为孤家寡人。所以最后总是"宽容"占了上风。有时，不是朋友的错，而是自己的错，或者朋友只是因一时之气断绝了同你的友谊。"宋江难结万人缘"，我因接触面广，常会因考虑不周，干出伤害朋友之事，虽然没有一次是故意的。遇到"错在我"的这种情况，我便主动认错、道歉，一次不行，两次、三次。这样，挽回了不少朋友。实在挽不回的，只好"天要下雨，娘要改嫁，由他去吧"，不必过于悲伤。天下有几十亿人，再交几个朋友便是。

我已故的老友王吉庭在临终前，与我有一次长谈。他说，"你不容易。我们这个团体有许多人是能人，同时，也是脾气很怪的人，你都能够以宽容的心接纳他们，把大家团结起来。"这使他想起了挂在我家中堂上的对联：

"无欲则刚，有容乃大"。这副对联是我的表哥、著名书画家吴凡给我写的，我日日看它。后来，这句话成了我的座右铭。

我一贯认为，人与人之间的感情是相互的。只有愿意付出的人，才会得到感情的回报。"爱人者人恒爱之""敬人者人恒敬之""欲取之，必先予之"，都是说的这个理。没有耕耘，哪来收获？这就叫感情投资。其实，你只管辛勤地耕耘，不去计较回报，生活自然会让你痛饮爱的美酒，饱听情的欢歌，使你整个身心感到快乐与幸福。

我在和我的老中青朋友共同经营的这个四川科普作家圈子里，享受了爱人与被人爱的最大的快乐。

创建世界华人科普作家协会　　"孙子"生出"爷爷"

不过时过境迁，必须适时调整圈子，才能适应变幻的生活。

根据社团管理规定，科协系统管理的半官方民间组织也要实行"年轻化"，社团负责人的年龄一般不超过70岁。70岁退出四川省科普作家协会这个"圈子"的核心层以后，在一个什么圈子里度过余生，使自己的生命活力始终保持旺盛呢？我早早地开始了准备。我与我的老友们开始了筹建不受年龄约束的境外组织——世界华人科普作家协会的行动。

2005年4月15日，在成都南郊公园召开的四川省科普作家协会办公会议上，参会的赵健、王吉亭、松鹰、王晓达、戴文渠等纷纷进言，希望协会领导班子戒骄戒躁，继续努力，做几篇大文章，改变协会目前经济拮据、心有余而力不足的窘境，建议成立一个世界范围的华人科普作家组织，甩开婆婆妈妈的桎梏，放手大干，打造一个华人科普创作的航空母舰。

我和各位老友"科幻小说"式的狂想，几天以后便在协会戴文渠常务理事的努力下，找到了切入点。2005年4月20日，我带领协会主要成员与新加坡新威文化交流公司在四川开办的"四川新中文化传播公司"签署了"框架协议"，使我们的"狂想"有了变成现实的可能，虽然这个协议后来没生效，但这迈出了建立"世界华人科普作家协会"的第一步。

2005年5月6日，我召集协会骨干开办公会议，对筹建世界华人科普作家协会进行了认真的研讨。正反两方面的意见针锋相对，争论十分激烈。会议根据大多数人的意见，决定建立"世界华人科普作家协会"发起人会议并建立"世界华人科普作家协会"创建赞助基金会发起人会议，正式开展筹备工作，并委托我、王晓达、松鹰、戴文渠、张昌余、王延照组成常务小组，进行日常工作，将筹备工作一步一步脚踏实地推向前进。会后，开始了会章的起草工作，许多协会会员与海内外科普作家发表了意见，并对成立世界华人科普作家协会表示赞成、支持。

在赞助捐款会上（左3为四川少年儿童出版社前副社长、出版家王吉亭，右5为著名汉学家张昌余教授）

科普界的挚友张昌余、王吉亭等，对我开展科普活动的无私支持，永志不忘

经过近一月的争论，充分发扬民主，从世界华人科普作家协会成立的必要性和可能性两方面进行了充分论证，最终统一了认识，于2005年6月4日，我组织协会骨干再次召开了办公会议暨"世界华人科普作家协会"创业赞助捐款仪式。会议全票通过了《关于建立世界华人科普作家协会发起人会议的决定》和会章（草案），并进行了《世界华人科普作家协会》创业赞助费捐赠仪式，接受了金国集团的20000元人民币赞助费、协会有才又有财的副理事长张昌余的10000元人民币捐款和其他发起人会议委员，包括我、周孟璞、松鹰、杨潇、林少韩、姚海军、李建云、吴显奎、吴宗文等人各1000元人民币的捐款。

有了这笔捐款，我创建世界华人科普作家协会的行动就可以正式启动了。

　　接着，我领导的世界华人科普作家协会发起人会议筹备组在全球范围内开始了征集发起人的工作。为此，筹备组向世界各地知名的华人科普作家发出了数十封邀请信，其中，80%以上回函同意担任发起人。特别是在世界华人科普作家中具有很高知名度的叶永烈、吴岩以及黄海（中国台湾）推荐的张之杰（中国台湾），杨潇推荐的英籍华人科普作家杨蓉，吴岩推荐的美籍华人科普作家张文武（2004年全美青年杰出工程师）的加盟，使世界华人科普作家协会发起人会议有了广泛的代表性。

　　开过发起人大会以后，在时任资阳市副市长的吴显奎的安排下，由资阳市科协主席吴宗文提供了主要经费，我、松鹰、何定镛，应邀于2005年12月6日至12月10日赴澳门，在澳门政府行政委员吴正良博士、澳门基金会官员黄棣乐先生、梁雅琴女士的大力协助及冯建业大律师的指导下，顺利办理了世界华人科普作家协会注册登记手续，完成了法定登记、签字手续，成为受到澳门法律保护的合法社团。

　　2006年5月，我们邀请了张景中院士，四川省老省长康振黄、韩邦彦等嘉宾，以及新华社、《人民日报》、四川卫视、《华西都市报》、《天府早报》、四川科教频道、成都15频道和33频道等媒体记者，在吴显奎和吴宗文的支持下，在资阳召开了"世界华人科普作家协会成立大会"并为由筹备组发起的"科普理论征文"活动颁奖。这次活动获奖的优秀论文成为后来由世界华人科普作家协会编撰《科普创作通论》的基础。

　　会议开得隆重、简捷、热烈，受到与会嘉宾的一致赞赏。会后，《成都电视台》《四川电视台》《华西都市报》《天府早报》等多家媒体做了报道。

　　集聚各方才智，以四川省科普作家协会这个"孙子"辈为班底，终于将世界华人科普作家协会这个"爷爷"级别的组织创建起来了。

　　世界华人科普作家协会建立了，很多业界不看好的人常笑言："莫管他，等他自生自灭吧！"颇有些瞧不起的味道。这一批"学霸级"的人物在科普作协执掌大权，影响很大。他们在四川的代表周孟璞专程到我家来，阻止我创建世界华人科普作家协会。我断然拒绝，没听他的。当然，周老后来

第五届理事长董仁威与第六届理事长吴显奎（右）及其夫人张卫星（左）

笔者一生最大的幸运，是结识了"铁哥们"——四川省科学技术协会副主席兼原四川省人民政府副秘书长吴显奎，从他担任四川省科普作家协会秘书长，到接任四川省科普作家协会理事长的20多年中，他对我关怀备至，从我的家事到协会的事，有求必应。没有他，就没有我及我们一家的幸福生活

改变了态度，当这个协会的主席觉得有滋有味，到90高龄也不愿退下来。

我当然不可能让这种嘲笑成为现实，一定要努力让协会发挥大作用，做出大事情。我不仅以世界华人科普作家协会的名义组织国内外科普专家、学者，编著出版了国内第一部通俗性科普理论著作《科普创作通论》，获得了四川省出版图书奖，还闯入科幻领域，同吴岩、姚海军一起，吸纳刘慈欣、韩松、王晋康、郑军、北星（美国）、水弓（澳大利亚）、谭剑（中国香港）、黄海（中国台湾）等国内外知名的科幻作家、学者，加上协会原来在科幻方面有突出贡献的杨潇、谭楷、秦莉、程婧波等人，成立了世界华人科普作家协会下属的世界华人科幻协会，创办"全球华语科幻星云奖"。

养生——迈开腿

"精神原子弹"优质"发射基地"建设的另一大工程是"养生","养生"的一大要素是"迈开腿"。

生命在于运动　平均每天七千步
"贵在坚持"的秘诀　在于把运动当成乐趣
在享受中创造　在创造中享受
走了三十多个国家　跟团旅游是最好的健身运动

生命在于运动　平均每天七千步

生命在于运动。我把养生秘诀"迈开腿"放在第一位。老年健身运动，有很多种方法，我根据自己的实际情况，选择了步行锻炼的方式。

美国弗罗里亚的研究人员，曾进行过长达12年的调查，结果表明，步行对60-80岁老年人来说确实是最有效的健康良药。每天步行3000米（约6000步）可使死亡的危险减少50%；每天步行走1500米（约3000步），可使死亡的危险减少19%。现在，时兴每天走万步。我曾努力想达成每天万步的目标，但发现，一天走万步，三五天可以，但很难长期坚持。我便把目标订在平均每天6000步上，买一个苹果手机，下载一个"动"软件，自动监测。经过长期实践，我发现，此目标比较容易达到。

老年人由于各种器官老化，不宜参加速度型项目，更不能参加力量型锻炼，比如俯卧撑、举重等憋气较多的项目，有多例老年人猝死于进行俯卧撑运动的病例。而采取快步同样可以达到锻炼的目的，且对身体有益无害。快步走主要不是为了减肥。快步走是一种连续匀速运动方式，全身大部分肌肉都参加了活动，这促进了全身的血液循环。同时，快步走产生适量振荡，都是对机体内脏器的"免费"按摩，对增强这些器官的功能，延缓人体衰老，效果显著，特别是有利于提高心血管系统和呼吸系统的功能，有效地降低心血管系统和呼吸系统疾病的发生率。

要达到这些目的，就要讲究走路的方式。走慢了，达不到健身效果，走得太快，身体受不了。研究表明，快步走是最好的步行健身方式，速度为每小时5-7千米，一日1-2次，每次30分钟至1小时，心率控制在每

日行万步

全副武装漫步在花间月下，一把带雨伞的多功能拐杖，晴遮太阳阴挡雨，探路不栽跟头，当老陕负重行军，当座垫、抹布、打狗棍，快步锻炼须臾离不了

分钟100次至120次。由于步行是一项轻微的运动，至少需要20分钟的持续运动，才能对身体各器官形成代谢刺激，产生运动效果。如果你安排的是一天一次60分钟运动，快走中要安排中途休息。

"贵在坚持"的秘诀　在于把运动当成乐趣

任何事都"贵在坚持"，我长期每天坚持快步走平均在6000步以上，秘诀在于把这种运动当成乐趣，而不是负担。我原来住在成都一环路内的闹市区，九眼桥南老马路的单位职工宿舍内，便想方设法使每一次的快步走变成乐事。

请看我某一天的快走日记：

2009年7月5日早上8时半，吃过早饭，我从老马路6号的家中出来，左肩斜挎一包，踱上街。这包是小儿子董晶送我的生日礼物，质地极佳，容量很大，可装上我办公及日常生活的各种必须用品，重量又很轻。

在老马路街上，我忽见前段时间尚在装修的原成都儿童营养中心的大楼露出了真容。一边是一高档茶坊，一边楼上是一家商务酒店，楼下是著名的彭州田鸭肠火锅连锁店老马路店。

我沿着老马路，快步向北折向一环路，过致民路口，抵达太平巷。在太平巷选一酒吧茶坊落座，待上几小时。我最喜欢去的一处茶坊是一座著名食府的露天吧。

这座食府是一家著名企业花了亿元巨资在锦江河边太平街的原"九眼桥联合诊所"地基上建成的。食府独具匠心，在一环路内寸土寸金的地段辟出了约十亩土地，在地下车库上堆积泥土，建成了由银杏、黄葛树等古树名木为主体的花园。花园中遍植月季，日日有花看。园中，还形成了活水系统，水车、鱼鳖，生机蓬勃。

我除了周二、周五去省科协四川省科普作家协会办公室上班外，几乎每日必来这家食府的露天吧，花10元茶钱占据一个小亭，充作临时办公室办公。在这里，我或呼朋唤友，品茗嗑瓜子儿，任情聊天，天下兴亡、东家长西家短，如李伯清的"散打"，天南海北，海阔天空，把龙门阵摆个够；或与文友商讨书稿修改、图书策划；或用手机打电话，布置检查工作，与亲朋好友聊天；或用手提电脑，接上3G无线网，纵观天下大事，欣赏网上电影电视，但更多的是作文挣稿费；或什么都不做，独自一人坐在亭子里发呆，任意识流在头脑中滚滚流过；或观小桥流水，赏花玩鱼，享眼福、耳福、香福；或要来一碗皮蛋粥、一笼叉烧包、一串烤鹌鹑蛋，享口福。哇！好惬意的退休生活。

坐够了，便起身向太平街（如今叫丝竹路）的酒吧一条街快步走去。这里在清光绪初年叫"皮房码头"，到光绪三十年的成都地图上，可以看见这一带已经形成了街市，这便是上太平街、中太平街、下太平街、太平巷，大约有四五百米的距离。

太平街前面便是府河、南河两江汇合后的锦江。由于这儿是皮货码头，这儿至少在清末就形成了街市。吊脚楼越来越多，在河边排成一列，开起了比较像样的小茶馆、小饭馆。据清有正在《锦江南岸一小街》一文中描述：太平下街200多户人家的街面上就有7家茶馆。

从整治府南河开始，吊脚楼被撤除，变成了一条以黄葛树为主体的绿化带，而绿化带的内侧，仍是破烂不堪的棚户。2006年，太平街作为老马路社区棚户区的一部分，提上了旧城改造的议事日程。武侯政府创造了"不动迁"的模式，将其统一规划改建为以中式民居为特色的酒吧一条街。不少商家看到了经过府南河改造后临锦江街面的巨大商业潜质，纷纷与当地住户会商合作建设茶楼酒吧，地价与房价迅速飙升到每平方米1万元以上。我几乎天天在这条街上走，看着它一天天变脸，在大地震前已初具规模，大地震后至今，全部建成，逐渐繁荣。入夜，这条街上的茶坊、酒吧生意好得不得了，座无虚席，周围几条街都停满了车，如我在泰国芭堤亚坐过的临海酒吧一条街般热闹。

我们这些老年人在晚上和假日不同年轻人争，非假日的白天则是我们的天下。那时，行人稀疏，茶坊、酒吧清静得不得了。

　　我从露天吧出来后，便沿着这条酒吧一条街和街对面临河的林荫道缓缓踱步，欣赏已从"腐烂河"变成碧水清流的锦江风光。

　　走到太平街锦江河边的老马路社区服务中心喝上一盏专为社区老年人免费提供的清茶，然后快步走向西走到安顺廊桥、音乐广场，再向北折回致民路。

　　在老马路与致民路的交汇处，有一个不大的老马路社区公园，安置了健身器材，绿树成荫。经过这里，我喜欢将社区公园的健身器材玩一把，再在绿树环绕的靠背椅上坐个够。

　　然后，我背着挎包，摇着扇儿，优哉游哉地到在原太平庵街址上建起的老马路社区生活广场的"益民菜市"，在楼下宜宾燃面馆吃午饭。饭前，仍然念念有词："先吃药，后吃饭。"吃了药，要了一份"三鲜蘑菇肉丝盖浇饭"，一份蒸蛋，细嚼慢咽，品赏美食。饭菜做得不错，营养基本平衡，吃后虽然立刻又有饿了的感觉，赶紧背上那句口诀："饭吃七分饱，健康活到老"，为了克服还想买一两燃面吃的冲动，立即动手去菜市，转移注意力。

　　老马路社区生活广场高四层，菜市占据了广场的一、二楼，上两层是老马路社区的办公场所。"益民菜市"一楼至二楼间设有自动电梯，对我们这些体力有限的买菜的老年人实在是福音，一楼是水果、干杂、水产区，二楼是肉类、蔬菜区，应有尽有，一环路对面的好多川大教职员工，都喜欢到我们老马路社区的菜市场来买菜。

　　晚饭后，我再一次出去散步。

　　沿着"酒吧一条街"溜达，虽然身体康复，"凡心"再现，但为了健康，我克服了"灯红酒绿"的诱惑，快步半小时，走出一身"小汗"，晚上8时，回到家中，看那已经看起劲的电视连续剧：《鹰隼大队》。在电视剧集间播广告时，叫来董晶取血样测血糖，自测血压，血糖值8.3，接近优秀；血压值133/62，接近正常。阿弥陀佛！

　　10点看晚间新闻，10点半放水洗澡，在热乎乎的水中泡个够，直至上眼皮搭下眼皮。突然，一个滑稽的念头一闪：别睡熟了在浴盆中淹死，惊醒过来。从浴室出来，先称一下体重，哈，74.7千克，比两个月前的82千克减了

7.3千克，天，14斤肉，你到菜市场去割一块这么重的"三线肉"，有多大的一块！不过，这只是初战告捷，离第一步脱离肥胖症的指标72千克还有距离，要达到标准体重60千克那差距就更大了。我清楚地记得十多年前，三医院的一个医生抚摸着我可爱的将军肚，说："不把它弄平，你活不长！"

称完体重，喝一袋太太给我烫热的菊乐牌牛奶，吃几块无糖饼干。然后，钻进软和的被窝，斜躺着看自己写的书：《成都依然美丽—全域成都科考纪事》。自己写的书虽百看不厌，心里甜丝丝的，有一种成就感；但早已"审美疲劳"，不能使人激动，反有能催眠的功效。

终于，我的眼睛里容不下一个字了，开始迷糊起来。我赶紧把10粒丹参滴丸含口中，关灯，睡觉。一个好觉睡了整整5小时，直至凌晨4点醒来，补写日记，再在电脑上按我设计的乐天一日测试表打分，我这一天得了90分，多么幸福快乐的一天，值！

在享受中创造　在创造中享受

这样的快步走健身生活一直持续到2010年。2010年，我的经济条件得到了一次较大的改善，使我得以选择更好的环境从事快步走健身运动。

话得从1991年说起，那时，全国掀起了建开发区热。

我在温江金马镇当村支书的一个朋友傅少云来找我，说他们村要建立一个旅游度假开发区。这个村以前是四川省树立的"中国农民幸福生活"的典型，有当时很罕见的"幸福院""大型养猪场"之类可以对外炫耀的东西，包括金日成、澳大利亚总理等许多外国元首级人物来过。这个旅游度假开发区要建个跑马场一类的大型游乐项目，正在招商引资，要我介绍一些客商来。那时，我正在四川省干部疗养院养病，闲着没事，带着一些台商、港商到处给各县引进项目。这时，我在经办成都儿童营养中心时结识的经贸部朋友、川大外文系的校友彭大福处长下海经商，带了一箱美元现钞来要我帮他投资项目。这样，我就带着彭大福来到温江金马，同温江县县长周鸿德、金马旅游度假开发区主任郑全福谈判。彭处长首先甩出五万美钞，真金白银立即镇住了对方。谈判很快达成了协议，由彭大福投资建一个亚洲最大的射击场，由彭处长同总后勤部的朋友联系，用过期淘汰的武器弹药来支持射击场的营运。金马国际射击俱乐部很快建了起来，成为开发区第一个建成运营的项目。手枪、狙击步枪、冲锋枪，甚至重机枪、迫击炮、坦克都有，成天枪声不断，发了财的老板抱着重机枪狂扫，一次就要玩成千上万元。

在考察选址的过程中，郑全福问我要不要土地，说政府有奖励政策，可以优惠。我说，我没钱啊，他说，没关系，你写个借条就行。这样，我从笔记本上扯上一张纸，写了一张借条，开发区近20亩地就是我的了。正好，大儿子董冰大学毕业后分到成都市科委来工作，愿意辞职下海来经营⋯⋯

董冰在我的支持谋划下，办起了一个温江国际兰花拍卖场⋯⋯

后来，这个温江国际兰花拍卖变成了"温江金马国香园度⋯⋯儿子和退休后志愿来此当"秋婆"的太太的经营下，经过许多⋯⋯近20年，终于解放了。国家征地，国香园属于征地范围。由于⋯⋯回开发区的借条，再割地还贷款，近20亩地只剩下8亩多地，国⋯⋯多，给了一大笔钱给儿子谋生后，剩下的钱不多了，但足以让我⋯⋯温江涌泉镇江安河边的金河谷小区中买下一套150平方米的电梯公⋯⋯送的50平方米阳台上，建起一个空中花园，外环境有小区沿江安⋯⋯近2000米的河边花园，鲜花四季不断，清澈的河水四季长流，小⋯⋯很好。在这样的环境中，坚持每天的快步走健身运动，呼吸城里难以呼吸的新鲜空气，真是一个天下难觅的好地方。

于是，我就在乡下定居了。我每天安排半天在花园及周边快走、进行户外活动和办公。为了使这半天过得愉快，并且每天有新鲜感，

空中花园

董仁威，精彩继续——

《人类在自然界中的位置》解读

赫胥黎捍卫达尔文主义的科普经典⋯⋯易生动，却又睿智丰厚。董仁威先生的解读⋯⋯领会赫胥黎这部稀世佳作之精华，了解达⋯⋯益，值得一读再读。
——卞毓麟（著名科普作家、天文学⋯⋯

《徐霞客游记》解读

《徐霞客游记》解读有两⋯⋯有介绍，又有评点，相互⋯⋯种新的尝试；二是每章的解读，⋯⋯游记全方位的评价，又有典型游⋯⋯为"世间真文字，大文字，奇文⋯⋯
——松鹰（国家一级作家、著名⋯⋯

不会厌倦。经过反复探索，我设计了一周五天不同的快步走路线，一天也不重复，周六、周日则为与儿孙团聚的时间。与儿孙团聚亦在成都附近星罗棋布的不同风景区、度假村、农家乐交替进行。

每逢周末或大假甚至平日闲暇之时，我们一家人都要外出，找个好玩的地方，吃点好吃的东西。我总是在地方选择的阶段就带着科普创作的目的，甚至还会提前查阅网络资讯，准备背景资料、挑选合理节点、确定考察题材并规划旅游线路。我常说，出去玩一趟不容易，要是不能考察出点什么东西，写出点文章换点钱，实在对不起出去玩一趟花费的那么多钞票。这倒不是我小气，只是我觉得既然去了一个地方，就应该有所收获，而不是单纯地玩一玩。所以，这几年间，成都周边大大小小的地方我们走得差不多了。不仅如此，我带着我这个当时工作比较清闲的同道儿子，更是有目的地进行了数十次长途旅行和考察。我和他开车不仅走遍了全川，在地震前后十几次考察地震核心区（正好我们探索古蜀文化涉及龙门山地区），还驱车出省走过西北陕甘宁青、走过豫晋蒙，走过云贵桂琼，更是自驾游到了国外，走到泰国、老挝。算一算，3年间仅和我一起自驾考察，就走了近4万公里的行程，最长一次外出14天，全在车上度过，甚至还有过连续24小时乘车在群山中颠簸的经历。一个近七旬的老人，经受这样的历程，我真的感到很开心。想一想，还觉得很骄傲。而且，我的身体在这样的艰难颠簸中并没有出过大问题，反而越来越精神，越来越舒服。不得不说，精神好，身体真的会好！

我不仅在董晶的陪同下四处奔波，还在老伴陪同下满地球乱跑。每年，我们安排到国内外去旅游一次，在全中国、全世界的旅行中进行步行健身活动。我先后由儿子驾车，考察了西南、西北12省，写出了《美丽西部》一书，又跟着旅行团，走了欧洲十国、美国、俄罗斯、瑞典、芬兰、挪威、丹麦、澳大利亚、新西兰、越南、老挝、泰国、柬埔寨、新加坡、马来西亚、日本、韩国、阿联酋、巴西、阿根廷、秘鲁、南非等30多个国家。我想，乘着自己还走得动，赶紧把世界看完，继续完成美丽系列四部著作之最后一部

《古稀萌爷的环球旅行日记》，只有这样，才算不枉来人世一趟啊！也许，未来的学者会给我冠上一顶"二十一世纪徐霞客"的帽子。

在四川省科学技术协会学会工作会议上，我大侃四川省科普作家协会的生存之道，受到省民政厅长的高度赞扬。

正是在这样的奔波和考察中，我上千万字的考察文章和我上万张考察图片催生了我的美丽系列丛书。人人都夸我们父子耍得高兴，还出成果，让人羡慕！是啊，我不仅旅游了、休闲了，还获得了创作的素材和灵感，这样的科普创作工作难道

在享受中创造的《美丽系列丛书》

不是真正符合"在创造中享受，在享受中创造"的宗旨吗？

古语云：仁者乐山，智者乐水，我是仁也要，智也要，山也喜欢，水也喜欢。纵情山水之间，是人生一大乐事。退休前几十年，借出差之机，我已走遍大江南北、长城内外，还参加过一次政府考察团去过意大利、法国。退休后，没有"公费旅游"的机会了，我便自费，每年得的第一笔稿费，都交给太太，作为一年一次大型旅游活动的开销。

我几乎每年去一次三亚，在海边，大海立即使我心胸开阔，郁闷全消，重新快乐起来。最近两年多，我开创了科普考察旅游的新形式，一边考察，一边享受无限风光带来的愉悦，回来还要写文章、出书，挣稿费；旅差费又有赞助考察活动的经费报销。一举几得，何乐而不为！

走了三十多个国家　跟团旅游是最好的健身运动

跟着旅行团旅游，每天要跑很多景点，特别累。但是，在我跟团的十多次旅游中，从未注意特别保养身体，但每回回来一体验，除一次以外，血糖值特别优秀，其他指标也不错，这也许得益于每天万步以上的快步走吧。

拿我们参加的西欧十国游为例吧。

我和太太跟着一个旅行团，从2013年5月11日至5月25日，在15天内对西欧十国：荷兰、比利时、法国、卢森堡、德国、瑞士、列支敦士登、奥地利、梵蒂岗、意大利，进行了"跑步观花"式的旅游。累得够呛。

本来，行前我的身体状况不佳，这是我唯一一次从痛苦开始的长途旅行。在此之前几个月，自觉身体状况很好，生活中便放开了。想吃便吃，肥肠、肝腰合炒、蹄花汤、红烧鳝鱼，青少年时代喜欢的美食时常出现在我的餐桌上。想喝便喝，开始一日一酒，后来一日二酒，每餐15克，但我将之当100克，就着满桌美味佳肴，一点点一点点品。由于我主编并主创寻味中国一书，厨艺大进。川菜不说了，粤菜也练就了几个辣手菜，我的麒麟鲈鱼做得特好。有一天，我为了拍摄出版社要我补的几幅美食图片，从中午到晚上做了好多粤菜和川菜，孙女陪我品尝，道道菜都说"好吃"，竟然到上最后一道菜时，她鼓着撑得圆圆的肚皮，还要吃。

行前，我感觉有点不大对头，异常口渴，喝水量突增，那种糖尿病似的干渴只有老病号才能感觉到。糟了！但我又不敢测血糖，要是测出血糖到了危险点，即将开始的欧洲之行怎么办？

我不去不要紧，20多年前作为四川政府代表团的一员我就去过法国和意大利，整整半月，享受正部长级规格的接待。可是，我是已答应了太太多年要陪她到西欧一行的，如今，出团通知书均在手，好不容易成行，无论如何均不能变卦的。我奉行一诺千金的哲学，并毕生践行，这已是无法改变的本性。

出行的前一天，5月10日上午，不祥的感觉越来越强烈，我想起了因突然发作糖尿病3天后就猝死的老友张平，不能再自欺欺人了！我立即自测了一下血糖，13.5，虽不算太高，但已到危险边缘，我马上打电话给七医院的干女儿璟瑜。她马上叫我上医院，给了我一种新药，保我一路平安。我吃了一颗神丸，并嘱她为我保密。11日，我便准时踏上了赴西欧十国旅游的行程，并在机场加购了保险，以防不测。

由于身体基础不行，10小时从成都至阿姆斯特丹的旅程备受煎熬，连准备在旅途上阅读的小友陈楸帆的长篇科幻杰作《荒潮》都看不下去。

好不容易到了阿姆斯特丹旅社，一测血糖，11.3，璟瑜的灵丹妙药真管用，又加吃了一颗，洗个热水澡，便一头扎在柔软而温暖，仅80厘米宽的小床上，沉沉睡去。

一觉醒来，已是12日早上欧洲时间3时半，国内是9时半，立即给最关注我的亲人发了平安信。此时，已觉神清目爽，接下来，令人震撼的荷兰五宝三绝，使我又想起了那句名言，"九死南荒吾不恨，兹游奇绝冠平生!"

接下来的十天里，我们早起晚归，疲于奔命，也管不了血糖高低了。

西欧时间比成都晚6小时，5月11日早晨当地时间6时，我们就被"叫早"电话闹醒。7点钟，我们登上大巴，赶到阿姆斯特丹最负盛名的郁金香公园观光。这个公园仅在3月至5月开放，我们来得巧，正赶上它鲜花盛开的季节。这时，全世界的人都跑来看"花园之国"的郁金香。我们的导游杨曼是四川大学外文系的毕业生，到欧洲从事导游工作已有10年。她导游的第一个特点是赶早不赶晚，每天早上6点叫早，最迟7点出发。如此，一路行来，她处处走在前面，避过堵车，第一个到达景点，最大限度地减少垃圾时间，使我们在15天10国游中，看到了比不少团多得多的景点，在重要景点待的时间也比很多团多得多。

2013年5月13日，我们从比利时首都布鲁塞尔出发，坐大巴车在高速公路上疾行300公里，直达法国首都巴黎。

三天的法国之旅，看到的东西很多，这也是用早出晚归，在景点中忘命地奔走，拼出来的。

我们5月15日经过小国卢森堡进入德国境内，在莱茵河畔上的各个小镇上穿行，然后，抵达海德堡，再进法国，绕至瑞士，于5月19日经小国列支敦士登，第二次进入德国，至慕尼黑。

西欧各国都很美，但最美的国家是瑞士，最美的地方是名不见经传的"狐狸沙费"，我自取译名的琉森湖畔、阿尔卑斯群山环绕的小村庄。

我们是5月17日从一个法德边境的小镇出发，向瑞士最大的夏季避暑胜地

207

游览巴西的千岛湖

走了36个国家，一部《古稀萌爷的环球旅行日记》即将诞生，这是我用轻松的语调写作的科学游记作品，是用"幽默""风趣"手法写作科普创作的一次尝试。希望它成为畅销书，给我带来丰厚的收益，使我有经济基础能继续走遍世界的每一个角落

之一，湖光山色相互映衬的美丽城市——琉森进发的。

5月16日，我们在德国的法兰克福和莱茵河畔的古堡、小镇、秀丽的滴滴湖转了一圈后，特意折回法国，在德法边境上的一个法国小镇上住下。为什么出了法国，又特意转回来住一夜？原来，我们这个团周游西欧十国，选了法国作签证国。签证国代表十国签了证，只享受一项权利，那就是旅行团至少要在法国住宿三个晚上。如果你选择意大利为签证国，那你就得在意大利消费三天。我们在旅行中看到了世界最美的地方。

瑞士美景名闻遐迩，高山、原野、湖泊衬着蓝天白云背景、欧式小木屋、颈挂铃铛叮当响的可爱乳牛，宛如风景明信片的湖光山色美景，总令人着迷。

然而，在我们欣赏了一天瑞士的美景后，载着我们40人的大巴在阿尔卑斯山上绕来绕去，最终来到偏僻的山间住宿点时，极致的美丽仍令人眼前一亮，全车的人不约而同地惊呼：好美呀！

大美无声，笔者实在不知用什么语言来形容这地球上的绝美之境。自认，笔者走过了五大洲的许多国家，看过许多美景、奇景、绝景，居然认为这阿尔卑斯山琉森湖畔小山岗上的这一个偏僻山庄，是世界上最美的地方，你便可想象这种美景的万一。

至今也没弄懂这座美丽的小山庄叫什么名字。这里四面环山，有极为丰富，富有层次感的景观。以我们居住的豪华酒店为核心，环顾四周，山坡上有一片片开满野花的草甸，犹如无数个彩色的高尔夫球场。此为第一景观组合体。由于水深200至300米，在山岗上望见的琉森湖湖水湛蓝，犹如大海的色彩。此为第二景观组合体。远眺环绕村庄的阿尔卑斯山，蓝天白云之下皑皑白雪，成块状条状，覆盖在陡峭的山坡上。此为第三景观组合体。在十分开阔的视线范围内，漂亮的欧式民居，各具个性色彩的乡村酒店，有哥特式屋顶的教堂分布在花山上，湖泊旁，甚至还有现在极少见的农家袅袅炊烟。此为第四景观组合体。草甸旁的大森林，深谷中的溪流，成为第五大景观组合体。

我放下行李，立即走出旅店，围着旅店走了一圈。在360度的旋转中，五大景观通过不同组合，构成千百幅景色各异的美丽油画。难怪，导游说，她曾带一批美院学生来写生，学生们说，从各个角度看这里的景色，处处成景，加上春夏秋冬四季变幻，阴天雨天晴天交替，早中晚时光不同，一辈子也画不完。

对于我们这些旅行者来说，现场还有用视觉无法感知的景观，如，清新无比、负氧离子丰富的洁净空气，森林中的鸟语，草甸上青草和鲜花的芬芳，教堂悠扬的钟声，乳牛身上挂着的铃铛迎风传出的清脆铃声，深不见底的深涧中的潺潺流水声。

唉呀，这立体的景色，全方位的五官刺激，把一切人间的烦恼都丢到爪哇国去了。这儿就是一座世外桃源，人间天堂！

我一直追问杨导这个小镇叫什么名字，但总听不明白她嘤嘤小口中吐出的瑞士语，我只有擅作主张，将那个世上最美的小镇叫"狐狸沙费"。

在这里，上天造就的自然美与人工修饰的建筑美和谐地融为一体，世间恐怕再也找不到第二处如此美的地方了。

美哉，瑞士！

5月19日，我们从慕尼黑出发，车行145公里，从德国进入奥地利，来到伟大音乐家莫扎特的故乡萨尔茨堡。

下车后，我们从一个鲜花编织的拱门进入公园，立即就感受到音乐之国强烈的艺术氛围。一支穿着漂亮的白色礼服的乐队正迎面向我们走来。金发

209

碧眼、帅哥倩女，打着洋鼓、吹着洋号，各吹各的号，各敲各的鼓，步履整齐，精神抖擞。

他们走进露天乐池，准备向市民演奏。杨导抓紧间隙时间，对我们讲这座公园和莫扎特的故事。

我四处寻找莫扎特的故居，终于在萨尔茨河畔"粮食胡同"的9号楼找到了莫扎特博物馆。

"粮食胡同"是萨尔茨堡老城最著名的步行街，它之所以出名，是因为莫扎特1756年1月27日就出生在这条街上的9号楼，莫扎特的父亲雷欧波得·莫扎特在1747年租下了这栋楼的第4层，莫扎特一家在这里一直生活到1773年离开萨尔茨堡，去了维也纳，莫扎特博物馆是莫扎特出生的楼房，游客络绎不绝。

这时，我们团规定的集合时间快到了，杨导已不在我的身边，我不顾太太的劝阻，冒着被全车人因我违约耽误时间而抱怨的风险，毅然钻进了莫扎特故居，混在另一个华人旅行团中听另一个导游讲莫扎特凄楚动人的故事。

我们从萨尔茨堡坐大巴行驶290公里，于19日晚抵达维也纳郊外。第二天一大早，我同太太出来逛街。由于太累，走了一小段路，太太"打死"也不走了。我将她安排坐在大路旁一棵大树下的靠椅上，一人钻进一个空无一人的大公园。

我发现，我们的旅店位于东阿尔卑斯山支脉维也纳林山之中，绿林成片，有花园及葡萄园围绕。登上大公园里的一座小山岗，眺望维也纳，西面，波浪起伏的"维也纳森林"尽收眼底；东面是多瑙河盆地，可远眺喀尔巴阡山闪耀的绿色峰尖；北面宽阔的草地宛如一块特大绿色绒毡，碧波粼粼的多瑙河蜿蜒穿流其间。各种风格的教堂建筑给这青山碧水的城市蒙上一层古老庄重的色彩，房屋顺山势而建，重楼连宇，层次分明，多为巴洛克式、哥特式和罗马式建筑。中世纪的圣斯特凡大教堂和双塔教堂的尖顶耸入云端。好一座美丽的城市！

5月20日早上7时，我们坐上大巴，开始了维也纳之旅。维也纳被称为"音乐之都"，有大小28家歌剧院，街头广场随处可见莫扎特的塑像。我们去参观了约翰斯特劳斯家族开办的一家歌剧院，这家剧院专演约翰斯特劳斯和莫扎特的音乐。还参观了专演莫扎特乐曲的歌剧院。歌剧院常举办露天音乐会，听众会被音乐迷得神魂颠倒。

　　杨导把我们带到多瑙河畔，中国人都知道小施特劳斯的名曲《蓝色的多瑙河》，企图看一看多瑙河著名的蓝色。可令人有点失望的是，多瑙河水虽然清澈，河面也很宽阔，景色很美，但河水是绿色的，绝无蓝色的基调。常识告诉我们，只有极深的湖水和海水才会呈现蓝色，多瑙河并不深，怎么可能出现蓝色呢？

　　杨导告诉我们，其实，乐曲中的蓝色代表一种心情。音乐家在作曲中逐渐摆脱了抑郁的心境，想开了，心情变得同多瑙河一样开阔。

　　最后，我们于7月20日进入意大利。这时，我的太太完全精疲力竭，所有的景点都落在后面，由我半搀扶着度过了在意大利的三天。我却精神越来越好，完全忘了自己是个糖尿病患者。回到家，测了一个血糖，超正常，5.7。生命在于运动，不管是体力的，还是脑力的，要动才好。我是超人，累不垮！

考察归来的血糖值

　　每次出国旅行回来，不管在路上怎么累，怎么大吃大喝，回来血糖均超正常，这验证了一个真理：生命在于运动

第十五章
养生——管住嘴

"养生"的另一大要素是"管住嘴"。

从小就是吃货　种下了肥胖的祸根
无节制地抽烟和喝酒　是健康的大敌
管住嘴首先得有营养学知识　我的一日三餐有讲究
营养学不难学　做到一"杂"、三"多"、三"少"、六"常"就行

从小就是吃货　种下了肥胖的祸根

我从小就是一个吃货，并喜"庖厨"，毕身探索"庖厨"之谜。这一优点得益于我的父亲。父亲不仅是个美食家，而且从我的祖母那里传承了一身好厨艺。

记得，当年父亲在重庆市中心的长江航运管理局工作，我和母亲住在江北龙溪乡下，不时母亲要带我进城去看望父亲。进城后，最大的一件事便是进馆子，吃！父亲在人事科工作，常常有他管的领江（"引水"）请吃。那是怎样的一种享受啊，进"颐之时"吃干烧岩鲤、开水白菜，进"白玫瑰"吃干烧鱼翅、烤全猪，进"蓉村"吃"口袋豆腐""旱蒸回锅肉"，进"小竹林"吃"蒜泥白肉""连锅汤"，进"小洞天"吃"叉烧肉"……

美食装在美器上，雪白、翠绿、酱红相间，那个"色"；鱼香、酱香、肉香，那个"香"；醇厚浓郁、五味杂陈，那个"味"，用句成都话说："不摆了！"

以后，父亲被调到教育科，不在人事科工作了，微薄的工资无法到大馆子去吃，我们进城只能吃街边小馆子了。这些小馆子虽无著名餐馆的派头，做的菜却一样好吃。地道的回锅肉，红亮亮的"灯盏窝"、蒜苗的清香、豆豉的滋味，一样的色香味俱全，还有两毛一份的咸烧白、粉蒸肉，三毛一份的肝腰合炒、酱肉丝，也"巴适"得很！还有一些名店，卖的东西不贵，也偶尔光顾一番。进"云龙园"吃火锅，进"小竹林"吃"蒜泥白肉""连锅汤"，进"老四川"吃卤牛肉、灯影牛肉、清炖牛肉汤，进"会仙楼"吃"红烧裙边""樟茶鸭子"，进"高豆花"吃豆花，进"山城小汤元"吃汤圆，进"九园包子店"吃包子……

再以后，生活越来越困难了，街边小馆也进不起了。父亲便在周六，带上各种做美食的原料，回家自己做来吃。记得，父亲每周六要回江北县龙溪乡"花朝门"乡下的家中来。从他工作的地方，坐公共汽车到上清寺，下牛角沱，坐轮渡渡过嘉陵江到香国寺河边码头，再从沿江的石板路走上八里地，穿过乡间原野，才能看到花朝门的家。当年交通不便，这一过程要花两三个小时。

常常到天快黑了父亲还没到家，在家翘首以待的母亲便要我的兄弟姊妹中的一个去接父亲。我也去接过几次。我常到离花朝门不远的寨子坪去接父亲。父亲有严重的肺气肿，他喘着气，拄着拐杖，艰难地走着。我接过父亲手中提的各种食品，如鲜肉、花生米、豆腐干之类，同父亲一前一后地走回家。随着父亲哮喘病的加重，父亲回家的路越来越困难了，常十步一歇，喘着粗气。我至今还记得父亲扶着拐杖，站立喘息，同时，眼睛直视前方，看离家还有多远的神态。

父亲一回到家，坐在竹躺椅上，气还没喘定，便威风八面了。"威威，冲蒜！""五妹，摘豌豆尖！""六妹，剥胡豆瓣！"所有的人都行动起来，几个助手上蹿下跳也忙不过来。最后，在父亲指挥下，汤炖好了，菜炒好了，全家人一顿美食。第二天全天，一家人唯一的事仍是在父亲的指挥下，做午餐的准备。

父亲本是个文人，是当年一个很出名的老师的得意门生，写得一手好字，但为生活所迫，缠身于俗事之中。父亲虽未如愿成为文化人，却有四川文人的通病：爱吃。他甚至可以说是个超级"吃货"。对川菜，他不仅会品，而且会做，他从我的祖母那里得到真传的四道绝活。

父亲还精通每道川菜的典故。父亲本是个严肃的人，但喝了几口酒后，在饭桌上便不那么严肃了，话也多了起来。我在饭桌上听过至今难忘的几个四川才子兼美食家的故事。一个故事是关于金圣叹的。父亲说，金圣叹因文字狱被判斩刑。临刑前，监斩官问他有何话说。他说：花生米拌豆腐干，真好吃！父亲在家也常做花生米拌豆腐干给我们吃，将豆腐干切成小方块，拌上酱油、香油、味素，再加一点炒盐花生米，拌在一起，真是"别有一种滋味在心头"，教人至死不忘。

还有关于苏东坡创制"东坡肘子""东坡烧肉十三字诀""宫保鸡丁的'公案'""诸葛亮与馒头""李调元父子重食经""文豪做酒佣""郭沫

若与星临轩"的故事都是父亲讲给我听的。

以后，我到成都读书、工作，至今已50余年，不仅吃货本性未变，而且，"饕餮"之名愈甚，与成都的美食结下了不解之缘。

我爱交朋友，朋友从五湖四海来，我第一要务便是让客人吃一顿地道川菜，让客人翘"大拇指"，满足我这个川菜狂的虚荣心。著名科普作家叶永烈从上海来，我请他去麻婆豆腐店吃正宗"麻婆豆腐"；意大利专家团来成都，我请他们去"小天鹅"吃火锅。

我更爱在家中亲自掌灶，做"私房菜"，招待客人。"私房菜"名副其实，是我从父亲、母亲那里学到的家传的四道绝活。这四道绝活是：四喜丸子，用糯米、鸡蛋、烂肉、火腿制成，风味独特；还有红糖粉蒸肉、欢喜罐汤、盐水鸡，滋味也妙不可言，客人无一例外赞不绝口。

这四道私房菜后来用到我大儿子开的度假村"国香园"的食谱中，形成了备受吃货欢迎的特色菜。

"物极必反"，吃得过分了，便在不知不觉中危害到我的健康。

无节制地抽烟和喝酒　是健康的大敌

吃对我的身体起副作用主要在两个阶段。

一是三年困难时期以后，无节制地吃红薯。1962年，由于推行刘少奇的"三自一包"的政策，实行"调整、巩固、充实、提高"的八字方针，国家的经济形势开始好转，学校的后门外有红薯卖了，我同大哥都开始用烤红薯来补身体。几个月间，我一下子长了40斤肉，从体重80余斤长成120多斤的"胖娃"，哥哥也一样。我们为此照了一张"合肥"像，寄回家，以宽父母心。学校的条件也好了一些，我拼命地吃。青年时代无节制地吃，埋下了中年发体、肥胖的病根。

二是参加工作当了领导后，被迫陪吃、陪喝、陪抽烟。我长期担任成都制药四厂的技术副厂长，后来又兼任中国意大利政府合作建设的成都儿童营养中心主任。人们常说，企业是一根针，社会的千根线都从这个针孔中穿过去。当企业领导的天天都陪上级各部门来的人、国内外来的客户吃饭喝酒。我们厂的职工食堂，便成了招待各路英雄豪杰、三教九流的餐厅。记得，有一次，日本味之素公司的亚洲地区总裁来访，我也在这个食堂请他吃饭。他操一口标准的普通话，问我会不会说日语。我说会呀！他叫我说来听听。我顺口说了一句电影里常见的台词，但他并未生气，还从日本写了一封信，把我胡吹一通。日本人敬佩强势的中国男人！

　　陪吃陪喝，一两顿可以，天天吃，就腻了。一听要陪客人吃饭，我就头疼，尽量赖着不去。可是，不行啊。有一次，财政局来检查小金库，要我这个代理厂长陪客，我叫财务科长顶上，没去。不久，财务科的人找来了，说，财政局的人说，厂里的问题很严重，要厂里的领导来说清楚。我只好去"三陪"，陪吃陪喝酒陪抽烟，三杯酒下肚，三根中华牌香烟抽完，那位财政局来的官员表态了，说，厂里的财务制度很健全，没问题。一场虚惊就这样化解了。

　　从此，我再也不敢不去当"三陪"，"油大"吃惯了，不"三陪"的时候，每餐也离不开酒肉与"饭后一支烟，胜过活神仙"。我们单位对面有一家小餐馆，以卖肥肠著称，我们戏称它为"大使馆"。不陪客的时候，午餐我便去"大使馆"吃饭，点的菜，是我喜欢的"三大件"：萝卜烧肥肠、咸烧白及海带蹄花汤。

　　长此以往，我迅速发体了，165厘米的身高，却有80多公斤的体重，成了一个胖子。

　　更可怕的是，由于无节制的抽烟和喝酒，我开始咳嗽气喘，不要说登山、爬坡上坎，就连走平路，都有些吃力了，气喘吁吁。所以，我这个胖子并非壮汉，而是一个"虚哥""虚胖子"。

　　几次暴病之后，我开始害怕了。我想起父亲，他年轻时为了生存，经常陪客户喝酒，常喝得酩酊大醉，抽烟也很厉害，40多岁发体，50岁得慢性支气管炎，后来发展为哮喘病、肺气肿，在极为痛苦的状态中挣扎活了十多年，于64岁时便去世了。我闭着眼睛都能记得父亲最后十多年的形象，挂着一根拐棍，走10多米就要一歇，他常扶着拐杖，一面痛苦地喘气、咳嗽，一面抬头眺望，那虽只有百米，但犹如要进行"万里长征"，经过千辛万苦，才能抵达目标。

我决心，第一步戒烟限酒。戒烟的过程相当艰苦。当我第一次戒烟的时候，我一日吸半包烟。戒烟失败，我一日吸烟量增至一包香烟。我进行了第二次戒烟，又一次失败，每日吸烟量增至两包。

我的身体越来越不行了，我满48岁时，身体皮泡眼肿，行动艰难，爬三层楼梯回家，中间都要歇一次脚。爬山更不行了，一个小山坡都上不去。记得，有一次到都江堰玩，进离堆公园，离堆是一个小山包，登顶不过百来梯石级，我费了九牛二虎之力，才爬上顶，坐在走廊上，望着对面小山上刻的"离堆"二字，心潮澎湃。想当初，风华正茂，我与几个参加川大军事野营活动的战友，也曾登上离堆，在那里"粪土当年万户侯"，何等豪迈。如今，本应年富力强的我，却未老先衰，甚至很可能"壮志未酬身先死，常使英雄泪满襟"。我又想起刚去世不久的父亲，在拐扙上度过的艰难的最后十年。我徒然下了决心，必须把烟戒掉，哪怕上刀山，下火海，在痛苦中煎熬，从此再不抽一口烟。

一个"老烟灰"，要彻底戒烟，谈何容易！我吸取上两次戒烟失败的教训，再不采取逐步减量法，从开始就彻底戒！也不吃什么戒烟糖之类的安慰剂。其实，戒烟只需要自己有"壮士断腕"的决心。开始三个月，我非常难受，"革命意志"衰退，精神萎靡，饭不想吃，事不想做，文章不能写，觉得生活好没意思。这期间，烟友们的诱惑力也很难让我抵拒。单位的几位领导，调侃地把我反绑，将点燃的大中华往我嘴里塞，我宁死不屈，决不张口。他们撬不开我的嘴，只好作罢。

三个月熬过来，一切慢慢恢复正常了。我照样精神饱满地工作、有滋有味地享受生活，大块大块地写出文章。有人劝我，离了香烟，你就没了灵感，写不出好文章了。我戒烟后20多年中，写作出版了几十部上千万字的科普图书、两部长篇小说，事实证明，写文章可以同吸烟没有"一毛钱"关系！20多年来，虽然我被烟熏黄的牙齿还未完全变白，但我却再也没有抽过一口香烟。

戒烟难，限酒也不容易。说实在的，适量饮酒，并无大碍。但是，最怕的是酗酒，酗酒的危害并不小于吸烟。父亲的身体主要是被酗酒弄坏的。记得，新中国成立前他在万县强华轮船公司煤栈当经理时，在那个乱世中，他得同周围三教九流人物搞好关系，他还为此加入了袍哥，当红旗管事。他同三教九流搞好关系的敲门砖，便是豪饮，与他们一起醉生梦死。我多少次看到父亲喝得酩酊大醉后被人抬回家，有时要一两天才醒过来。并且，每次大醉后，身体便要坏很多，咳嗽哮喘也会越来越严重。

我参加工作以后，也有过两次大醉的经历。一次是我参加50军药厂建成投产的庆功宴，由于我是这个药厂的主要设计人和现场指挥，参会的人人都来给我敬酒。当我已喝得半醉的时候，一个彝族干部突然亮出杀手锏，他打开了一瓶一斤装的五粮液，均匀地分装在两个大酒杯里，二话不说，先带头干了那杯半斤酒，然后说："司令政委的敬酒你喝了，我们少数民族干部的酒喝不喝？"这是没法拒绝的，虽我已不想喝，也不能喝，但仍毫不犹豫地一口气把那半斤酒喝了。我同本厂援建组的同仁，机修车间的主任范俊清骑自行车回来，走到九眼桥，感到双手不听使唤了，自行车老往人家汽车上闯，在经历了几次惊险的闯车特技表演后，跌跌撞撞骑回厂里的单身宿舍，我丢开了车，一头扎到床上，还习惯地点燃了一支香烟，过"活神仙"的日子。我立即沉沉睡去，一会儿工夫，一股浓烟味把我呛醒。香烟点着了被褥，烧起来了。我翻身起床，找到脚边未倒的一盆洗脸水，泼了下去，一场火灾才得以避免。

还有一次，我带制药车间的骨干到云南军区制药厂去参观。这个制药厂我也是主要设计者之一，药厂自然是当贵宾接待。这次干部战士先敬酒，药厂政委进行最后打击，让我喝下压死骆驼的最后半斤茅台酒以后，我就不行了，直至第二天早上，我才醒来，同行的部下，后来厂党委的副书记贺思明对我说，我坐在板凳上，跷着二郎腿睡着了，是司令将你的二郎腿硬掰了下

219

来，政委把你背进屋，帮你脱鞋的。

每次酗酒以后，我都要咳嗽很久，身体仿佛受了一次沉重打击。

在下定决心戒烟之时，我同时也下决心限酒，每顿酒，无论什么情况，绝不喝一两（50克）以上。有一次，到北川考察，北川县政府和县科协在尔玛山庄举办宴会欢迎"科学四川万里行"考察团。宴会举行到一半，眼看劝酒仪式就要举行。那是一个由羌族妹子唱着劝酒歌，提着你的耳朵灌酒，任何人也无法不喝的场合。我以上厕所为名，溜到一个地方躲了起来，千呼万唤不出来，直到酒会散席，我才悄悄地溜出来，让后来在大地震中遇难的县科协主席王怀俊好一阵抱怨。

自从得了糖尿病以后，我基本滴酒不沾，宴会上也因我有病无人敢强行劝酒、灌酒。倒是有几次，我的健康状态好时，自己放松了对自己的约束，喝起小酒来。但是，经过几次疾病复发的折磨后，我对自己的"限酒令"严格起来。平时绝不喝酒，遇上喜事宴会，喝点啤酒、葡萄酒表示表示，白酒也不完全拒绝，但以每次10克为限，润润嘴，闻闻酒香，过过酒瘾，足矣。

管住嘴首先得有营养学知识　我的一日三餐有讲究

管住嘴，最不好管的是一日三餐，天天必吃的，一日不可或缺。如今生活好了，不愁吃喝，一日三餐有鱼肉，美食的诱惑无处不在，如何管住自己的嘴呢？

这必须得有营养学知识。自从我负责中国与意大利政府合作建设成都儿童营养中心以来，因工作需要，我自学营养学知识，到意大利国立营养院考察，向意大利营养学家安娜·费洛露西教授及援建的联合国营养学家学习，同华西医院的营养学家彭恕生、郑德元教授，参与营养中心工作的川医营养学教师，被中心派往意大利国立营养院进修，后来向成了教授的徐维光、吴开敏学习，懂得了一些营养学知识，逐步摸索出一套节制饮食的办法来。

饮食营养卫生的核心是"合理""平衡"，解决"吃什么""吃多少""怎么吃"的问题。不同年龄、不同性别、不同体重的人，所需要的各类营养是有区别的。我国营养学会，根据对不同人群营养素需求量的研究成果，制定了我国各种人群的每日营养素供求量标准。这个标准，是家庭配餐的参考。人所需要的营养素主要有七大类：碳水化合物、脂肪、蛋白质、维生素、矿物质、水和粗纤维。

营养学家制订了家庭配餐的平衡膳食宝塔。平衡膳食宝塔提出了一个营养上比较理想的膳食模式。平衡膳食宝塔共分五层，包含我们每天应吃的主要食物种类。宝塔各层位置和面积不同，在这一定程度上反映出各类食物在膳食中的地位和应占的比例。

底层：谷类食物，每人每天应该吃300-500克。

第二层：蔬菜每天应吃400-500克、水果每天应吃100-200克。

第三层：鱼、禽、肉、蛋等动物性食物，每天应该吃125-200克。（鱼虾类50克，畜、禽肉50-100克，蛋类25-50克。）

第四层：奶类和豆类食物。每天应吃奶制品100克和豆类及豆制品50克。

第五层塔尖：油脂类，每天不超过25克。

根据我的环境条件及营养学原理，我摸索了一套具体的实施方案。

有人编了一个关于一日三餐膳食分配的顺口溜，是合乎营养学基本原则的："早饭要吃得好，一杯牛奶一个鸡蛋不能少；午饭要吃得饱，不要一碗方便面一个汉堡包打发了；晚饭要吃得少，不要大吃大喝把人吃坏了。"

三餐分配要合理。一般早、中、晚餐的能量占总能量的比例是这样的：早餐占25%-30%，午餐占40%，晚餐占30%-35%。必要时下午3点左右可吃一次午点。

吃好早餐非常重要，一顿质量好的早餐，可以供给人体和大脑需要的能量和营养素，使人精力充沛，思维活跃，工作和学习效率提高，记忆力增强。不吃早餐或吃得太少使人没有精神，思维迟钝，记忆力下降，甚至会产生低血糖。早餐应包括谷类（馒头、面包、小点心等）、肉蛋类（一个鸡蛋或少量肉、肠等）、一杯牛奶（约250毫升），水果或蔬菜（一些小青菜、

我的早餐

早餐要吃得好，这花生米含油量高，千万别吃多了

我的午餐

午餐要吃得饱，主食副食品种繁多，蔬菜副食当主力，主食变辅食，吃得杂吃得少，每样一点点，平衡营养，平衡膳食，咱老百姓也能做到

我的晚餐

晚餐要吃得少，一大盆青菜，一点点肉，一点点饭就可以了

泡菜或纯果汁。

我的一日三餐是这样安排的。

早餐：一个25克的小花圈，一个鸡蛋、一杯牛奶（约250毫升），一小碟泡菜，10几颗油炸花生米。

午晚餐：一荤一素一汤。荤是俏荤（四川话：肉菜合炒），主要是用大火爆炒，这是营养学家最为推崇的一种烹饪方式，因为用这种方式烹饪菜肴营养损失最少，有毒有害物质的产生量也最低。肉多为猪肉的肉丝肉片碎肉，以及牛肉泥、鸡肉丁等，多样化。俏荤和素菜中的品种，要多样化，凡市场有的品种都要吃，不要"盯"着一种菜吃。由于我是糖尿病患者，主食吃得少，每餐25克左右，且吃的饭较硬，不吃稀饭，也很少吃面食，以免瞬间血糖升得太快。蔬菜要多吃，每餐吃鲜菜250克以上。汤则多吃素菜汤，鲜菜放进开水锅中，稍烫一下就起锅，放点盐、香油、鲜味剂即可。

这样简单的饮食，对于我这种"吃货"，天天坚持，却没那么简单。因为，要抗住美食的诱惑，谈何容易！我的好友吴显奎的太太张卫星常对人讲看我吃宴席的故事：一种我心仪的菜，如咸烧白，旋转餐桌经过我面前，第一圈，我会假装没看见，第二圈，虽看了一眼，但我还是忍住了，没动筷，第三圈，只剩一片了，忍不住伸筷夹起，以迅雷不及掩耳之势塞进口中，还咕噜一声："管他的！"这使那些时刻关心我的健康，监督我的姐妹都来不及制止，只能惊呼一声："唉呀！"

但是，管住嘴，又是维持身体健康必须长期要做的事，不是一日二日，贵在坚持。后来，我通过同营养大师们交往，明白了一个道理，其实，健康人也好，病人也好，哪怕是糖尿病人，都没有什么忌食。喜欢吃的东西都可以吃，包括甜食、肥肉、内脏。只是不能多吃，每样吃一点点，解解馋，是没有什么问题的。食品营养学最基本的铁律就是食物没有好坏，多了少了就叫坏，不多不少膳食平衡就叫好，没有最好的食物也没有最坏的食物。比如维生素吃多了会中毒，缺少了会生病；过少或过量食用食盐，同样也会影响健康。

营养学不难学　做到一"杂"、三"多"、三"少"、六"常"就行

对于怎样才算吃得好？我们可以应用现代营养科学的成果，根据不同人群对营养的需求量标准，在家庭饮食的制作中，将饭菜肉蛋蔬菜水果合理搭配，营养素平衡合理，七种营养素齐全，每种不多又不少，成为人体能充分吸收利用的平衡膳食。七种营养素是指人体所必需的营养素蛋白质、脂类、糖类、维生素、水、矿物质、纤维素等七类。中国营养学会制定了中国人每人营养素供应标准。一般人很难掌握这个标准。我根据这个标准，结合营养学的原则，摸索出一个人人能掌控，容易管住嘴的家庭配餐办法。

我制定的家庭配餐总的原则是，在保持营养素平衡的前提下，能满足人体正常生理需要，主副食按适当比例配置，饮食内含的七大营养素齐全，比例恰当，达到中国人每日营养素需求标准，对一些非必需营养素也要适当补充，做到一"杂"、三"多"、三"少"、六"常"。

一 "杂"

要吃得杂，细粮粗粮、瘦肉奶蛋、蔬菜水果，样样都适量吃一点，才能满足身体对各种营养素的需要。

食物是多种多样的，主要包括以下五大类：第一类为谷类及薯类；第二类为动物性食物；第三类为豆类及其制品；第四类为蔬菜水果类；第五类为纯热能食物：包括动植物油、淀粉、食用糖和酒类，主要提供能量。植物油还可提供维生素E和必需脂肪酸。各种食物所含的营养成分不完全相同。除母乳外，任何一种天然食物都不能提供人体所需的全部营养素，平衡膳食必须由多种食物组成，才能满足人体各种营养需要，达到合理营养、促进健康的目的，因而要提倡人们广泛食用多种食物。

三 "多"

多吃蔬菜、水果和薯类。

蔬菜、水果和薯类含有丰富的维生素、矿物质、淀粉、膳食纤维。这类食品对保持心血管健康，增强抗病能力、预防某些癌症等方面，起着十分重要的作用。菜的种类繁多，包括植物的叶、茎、花苔、茄果、鲜豆、食用菌，不同品种所含营养成分不尽相同，甚至很悬殊，样样都可以吃，无所谓好坏。

蔬菜：红、黄、绿等深色的蔬菜中维生素含量超过浅色蔬菜和一般水果，它们是胡萝卜素、维生素B2、维生素C和叶酸、矿物质（钙、磷、钾、镁、铁），以及膳食纤维和天然抗氧化物的主要或重要来源。我国近年来开发的野果如猕猴桃、刺梨、沙棘、黑加仑等也是维生素C、胡萝卜素的丰富来源。

水果：有些水果维生素及一些微量元素的含量不如新鲜蔬菜，但水果含有的葡萄糖、果酸、柠檬酸、苹果酸、果胶等物质又比蔬菜丰富。红黄色水果如鲜枣、柑橘、柿子和杏等是维生素C和胡萝卜素的来源。

薯类：薯类含有丰富的淀粉、膳食纤维，以及各种维生素和矿物质，人要多吃些薯类，特别是红薯。

三 "少"

少吃肥肉、荤油和食盐。

肥肉和荤油为高能量和高脂肪食物，摄入过多往往会引起肥胖，并是某些慢性病的危险因素，应当少吃。目前猪肉仍是我国居民的主要肉食，猪肉脂肪含量高，鸡、鱼、兔、牛肉等动物性食物含蛋白质较高，脂肪较低，产生的能量远低于猪肉。应大力提倡吃这些食物，适当减少猪肉的消费比例。植物油也不能吃得过多。

我国居民食盐摄入量过多，平均值是世界卫生组织建议值的两倍以上。流行病学调查表明，钠的摄入量与高血压发病呈正比，因而食盐不宜过多。世界卫生组织建议每人每日食盐用量以不超过6克为宜。膳食钠的来源除食盐外还包括酱油、咸菜、味精等高钠食品及含钠的加工食品等。应从幼年就养成吃少盐膳食的习惯。

吃清淡膳食有利于健康，即不要太油腻、不要太咸，不要过多地食用动物性食物和油炸、烟熏食物。

六 "常"

常吃奶类、豆类或其制品、鱼、禽、蛋、瘦肉。

奶类除含丰富的优质蛋白质和维生素外，含钙量较高，且利用率也很高，是天然钙质的极好来源。我国居民膳食提供的钙质普遍偏低，平均只达到推荐供给量的一半左右。大量的研究工作表明，给人体适量补钙可以提高其骨密度，从而延缓其发生骨质丢失的速度，预防骨质疏松症。

豆类是我国的传统食品，含大量的优质蛋白质、不饱和脂肪酸，钙及维生素B1、维生素B2、烟酸等。多食豆类，可防止城市中过多消费肉类带来的不利影响。

鱼、禽、蛋、瘦肉等动物性食物是优质蛋白质、脂溶性维生素和矿物质的良好来源。动物性蛋白质的氨基酸组成更适合人体需要，且赖氨酸含量较高，有利于补充植物蛋白质中赖氨酸的不足。肉类中铁的利用较好，鱼类特别是海产鱼所含不饱和脂肪酸有降低血脂和防止血栓形成的作用。动物肝脏含维生素A极为丰富，还富含维生素B12、叶酸等。但有些脏器如肾等所含胆固醇相当高，对预防心血管系统疾病不利。我国一部分城市和绝大多数农村居民平均吃动物性食物的量还不够，应适当增加摄入量。但部分大城市居民动物性食物摄入过多，吃谷类和蔬菜不足，这对健康不利。

有了这些认识，我便可以灵活掌握一日三餐的菜单。那些我特别爱吃的东西，肥肠、肝腰合炒、蹄花汤、咸烧白、油条、甜油糕，偶尔吃一点，并无大碍，既解馋，又破除了逆反心理，反而不会成天念念不忘这些我不宜多吃的东西了。而且，如果你今天多吃了一个蛋糕，你就要减少其他碳水合物的摄入量，时时注意营养平衡就行了。

这样，我的嘴就被管住了。

管住嘴，一时可以，坚持却难。我毕生探索"庖厨"之谜，主编过《寻味中国》丛书，写过《寻味中国——成都·重庆卷》。美食的诱惑太大了。我一旦放松警惕，便会明知故犯，糖尿病就会卷土重来。我在十五年的糖尿病史中，屡戒屡犯。直至今年1月，去三亚疗养，又犯了一次，那是在三亚吃稀饭、油条、小米粥惹的祸。

第十六章
养生——吃药不能"水"

"养生"的第三大要素是"吃药不能马虎"。

该吃药时就吃药　吃药千万不能马虎
接受预防医学新理念　保健药作用大
三七有神效　每天吃一点点保健康

该吃药时就吃药　吃药千万不能马虎

四川话里的"水"，是"马虎"的意思。吃药不能"水"，就是吃药不要马虎的意思。

有一种说法是，一切顺应自然，是药三分毒，生病了也应尽量抗住，能不吃药就不吃，即便是拉肚子，也要让它拉个够，把毒排出来再说。

这一种说法有一定道理，但不全面。药物不能乱吃，抗生素不能滥用，但当你身体需要时，该吃的药还是一定要吃的。有一个简单的事实是，人类平均寿命的延长，与药物有极大的正相关。抗生素和疫苗对人类平均寿命延长的贡献，至少在10岁。

现代医学有了进一步的发展，从以治病为主，走向以预防为主，防患于未然。于是，保健药物兴起，成为许多人的日常用药，对预防疾病、提高生活质量、延长人类寿命，起着越来越大的作用。

我接触保健类药物是在负责建设成都儿童营养中心期间。我见中心顾问、川医营养专家徐维光那么健壮、精神，就向他讨教养生的秘诀。他掏出了一堆药片，全是维生素类药，有维生素A、B、C、D、E，各种各样，五光十色，他说自己每天都按一定的配方补充营养，坚持不懈，才有今天的健康。

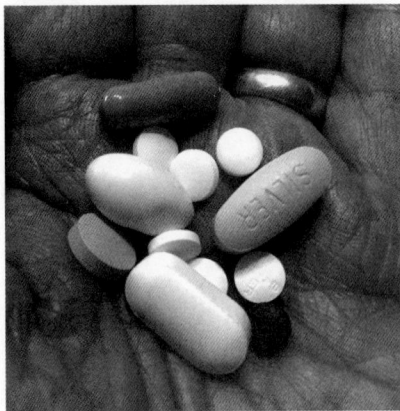

我的保健药

每天3种保健药（善存银片、阿司匹林、易得钙），8种治疗药（两种主药为二甲双胍和力平之，治糖尿病与高血脂症；5种辅药，保肾、肝、脑等重要器官），每天早上一次吞服，没有一天懈怠，保了我这个有15年糖尿病史的人未发任何并发症

　　我请徐教授给我开了一个配方，欲仿效之。但药的种类太多，我很快感到烦，没坚持下去。不过，后来，美国惠氏公司的善存片进入了中国。这是一种多种维生素和矿物质的合剂。进入中国的善存片，根据中国人饮食特点，有的放矢地补充中国人易缺乏的维生素和矿物质营养。还有一种专门针对50岁以上中老年人研制的善存银片，含29种维生素和矿物质，补充营养，每天吃一粒，补充营养全面又方便。我同太太常备善存银片，每天吃一粒，20多年来，长期坚持，没有一日怠懈。

　　我长期坚持吃的另一种保健药阿斯匹林，是华西医大汪教授向我推荐的。他知道我的心血管系统有毛病后，推荐我每日吃100～200mg阿司匹林。阿司匹林对血小板聚集有抑制作用，可降低急性心肌梗死，脑卒中、心绞痛发病的风险，特别适合我这种具有心血管疾病危险因素，即糖尿病、高血脂、肥胖、有抽烟史的人服用。所以，我坚持每天服一片100mg的阿斯匹林，已坚持了许多年，从无一天间断。

　　易得钙，我也每天必吃。自从坚持服用易得钙，我小腿常抽筋的毛病根治了，而且牙齿好得很，最硬的干胡豆都咬得动。

接受预防医学新理念　保健药作用大

　　十年前，有朋友介绍我服用三七。我本来对吃中药补药不感兴趣。如虫草之类，我都嗤之以鼻，不予理睬。但是，在我试着每天吃一匙三七粉一段时间后，发现身体发生了许多明显的改变，比如上楼梯不累了，可以一口气走上七楼；爬坡上坎不费力了。有一次，几个年轻人同我一起去青川地震遗址考察，我健步如飞，面不改色心不跳，把几个气喘吁吁的年轻人甩到了后面。

　　我适应海拔高度的能力也有了提高。记得2001年时，我不顾自己有过病毒性心肌炎的历史，硬闯位于青藏高原边缘的贡嘎山海螺沟，刚到位于海拔约3000米的2号营地，心脏便乱跳起来，吃完了所带的全部救心丸也不管用。

第二天一大早赶紧下山，一到海拔2500米，我的心脏突然老实了，回到心腔，有节律地跳起来。从此，我将海拔2500米以上的高山定为我的禁区。

俗话说，"仁者爱山，智者乐水"。我是山也爱，水也爱，只不过，事到如今，我也只好忍痛割掉"山"这一"爱"，专找低海拔的湖泊、河流或大海去"乐水"了。

然而，我心有不甘，难道这辈子连青藏高原都没上，就"了结"了？

在长期吃三七后，我感到身体状况大有改善，便试着突破海拔2500米的禁区，去我热爱的高山上探险。2010年，我为了完成西博会礼品书《美丽西部》的写作任务，让董晶驾车，去大西北考察。青藏高原近在咫尺，进不进？当然要去看一看，看一眼也好，看一眼后就退回安全线。我制订了一个速战速决进青藏高原的计划，并带了一个氧气瓶，天天加大吃三七的量，还买了几盒红景天，以备万一。

但是，2010年4月7日，当我到达兰州，准备实施去青海湖计划的时候，查了查地图，我犹豫了。我向董晶说，青海湖水平面海拔高度已达3200米，周围更高了，要到格尔木去，并从格尔木到敦煌，要穿过一系列海拔3500-4000米的山口，这些高度对我来说都是要命的。算了吧，不进去了！

4月8日一大早，在兰州住了一晚上以后，我又蠢蠢欲动了。我想，此次带了一个氧气瓶，又天天吃三七、"红景天"，不妨试一试，先去青海湖，不对就退回来。我同董晶商量，他虽心里有些"虚"，但觉得有氧气瓶保驾，也不会有什么大问题，如果感觉真的不适应，就赶紧戴着氧气面罩往下撤，应该问题不大。

走，向青藏高原前进！"人终有一死，完蛋就完蛋！""九死南荒吾不悔，兹游奇绝冠平生！"

早上7点不到，董晶在"逍客"后排座上安好氧气瓶，试了试氧气面罩，做好我随时都可以吸氧的准备，并一人吃了两颗"红景天"，就向青海进发了。我们很快到达青海境内，经过西宁的时候，我们下车在海拔约2300米的西宁吃了顿牛肉拉面作早餐，我试探着在这儿活动了几下，没有大的问题。

继续前进！

出了西宁，没有多久就抵达了青海湖的边上。海拔越来越高，我的心脏开始出现异动。我赶快带上面罩，呼上几口纯氧，心脏异动很快消失了。问题不大，继续前进！

我们终于看到了青海湖。好蓝的湖水，好开阔的水面，"蓝蓝的天上白云飘"，蔚蓝色的湖水与蓝天相接，"海天一色"，比我在大连、青岛、厦门、北戴河、北海、三亚看到的海还美，还开阔！

这里没有环境污染，纯净的海水、纯净的空气、纯净的蓝天，在当今中国，哪儿还能找到比这儿更纯净的"碧海蓝天"呢？难怪《中国国家地理》杂志评选"中国最美的5个湖泊"，青海湖超越新疆喀纳斯湖、西藏纳木错、吉林长白山天池、浙江西湖，名列榜首。

我们隔着湖滩地看了一会儿青海湖，觉得不过瘾。于是我们想凭着我们越野车的霸道，直接从湖滩地冲到青海湖边去近距离亲近这美丽的圣湖。可惜，不知道是因为周边牧民的"圈地运动"还是青海湖的保护措施，沿湖都有一圈铁丝栏杆，下不去。

我试着下车，在青海湖边走了一阵，自我感觉良好，"野心"便膨胀起来。不能看一眼就走，我们得沿湖走一段！这一走，就围青海湖走了半圈。这半圈的100多千米，处处风景如画，更有时远时近的如黛青海给我们不小的视觉冲击。

我的野心继续膨胀，"色胆包天"的我们，为青海湖和高原美色所惑，胆子越来越大，干脆决定不走回头路，继续前进，深入青藏高原，直奔格尔木。争取在氧气瓶容量的限制下在高原待一个晚上，两天走完青藏高原，到达敦煌就是胜利。

我们向高原前进，海拔越来越高，常常要翻山越岭，3400米、3600米、3800米，看着海拔表的数字越来越大，我的心脏也不断出现异动，赶紧吸氧！就这样一次次吸氧，一次次过关。

离开察尔汗盐湖后，我们沿着215国道，在青藏高原上、柴达木盆地中疾驶。我们在这里遇到了风力10级左右的特大沙尘暴，我们能顺利穿越这几百公里的特大沙尘暴区，要归功于高原上特好的"油面"公路。

这几百公里路，海拔很高，基本保持在海拔3000米以上，有几个山口还达到了3600米的高度。过阿尔金山海拔3600米的山口时，我吸完了最后一口氧气。幸好，马上就开始下山了。

下山的路很不好走，很差的老国道，很陡，几十公里海拔就下降了1500米，但我却觉得很舒服。空气中的氧气越来越浓，我痛快地呼吸着，我的心脏"兄弟"欢快地跳着。

晚上近12点时，我们在敦煌市区内住下来。敦煌市海拔仅2000米，进入我生命的安全线，我们实现了在青藏高原上的成功穿越，也突破了我的禁区：偶尔到3000米左右的山上玩一玩，只要不剧烈运动，就没事。

听说，中国建设青藏铁路中，创造高原医学史高原病零死亡的奇迹，除了诸多措施以外，每天给职工吃的三七粉便是一件秘密武器，比红景天的效力大而持久。

三七有神效　每天吃一点点保健康

我能突破自己的生命禁区，也一半要归功于每日吃一匙三七粉。

三七为什么有如此神效呢？

三七粉是三七主根加工成的粉末，没有经过任何的添加，药效和三七主根一样，依然属于纯中药，具有活血化瘀、补血养血的双向调节功效，长期服用可软化血管，对促进血液健康有很好的效果，能够预防多种心脑血管病。

三七粉中主要成分是三七皂苷等活性成分，不含有对人体有害的物质，服用三七粉是没有副作用的。

三七属于"药膳同源"中药材，就是说三七是药材，同时也是食物，可以当作食物食用。总的来说，服用三七粉基本上百无禁忌。三七粉的服用方法最好是'少量多次'，就是说每次服用的量尽量少一点，分多次服用。有研究表明，三七粉服用少量的效果比服用大量的效果还要好，不是服用越多越好。若用于一般保健，正常体质每天3-5克，分2-3次服用较为合适。

我服用三七粉的方法是将之与金钱草混在一起泡服，当茶喝。中医认为，生食三七粉活血化瘀，熟食则有调节新陈代谢，增强体质的功效，对60岁以上的老年人，特别是具有高血压、高血脂、失眠等病的人而言，是一种温和的补品。金钱草则有预防结石病的功效。我曾两次因尿路结石住院，自从坚持天天喝金钱草茶以后，已有几年未发结石病了。

作为一个糖尿病患者，我有一套坚持吃了10多年的药伍配方，包括西格列汀片、二甲双胍、拜糖平等有效的治疗药物，以及预防糖尿病并发症的药物，比如，保护肾的胰激汰原酶肠溶片、保护心血管系统的阿司匹林，保护神经系统的甲钴铵片，保护骨骼系统的易得钙，降低血脂的力平之，从补品到药品共十余种，每天按时按量服用，一天也不能"水"！

吃这么多药，每天配伍，既麻烦又难以坚持。我每十天配一次药，分装在十个药盒的格子中。每天早上饭前吃一次，简捷方便。出差出国亦如此，事先配好了药，就能够坚持，一天不落。什么事都贵在坚持。"吃药不'水'"，是保障身体健康的重要秘诀之一。

第十七章
心静如止水

"养生"要和"养心"相配合，那就是：心静如止水。

淡泊名利　才能做到心静如止水
提前从协会领导岗位"退休"　渴望过"三不看"的生活
隐居在温江金河谷的乡下　写出了我一生中最重要的几部著作

淡泊名利　才能做到心静如止水

淡泊名利，才能做到心静如止水。要达成心静的目标，生活中，要学会放下。2012年，我满70岁。在此之前两年，我就在酝酿第二次退休，从社团领导岗位上退下来。按当时的规定，社团领导最高年龄70岁。但届时不退，赖个三五年，也是没有问题的。

中国封建传统中当上"官"者容易"恋权"，大人物如此，小人物亦然。

小人物，如我们这些专业或行业协会的领导人，到了规定要退出的年龄，死赖着不下台，无所作为也不在乎，只抱着一个虚名不放。

掌权的，无论是大人物，还是小人物，他们没有自知之明，不知自然规律，不知人在晚年，人的精力，已不足以担大任。为了那一张可怜的"老脸皮"，硬撑下去，必然会害人害团体也害自己，甚至祸国殃民。

小人物掌控的权力不大，但死赖着不下台也会在他所控制的范围内产生严重的恶果。如一个我熟知的国家级协会的"四大"，就在这样一个实际掌权人的控制下，拖了十多年才换届，使这个协会从事的事业发展受到了极大的损害。还有体制外的民间团体，也是八九十岁，甚至近百岁，都不愿意放弃一把手的地位。鲜花和掌声，对他们来说，比生命还重要。他们心中装的，只有自己的利益，自己的得失，自己的"脸"，哪里有一丝丝为事业发展着想的考量。

10年前，当我接掌了四川省科普作家协会主席职务的时候，我已年近60，那时候，我就开始考虑退出机制。我经常公开批评那些死抱着权力不放的大人物、小人物，不要轮到自己了也来这一套。而且，我认为，要打破中国几千年来的封建传统，打破"官本位"制国家的恶习，必须从每个人做起，不论是大人物，还是小人物，形成一个"癞皮狗可耻，急流勇退光荣"的社会氛围，那样，我们的中华民族就更有希望了。

于是，第一步，在我接任四川省科普作家协会主席的时候，带领成都市科普作家协会老一代的理事会成员离开了领导岗位，到省级去发展，协助成都市科普作家协会构建了以陈俊明为首的、以中青年科普作家为核心的新的领导班子。

2010年9月，我又提前主动带领老一代的理事会成员退出了领导班子，推荐协助构建了以吴显奎为首的、以中青年科普作家为核心的新的领导班子。

2011年4月30日，四川省科普作家协会召开了第六次代表大会，授予我、刘兴诗和王晓达等几位老一辈科普作家"科普创作终身成就奖"。这是对我们科普创作成就的肯定，也是对我们这些接班人的激励和标榜。在这次大会上，我光荣地卸下了省科普作协领导的担子。很多人都不理解，为何我在把协会搞得风风火火的时候急流勇退。其实，这不是我的退，这是我的以退为进，我这是将自己有限的精力更好地发挥到创作中，更好地去做自己喜爱的科普事业。

四川省科普作家协会第六次代表大会合影（第1排左7为四川省科学技术协会副主席黄竞跃，左8为笔者，左9为四川省科学技术协会党组书记兼副主席吴凯）

我担任两届四川省科普作家协会理事长，在长达十年的历程中，我呕心沥血，竭尽全力为大家服务，"行止无愧天地"

提前从协会领导岗位"退休"　渴望过"三不看"的生活

说到从协会退休的原因，我说："原因有三，一是省科普作协是在2006年9月召开五大并换届的，2011年9月任期届满，是该筹备换届工作的时候了。二是中国科普作家协会2011年要进行换届，届时要我会推举中国科普作协代表和进入理事会人选，为保持工作的连续性，应推举省科普作协新一代的骨干进入中国科普作协领导班子。三是我年事已高，无力再兼任两个协会的领导重任。我目前虽自我感觉身体越来越好、活得越来越有滋有味，但不得不承认自然规律无人可以抗拒，是到了薪尽火传，交班的时候了。此外，还有一个个人原因，使我急于交班。我自从2001年接任省科普作协领导重任以来，快十年了，我全身心投入，心力交瘁，该我歇歇了。正如杰克·伦敦所言：'我唱够了，我放下琵琶。'"

我渴望过一种新的生活。这种生活有以下两个要点：

一个要点是自由、无压力，不受气。这种日子最好之处是不看人的脸色行色，一不看上级的脸色行事，二不看下级的脸色行事，三不看同僚的脸色行事。但是，由于我又在"科普事业"中重新上岗，担任了社团领导职务，便不得不还要"三看"。一看上级的脸色行事，因为你要为协会争项目、找经费，有时不得不低三下四，"人在屋檐下，不得不低头"；二是看下级的脸色行事，因为下级多是志愿者，与你没有利益关系，一言不合、一意不合，便会离开协会，为了协会的工作顺利进行，我也不得不看他们的脸色行事；三看同僚的脸色行事，协会领导班子的成员代表各方面的力量，为了协会的工作、科普作家的团结，我不能得罪他们。因此，我要在"事业"岗位上第二次退休，彻底实现"三不看"理想，舒舒坦坦地过几十年，直至生命"退休"。

2011年5月21日，以吴显奎为首的新一届四川省科普作家协会领导班子，为我举办了隆重的七十寿辰（虚岁）暨作品研讨会，为我的科普社会活动打上句号，开始我的第二次退休生活。

　　根据我的请求，会议在小范围内进行，仅有协会负责人吴显奎、陈俊明、黄寰、杨再华、董晶及协会会员也是我的挚友代表张昌余、张文敬、赵健、雷华、王道义、姚海军、何杨、程婧波、尹代群、杨枫、陈红卫、董绪公、刘璟瑜，省市县科协代表傅强（四川省科协组宣部长）、周益光（成都市科协正厅级巡视员）、兰盛军（彭州市科协主席）及我亲属出席会议，共40余人。

　　协会理事长吴显奎主持了会议并发言，把我夸了一番，并写了一首诗——《抢滩纤夫——献给挚友董仁威》祝贺。

朋友，您见过气势雄浑的川江吗？
那澎湃的江水滔滔奔流，
冲击崖壁发出虎啸的怒吼。
江风狂卷，乱石穿空，
在这万马奔腾般的江面上，
一艘科学文明的大船逆流走。

第一个铆足劲头的拉纤者，
不就是董仁威吗？
他脚如铁板腰如弓，
面红耳赤气势雄，
抢滩吼声排山倒，
世人评说，赢得一片赞声宏！

寿辰庆典暨作品研讨会（2011年）

　　十年辛劳，亲朋公认，但"宋江难结万人缘"，因处置不当，或措辞不妥，也得罪过个别老朋友，引来责难，但"褒贬自有春秋"，任人评说

　　接着，协会副理事长陈俊明教授作了《"赛先生的忠诚战士"眼里美不胜收——赞董仁威先生的"美丽系列"》为题的发言；协会副理事长黄寰教授作了《与快乐人做快乐事——从两部"百科"谈起董老师的快乐观》为题的发言；协会秘书长董晶做了《创作就是创新——董仁威在专业领域的科普

作品初探》为题的发言，并介绍了他与何定镛合作著写的《"拼命三郎"的乐天人生》。

我的知己杨再华为我做了一篇题目是《"情天大圣"快乐今生——贺董仁威先生七十寿辰》的贺寿词，对我的人品做了一个令人愧不敢当的评价。我的知己杨再华是我一生的"福星"，她用真诚纯洁的友谊呵护着我。在我一生最需要她的时候，她都会出现在我的面前，帮助我度过精神危机，闯过难关。

最后，8岁的孙女董舟洋代表家属朗诵了祝寿词：

爷爷

您就像白天的太阳

用和煦的阳光

照耀了爸爸成人

又照耀着我们长大

爷爷

您就像晚上的月亮

用温柔的目光

看顾着我们甜美的梦乡

爷爷

我们想对您说

您太辛苦了

多多休息 注意健康

您的身体可不像传说中那么健壮

爷爷

我想对您说

今天是您的生日

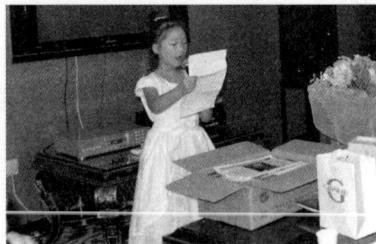

孙女董舟洋代表亲属朗诵祝寿词

我有两个可爱至极的孙儿董开泰、孙女董舟洋，看到他们，心中就充满了快乐，忘记了一切烦恼

240

我祝您天天开心　万寿无疆

　　我最后发言，感谢新领导班子为我组织作品研讨活动，并为我做寿，感谢参会的所有亲朋好友。

　　我说："祝寿实不敢当，诚惶诚恐，因此，我建议不要请协会大佬级的人物参加这次活动。因为祝寿是在平辈及晚辈之间进行的，请这些前辈来，他们虽都是我的挚友、良师益友，但他们比我'高、大、全'，我是晚辈、'小'字辈、'小'家，他们是前辈、'大'字辈、'大'家，让他们参加我的祝寿活动不对称、不平衡，折杀老夫！所以，请我的这些挚友、老友体谅组织者和我的良苦用心。为什么我又同意协会组织这次我承受不起的活动呢？原因很简单，我想借此机会举行一次'人生告别活动'。这是我在看电影《非诚勿扰2》时学到的，秦奋为他的挚友李香山进行了一场人生告别活动，很精彩。不过，大家不要怕，我的这次人生告别活动与李香山的人生告别活动不同，我是告别第二人生，开始第三人生。

　　1990年，我的心脏停止了跳动，第一人生结束了。以后，在医生的帮助下，"阎王"将我送回人间，使我开始了第二人生。我在第二人生中已活了21年，现在，已进入了我第二人生的一个终点。这个终点不是生理上的，而是职业上的。2002年，我从第一职业药厂副厂长兼成都儿童营养中心主任的岗位上退休，然后在第二职业——四川省科普作家协会领导岗位上上岗。2011年4月30日，我又从第二职业岗位上下岗。一句话，我的职业生涯结束了，换用一句老套话来说，就是我的'政治生命'结束了。所以我说，我的第二生命结束了。

　　我要开始第三次生命历程，过彻底退休后的第三人生。第三人生准备怎么过？一是只同我想交往的人交往，在座的每一位及未在座的许多朋友就是我最想交往的人，能够互相陪伴度过一生、'白头偕老'的人，你们是我第三人生中最亲密的伙伴、最亲爱的兄弟姊妹。二是只做我喜欢做的事，现在，我喜欢做的第一件事是旅游，我将在体力允许的情况下，走遍世界；

我最喜欢做的第二件事是写书、出书。三是写我愿意写的书,最近,稿约很多,让我目不暇接,但我愿意写的东西不多。做完这两件活,今后再接活,我就要仔细考量,不要违背'三不'原则了。

各位朋友,各位兄弟姊妹,今天,我们在这里借为我祝寿的名头相聚,真是我三生有幸。愿我在诸君的亲情、友情陪伴下,度过一个乐天的第三人生! 谢谢! "

最后,主宾共唱《生日快乐》,祝愿我科普创作第三人生越来越精彩。

隐居在温江金河谷的乡下　写出了我一生中最重要的几部著作

从2011年至2016年,我隐居在温江金河谷的乡下,五年中,写出了我一生中最重要的几部著作,并陆续得到出版,受到了社会较广泛的关注。除了北京的科普出版社、人民邮电出版社、清华大学出版社、北京出版社出版了我创作的一系列图书:《转基因技术漫谈》《穿越2012——中国科幻名家评传》《<人类在自然界中的位置>解读》《寻味中国》和我主编的《流浪地球——华语科幻星云奖奠基作品选》《想象力的盛宴——第五届华语科幻星云奖奠基作品选》《中国科幻名家名作大系》等,除此之外我主编并主创的《科普创作通览》在2014年由科普出版社出版后,引起了较大的反响。

2014年10月24日晚,恰逢中国科普作家协会35周年庆典,由中国科普作家协会主办,科学普及出版社和中国科普研究所协办,科学文艺委员会和基础与高新技术委员会联合承办的《科普创作通览》出版座谈会在中国电影资料馆隆重举行。著名科普作家、侨居美国的老友甘本祓对我说:"由这么多高层次的单位联合为一本书开一个研讨会,这在历史上是罕见的。这标志着你由四川走向全国了。"

中国科普作家协会理事长刘嘉麒院士率先发言,首先向《科普创作通览》的全体作者为社会奉献了一本好书表示感谢。他在为本书所做的序言中指出：《科普创作通览》的全部作者又为我国科普界撰写了一部力作，增添了新的光彩。

中国科普作家协会副理事长卞毓麟用四种"力"——能力、魄力、毅力、功力，高度赞誉主编号召力、出版社正确决策、作家群的坚持和编辑的坚守。他还借助著名科普作家甘本被为《科普创作通览》所做的推荐语的解读表达了：该书的创作和出版是科普工作不可或缺的，是一部可以长时间流传的佳作，是一部严肃的科普创作总结之作，是一部值得研读的好书。甘本被先生当场表示赞同卞毓麟先生的这一解读。

第二天，中国科普作家协会理事长刘嘉麒院士在中国科普作家协会的35周年庆典上，总结中国科普作家协会的成就时，将《科普创作通览》列入为数不多的重要著作之中。在这次大会上，我被任命为分论坛负责人，并在大会上发言。

《科普创作通览》新书发布会以后，全国有800余家传统媒体和新媒体密集报导《科普创作通览》出版。其中，最为引人注目的是，新华社对外部副主任兼中央新闻采访中心副主任韩松，在发行120万份的《新华每日快讯》上的长篇评介：《科学的位置

成都市科协周主席和组织人事部陈部长来温江乡下看望笔者并祝寿

成都市科学技术协会，是笔者幸福人生的根据地，推荐笔者当了两届"成都市有突出贡献的拔尖人才"，将我树为"成都市科普明星"，退出协会领导岗位以后，还派周主席和组织人事部长两次来乡下为笔者祝寿。不胜荣幸

与科普的力度》，被广为转载，影响很大。韩松在评论中说："一件重要的事情，发生在这一周。即四川省科普作协前理事长董仁威教授主编的75万字的《科普创作通览》面世。这本书，是中国科普理论建设上的一个里程碑。它非常全面、系统地对整个中国科普创作进行了总结。它的出版，应该说很有现实针对性。中国科学院院士、中国科普作家协会理事长刘嘉麒为该书作

序说，在我们这样一个拥有13亿多人口的大国，尚有相当大一部分人未受过中等教育，甚至是文盲，科学普及的任务还相当艰巨。目前中国科普作家协会有会员3100余名，相当于每42万人口中有1名科普作家，尽管在会员之外还有一些科普作家和科普创作者，从事科普创作和科普工作人员的比例还是显得过低。另外，其素质也参差不齐。他认为，这部书的价值，除了在于对各种科普创作的基本范式进行梳理外，更重要还在于它提出了有关科学判断的标准，明晰了科学应有的位置，有助于拨开现实中的迷雾。"

在清静的环境中，排除"红尘"的干扰，以清净的心态，写出几部令自己，也令社会满意的书，让自己享受创造的快乐，对健康长寿的益处是不言而喻的。

第十八章
最后的斗争

"磨刀不误砍柴工"，"精神原子弹"有了更优质的"发射基地"，威力无穷，
我的人生也更精彩了。

建立华语科幻博物馆　是2015年的一个重大收获
科普创作的丰收增加了幸福感　三部大书相继出版了
为同班同学钟裕蓉鼓与呼　表彰她在诺奖青蒿素项目中的功绩
活着干死了算　完蛋就完蛋
"最后的斗争"计划　进行三个总结

建立华语科幻博物馆 是 2015 年的一个重大收获

2015年，我的主要精力集中在坚持把华语科幻星云奖办下去的努力中，并最终达到了目标。

带着满身喜气，满心欢喜，结束了北京之行。此行除收获了第七届科幻星云奖落户北京，同新华网组织了强大的实施团队，制订了将奖项提升到国际水准的可行计划外，还为筹建中的科幻博物馆征集到镇馆之宝——科幻新生代代表作家韩松、吴岩的手稿，加上已有的王晋康手稿，答应过我的何文的手稿，再设法争取到老一代代表性的科幻作家手稿，我们的科幻博物馆的起步就不俗了。

建立华语科幻博物馆，也是2015年我的一个重大收获，它为我余下的幸福人生奠定了物质基础。这是我的另一个小哥们，曾支持我们举办第二、三届华语科幻星云奖的"看书网"老板高辉，给我创造的机会。由于高辉的公司每年为成都市武侯区创造税收1000多万，武侯区政府在新建的创业区西部智谷为他提供了零租金的一层办公楼。他将其中的300平方米交我使用。我大喜过望。自从我从《科幻世界》杂志社搬出来以后，我们创建的成都时光幻象公司及世界华人科幻协会寄人篱下，在公园和我家中流动办公，接待客人，让我吃尽了"苦头"。现在，高辉给了我们这么好的条件，我可趁机把我们的办公基地建起来，并顺便办一个我想了很久的科普科幻博物馆。

于是，我带着一批铁哥们铁姐们忘命地干起来。经过科幻博物馆筹建组的成员——杨枫、程婧波、董晶、陈丽萍、高小下等人和我半个月日日夜夜的努力，我们不仅建起了一个像模像样的办公区，还建成了世界上第一个华语科幻博物馆。

2015年12月26日，由成都时光幻象文化传播公司创办的世界第一个公益性的华语科幻博物馆开馆仪式在成都西部智谷开馆。同成都时光幻象文化传播公司联办华语科幻星云奖的新华网有限公司移动互联网事业群常务副总经理，全球最大的科幻杂志《科幻世界》老社长杨潇、秦莉，著名科幻作家刘兴诗、王晓达，以及著名冰川学者、研究员张文敬、著名汉学家张昌余、著名考古学家黄剑华、新华网四川分公司副总经理王恒，刚获晋康科幻文学奖的萧星寒等60余名科幻科普作家、学者出席了时光幻象科幻博物馆开馆仪式。

60余名科幻科普作家、学者出席开馆仪式

我与"看书网"董事长高辉、科幻世界杂志社老社长杨潇、新华网移动互联网事业群常务副总经理姚予疆、著名科幻作家刘兴诗，共同为时光幻象华语科幻博物馆揭幕。我们决心强强联合，互相支持，互相补充，共同办好华语星云奖和银河奖两个华语科幻界的主要奖项，促进中国科幻和华语科幻的发展，共铸华语科幻的辉煌，为中华民族的复兴尽绵薄之力。

科幻博物馆的建设受到了全球华语科幻人的热烈欢迎，全国各地的科幻人捐赠了3000余件科幻藏品，其中，包括当代华语科幻代表作家王晋康的成名代表作品《生命之歌》和另两个新生代代表作家何夕、吴岩的手稿，姚海军捐赠的百年前出版的凡尔纳科幻小说《月界旅行》的译本，以及《科幻世界》前身《科学文艺》创刊号，抗战时期科普科幻界代表作家顾均正孙女顾备捐赠的顾均正1939年的《科学趣味》杂志创刊号等珍品。还有由科幻世界杂志社老社长杨潇、秦莉捐赠的一批华语科幻作家与国外科幻作家交流的书信往来和图片资料，弥足珍贵。

科幻美术家喻京川的太空画和金霖辉珍贵的大型钢铁雕塑：《红蚁》，乔飞捐赠的宇航服，使博物馆充满了科幻色彩，犹如进入了未来世界。

科幻博物馆开馆仪式（左起：科幻世界杂志社老社长秦莉、杨潇、笔者、新华网移动互联网事业群常务副总经理姚予疆及著名科普科幻作家刘兴诗）

　　建立世界上第一个华语科幻博物馆，是又一次创新。依托这个博物馆，研究世界华人科普科幻史，写出大型科普图书：《世界华人科普科幻史话》，拍摄出长篇连续电视纪录片，展示中国科技复兴的历史，是我的又一个大梦

　　科幻博物馆设有华语科幻代表作家及代表作品展室，展出了中国百年来古生代、中生代、新生代、更新代代表作家的代表作品。

　　同时，科幻博物馆展示了由科幻世界杂志社与智慧树杂志社共同创办，最后由科幻世界杂志社坚持到现在的中国科幻银河奖的历史及华语科幻期刊的历史。

　　科幻博物馆内还有一个专门展示已举办六届的华语科幻星云奖的展室，详尽地罗列了获金银奖的一百余部（篇）科幻作品目录、历届获奖长篇小说、图书以及中短篇获奖作品集，为科幻爱好者创作优秀的科幻作品提供借鉴。

　　还有一个展室是展示中国最大的科普科幻创作团队——时光幻象成都科普创作中心成就的。这个创作团队15年来组织出版的32套200余部科普科幻图书，发行总量达到300余万册，创作出版的图书进入了全国数十万家"农家书屋"与中小学图书馆。

在12月26日的华语科幻博物馆开馆仪式举行以后，我为三位顾问：张昌余、杨潇、张文敬这三个同月同日生的圣诞老人举办了祝寿庆典，为那天的活动增添了喜庆气氛。全体参会人笑了一个上午，那个乐哟……

科普创作的丰收增加了幸福感　三部大书相继出版了

2015年，科普创作的丰收增加了我生活的幸福感。自2011年从四川省科普作家协会理事长岗位上退下来后，我便隐居温江乡下，很少在公众场所露面。十多年来，我把很大的精力投入到成都市和四川省科普作家协会的组织工作，很难静下心来好好写作，现在终于有机会写点自己毕生热爱的科普图书了。五年中，我创作了近十部关于自己毕生钻研热爱的生命科学和生物技术的科普读物，现在，这一批著作已陆续由全国多家出版社陆续出版了。

新书发布会（后左1为科幻世界杂志社社长姚海军，前左1为四川省科协副主席、省政府副秘书长吴显奎，左2为中国科幻界领军人物之一王晋康，左3为笔者，左4为著名老科普科幻作家王晓达，左5为中国科幻界领军人物之一何夕，左6为中国科普作家协会理事长刘嘉骐院士，左7为四川教育出版社总编辑胡宇红）

笔者的第83和第84个"儿子"——《科学大发现100则故事启示录》《技术大发明100则故事启示录》的诞生，有如此隆重的仪式，使我受宠若惊

　　打响第一炮的是由四川教育出版社出版的《科学大发现100则故事启示录》和《技术大发明100则故事启示录》。

　　2015年12月28日，"董仁威新书发布会"在蓉举办。我的这两本新书发布会由四川省科普作家协会和四川教育出版社共同举办。四川省科协副主席、四川省科普作家协会理事长吴显奎主持了新书发布会，中国科普作家协会理事长刘嘉麒院士、副理事长刘泽林，四川教育出版社总编辑胡宇红，著名科普科幻作家王晓达、张昌余、王晋康、何夕、姚海军、杨再华、杨枫，新书策划人何杨等80余名亲朋好友和粉丝参加了新书发布会。

　　在此之前，12月26日，时光幻象成都科普创作中心由姚海军主持，在成都西部智谷召开了《<人类在自然界中的位置>解读》研讨会。我在两个会上又一次说，自从我2011年从各种社团的负责岗位上退下来以后，便隐居温江乡下，潜心创作，我响应刘嘉麒院士的号召，出精品，出杰作。我自知水平有限，出不了杰作，但力图认真创作，在作品中有思考，有创新，不粗制滥造，出精品。当然，这些作品是不是精品，我说了不算，这要由读者来检验，市场来检验。

　　刘嘉麒院士在会上把我猛夸了一番，说："我们不久前才在北京召开了董仁威主编的《科普创作通览》研讨会不久，董仁威又拿出了三部新著。董仁威的三部新著，有自己的思考，有创新的思维。我以为，中国的科普图书，不仅需要精品，更需要出现杰作，像刘慈欣《三体》那样的杰作，能走向世界，为世界各国争相翻译出版的杰作。董仁威的这些新书，让我们看到了希望。"我的亲朋好友代表、中国科幻新生代的领军人物之一何夕，四川省科学技术协会副主席、四川省科普作家协会理事长吴显奎，《科幻世界》杂志副主编杨枫，在新书发布会上盛赞我的这几部新著。这几部新著使我出版的科普图书达到96部。他们祝愿我继续拿出科普精品，早日突破100部，为中国乃至世界人民，不断提供更多更好的精神食粮。

　　不久，又一个好消息传来，我生的第85个"儿子"，"思想的儿子"，于2015年底诞生了，并亮相北京书博会。这部书是由长江少年儿童出版社出版的《中国少儿科普经典·小品文名家精选》之一：《科学家故事100篇》，是十个中国名家的选集，包括高士其、叶永烈、刘兴诗、李毓佩、叶至善、尹传红这些中国科普界的顶尖级科普作家。

这部书包括了我的传记文学作品《达尔文》《李时珍》等旧作，也有如《屠呦呦发现青蒿素》等最近创作的科学家传记文学作品。

为同班同学钟裕蓉鼓与呼　表彰她在诺奖青蒿素项目中的功绩

《屠呦呦发现青蒿素》一文的写作过程是一个有趣的故事。

屠呦呦获得诺贝尔奖以后，在有关的新闻报道中，我发现了与我失联了35年的女同学钟裕蓉。她是屠呦呦团队的主力，是她第一个成功地取得青蒿素晶体，以至于有人认为，真正应该得到诺贝尔奖的是她。

钟裕蓉获得的奖状

钟裕蓉是我在四川大学生物系60级植物班的同班同学。不仅是同班同学，我们还同是植物专业植物生理专门化组的，我攻棉花生理，她攻水稻生理。

1965年，大学毕业后，钟裕蓉分到北京的中国中医研究院中药研究所工作，而我则作为生物系唯一一个考上研究生的人，开始在四川大学生物系动物专业读细胞学。那以后，我到北京去，都要去看看老同学。有一次，她还留我住在她家，像对亲人一样照顾我。她长相美丽，为人低调。我只知道她在做一件有关国防的研究，后来又知道她因做实验引发气管肿瘤，切除了一边肺的三分之二。1993年，钟裕蓉被公派到日本做访问学者，从此音信杳无。我以为这辈子再也无缘与这位老同学相遇了。

谁知，因为屠呦呦得诺奖，我恢复了同老同学钟裕蓉的联系。我从北京农科院的同班老同学王明珍那里，得到了一个据说打不通的电话号码。我紧急开通了国际电话，费了九牛二虎之力改正了电话号码中拨国际长途时的错误，终于拨通了钟裕蓉在日本家中的电话。川大生物系植物班植物生理方向的同学刘忠仁、曾洁瑶、夏昌涛从城里乘309路公交车，来到我温江乡下金河谷旁的御景轩，在桂花林下的茶座中，用我的两部开通了国际长途的苹果智能手机，同钟裕蓉一起，召开了一个小型的庆祝宴会，庆祝我们的同学能够在诺奖获得者屠呦呦的团队里独当一面，在世界上第一个获得青蒿有效成分青蒿素晶体，立了大功。

庆功宴开始，我向钟裕蓉报了菜单，第一道菜就是青蒿肘子，还有回锅肉、甜咸烧白、宫保鸡丁、蒜苗炒老腊肉、红烧裸斑鱼，等等，乐得钟裕蓉直打哈哈，连说"好想吃呀！好想吃呀！"一个在我最后印象中年轻美貌，皮肤白皙，性情温婉热情，胖乎乎的，招人怜爱的少女形象出现在我的脑海

2016年与我的川大植物班同班同学、屠呦呦团队的主力、青蒿素晶体获得者钟裕蓉及其他同班同学，别离40年在成都重逢合影

"少小离家老大回，乡音无改鬓毛衰"，40年后在成都重逢，几乎难以互认，但纯洁的同窗之情，永志不忘。我将钟同学的事迹，写进《科学家故事100篇》中，出版发行了，让我这个自愧弗如的同学也沾了沾她的喜气

里。她同我约定，明年回蓉来，与大家共享成都美食，吃个够。

在此之前，我在等同学的车站上，同钟裕蓉先聊了半个小时。现在，同学们通过越洋电话，除了祝贺老同学取得的成绩，还聊起了钟裕蓉毕业后50年的经历。她是地地道道的成都人，现在还有一个98岁高龄的父亲住在成都。她于1965年从四川大学生物系植物专业本科毕业后，便分到北京中国中医研究院中药研究所工作，下乡去搞了8个月"四清"运动，回来"文化大革命"就开始了。在研究所里，她认识了北京师范学院毕业的同事严述常，相知相爱，结婚成家，住在中药所里的职工宿舍中，后来有了一儿一女。

由于他们在中药研究所不断接到国防研究任务，有幸业务没有被荒废。起初，钟裕蓉在"中暑药物"研究组工作，后来，屠呦呦当了中药所"抗疟药物"组的组长，亲自点名让她来当助手。开始，"抗疟药物"组只有三个成员，屠呦呦、钟裕蓉和崔淑莲，后来来了个倪慕云。这就是屠呦呦团队的全部人马。

研究开始阶段，设备简陋，困难重重。屠呦呦发明了以乙醚为溶剂的提取方法。乙醚使用量很大，实验室里没有装乙醚的密闭容器，通风设备落后，盛放乙醚浸泡青蒿的大缸，时时发出刺鼻的气味，无法散去。研究人员成天泡在乙醚充斥的实验室里工作，有三个人后来都身患重病。屠呦呦得了中毒性肝炎，钟裕蓉的气管上长了一个无名肿瘤，不得不动手术将这个肿瘤连同部分气管与三分之二的肺叶一起切除了。

钟裕蓉和倪慕云在团队中都负责青蒿有效成分的提纯。当时，只证明了青蒿对治疗疟疾有效，但并不知道青蒿中治疗疟疾的有效成分。只有找到这种有效成分的单体，才能使研究提升到现代科学水平，也才能为以后用这种有效成分进一步开发成现代药物提供原料。

钟裕蓉在大学是学植物生理的，现代植物生理科学的实验方法，为她解决这一难题提供了扎实的专业基础。钟裕蓉选择了用离子交换柱进行柱层析分离提纯青蒿有效成分。其中，关键是正确选择吸附剂。

吸附剂的种类很多。倪慕云和钟裕蓉试了许多吸附剂都失败了。于是钟裕蓉决定另辟蹊径。正当而立之年的钟裕蓉，在一份有关气管炎药物研究的文献中，发现硅胶对于分离中性物质比较好。钟裕蓉在层析柱上填充了硅胶，让青蒿提取液缓缓通过硅胶，过滤了杂质，青蒿抗疟疾的有效成分纯化液便流了出来。

那是1972年的一个永远难忘的晚上，晚饭后钟裕蓉照例从家里走到实验室去加班。当她走进实验室时，发现盛纯化液的容器中出现了方形结晶——青蒿Ⅰ，她当时高兴得流下了眼泪。后来，又出来了一种针形结晶——青蒿Ⅱ。动物试验表明，青蒿Ⅱ有很强的抗病功能。

后来，在其他研究单位的协作下，他们搞清楚了这种青蒿Ⅱ结晶的分子结构，正式命名这种有效成分为"青蒿素"。青蒿素至此正式诞生。

1993年，钟裕蓉公派至日本进修、研究。1997年，她在55岁那一年，正式从中国中医研究院退休，定居日本，兼及照顾也是公派至日本进修的丈夫、在日本工作的女儿和儿子，并治疗疾病。但是，钟裕蓉始终是中国人，是中国中医研究院的退休研究员。

后来，我把屠呦呦和钟裕蓉发现青蒿素的故事写成一篇文章在《科普中国》发表了。如今，我又把这篇文章辑入我的选集，心中充满了对我的同班同学取得了如此重大的成就的自豪感。

活着干死了算　完蛋就完蛋

2015年，并非全是好事。我的老母在99岁高龄下走了。

2月22日，半夜两次接五妹电话，称99岁的老母不行了，我清晨6时，打电话给我的助理小陈，小陈二话不说，丢下准备去雪山滑雪的儿子，从蒲江乡下直接赶过来接我，狂奔四小时，终于见到卧床的老母，两天没说话的她，居然应了我三声，并吃了我喂的合川桃片。我有了信心，一定要设法使她挺过这一关，至少活过一百岁。

但是，我无回天之力，留不住她，她还是走了，我坐在她的遗体旁，请其他人出去，我要单独同她老人家待一会儿。想起她一生中的种种好处，泪飞顿作倾盆雨。这是我一生中第一次大哭，男儿有泪不轻弹啊！不过，令人欣慰的是，我昨日同五妹一起喂她吃了最后一顿饭，为她提前买了99岁生日礼物，金镶玉手链戴在她为我们操劳了几十年的枯瘦的手上，她欣慰地笑了。她走得很安详。一路走好。我下辈子还做她的儿子，她是天下最好的母亲……

老母的四代子孙37人从全国各地狂奔回渝，50余封唁电从百人微信朋友圈中发来，南开中学在渝校友孔繁涛、夏久长、张仁蔚、李云清来了，科幻网站长杨波小友来了，大家都说老人家99岁安详去世，享受了天年，是喜丧，我的心逐渐释然了，那天，大家用欢乐的舞蹈，有关母亲的各种歌曲、音乐，送母亲，让她高高兴兴地上路。第二天早上安葬后，就回蓉了。

给母亲祝寿

给母亲祝寿，几十年如一日，从未中断。2014年6月17日，我用从成都带回的97个水蜜桃，为她做了最后一次生。2015年2月23日，老母在99岁高龄下走了。她是天下最好的母亲，如果有来世，我愿再做她的儿子

回顾2015年，我发现，这一年我的亲朋好友走得太多了。

首先是我们南开中学同班同学吴志彬的离去。4月14日，我们敬爱的老班长吴志彬突然走了，三天前他还来电话，促我周五去望江公园开重庆南开同学会。他的体形是那么标准，身体是那么棒，从来无灾无病。昨夜11时，他突然晕倒在麻将桌上，再也没醒过来。今日凌晨7时，宣告去世，享年76岁。生命有时是如此脆弱。我喊来小陈，飞车直奔德阳，向班头的夫人，也是我们同班同学李国英，送去抚慰，并向班头做最后的告别。走好，亲爱的班头，若干水电站大型发电机组的设计大师！

8月31日凌晨3时，我在成都制药四厂当车间主任时的老部下方毅给我来

255

电话，说他的太太张国蓉突然去世。张国蓉也是我的老部下，成都工业学校的毕业生，一直与我保持着联系，把我当老大哥，有心里话都给我说，有时只给我一个人说。今年6月，她连续给我来信，信中充满了对生活的热爱，对我说了好多心里话，并祝福我：好好活，多写点好文章。她曾经想拜我为师，当个作家，是我的粉丝呢。人生无常，比我小十来岁的一个妹妹走了，心中无比哀伤，惆怅。愿你一路走好。

12月，我忙忙碌碌了一个月，突然发现，我的毛根朋友、好兄弟，我们同在重庆南开中学红领巾饲养组当大组长的张兴中已于12月25日去世，朋友们看我正在兴致勃勃地进行各种活动，不愿扫我的兴，使我居然没能去送他一程。在昏天黑地中，我查到了一张20多天前去他家看望时的合影，活蹦乱跳的一个人，怎么说走就走了呢！曾记否？一年前的2014年12月4日，60年前的南开中学课外活动小组——红领巾饲养组的辅导员谢敏教授与养兔子的发小菊友、兴中来金河谷畅谈一天，吃大别山吊锅宴，为如今罕见的理想主义者尚存而感叹，让人精神振奋。但生命无常，一个充满活力的生命一年后就消失了，我们再也做不成兄弟了，我们只有来世再做兄弟了。

与南开中学红领巾饲养组的老同学张兴中（右1）合影

合影后1个月，张兴中就走了

在这之前，我工作了30多年的成都制药四厂，由于其前身成都味精厂的污染很严重，已几乎让比我老的老工人、干部、领导全部故去，胡书记、陈书记、袁厂长、朱厂长、蒋厂长，看门的张大爷、萧大爷、杨大爷，都走了。与我同时进厂的厂长、无锡轻工业学院毕业生姚俊杰突然走了，走前一周我还看见过他，同他摆龙门阵了呢，活得好好的，一点没有走的迹象。比我年轻十来岁的老部属：孙翔诚、王庆修、段绍宗，也走了。

2016年2月20日，我得到另一坏消息，我的读研究生时的师兄王喜忠疑似胆管癌，危在旦夕。我赶紧去川医看了躺在病床上骨瘦如柴的研究生师兄，国家级名师王喜忠教授，倍感生命的可贵。

唉，生命有时是那么脆弱！俗话说：七十三，八十四，阎王不请自己去。我现年七十三，已步入人生一个危险的阶段。在这个阶段，走的机率为百分之六十。

怎么办？

还是那句老话：活着干，死了算，完蛋就完蛋。人都要死的，这是自然规律，谁也不能例外，别管它，不想它，顺其自然。

一时死不了，剩下的时间怎么办？等死？坐以待毙？

我才不干呢？我做了一辈子的生物科普工作，是一个彻底的唯物主义者，我不相信来世之类的鬼话。我以为，一个人生命是宝贵的，做一世人不容易，你不应该轻生。你可知道，一个人来到世界上经过了多么漫长的过程。137亿年以前，诞生了宇宙。凝聚于一点的物质发生大爆炸，向无限的空间扩展，在四五十亿年前产生了太阳系、地球。三四十亿年前，出现了生物。三四百万年以前，才出现了人类。一个人来到世界上，可说是百亿载才有一次的机会。只要有一线生机，就要争取活下去。不仅要活，还要活得有价值，将大自然赋予的潜质发挥出来，实现自身的价值。活一天，干一天，活得精精神神，活得厚厚实实，活得有滋有味。为自己活，也为他人活，不为名，不为利，不为身后，能做多少是多少，闭了眼就拉倒。

"最后的斗争"计划　进行三个总结

于是，我开始拟定一个"最后的斗争"计划。这个计划将由三个总结组成。第一个是对毕生从事的生命科学科普做一个总结，将我几十年来对生命科学的感悟写成《生命三部曲》（自然进化、人工进化、合成生物）出版发

257

行。第二个总结是将我从事的科普理论研究做一个总结，联合有志者，完成《世界华人科普科幻史》的纸质文本、有声读物和30~50集纪录片的摄制工作。第三个总结是对人生和社会的感悟，写作出版自传体纪实文学作品《70+开挂人生》和长篇小说《花朝门》。

同时，集中精力进行两项社会公益活动，一是将华语科幻星云奖评奖进行到底，使之成为与国际接轨，同美国星云奖、日本星云赏并驾齐驱的具有公信力的国际科幻大奖；二是将华语科幻星云博物馆建成国际知名品牌。

这些目标能完成最好，不能完成也不要紧，努力过了，就好。

也许，大自然给我的只有几天几十天剩余的时间，也许，大自然让我长寿，还要活个二三十年。但是，这些也不要紧。不虚度天华就行；奋斗过了，就好。

当然，"最后的斗争"计划只是安排人生最后日子的一个主打计划，我还有一个"在创造中享受，在享受中创造"的"乐天人生"计划。

这两个计划是相辅相成的。

"享受"什么？每个人有自己的爱好，各有各的活法。我根据自身的情况，决定自己追求的享受是：美景、美食、美文、美丽人生。

首先是"美景"，趁还走得动，每年至少做一次国内和国际的大型旅行活动。我已在全国周游了除新疆、西藏、黑龙江以外的全国29个省（直辖市或自治区）及地区（港澳特区及台湾地区），下一步补课，不留空白。去过的省市地区，还有没去过的著名景区和新景区，也要去走一走。走遍世界，已去过36个国家，还要继续走下去，特别是一些我没去过的重要国家，如英国、埃及、西班牙、葡萄牙、土耳其、以色列、印度，都要争取去走一走。还有有关华语科幻星云奖的公务活动，如美国星云奖颁奖典礼、日本星云赏颁奖典礼，尽量参加。

其次是"美食"，除了在旅行途中，品尝中西餐各种名菜外，还要走街串巷，发掘民间不断创造出的新美食菜品。

最后是"美文"。写出美文出版发行，看着我的"儿子"，"思想的儿子"一个个降生，受到大家的夸赞，那心中的乐呀，只有身在其中的人，才知其中的味啊。目前，我已出版了86部书。我不给自己设定下一步的目标，随兴所至，写一部出版一部，出版一部算一部。在哪里黑，就在哪里歇。还是那句老话：活着干，死了算！

如何在享受"美景""美食""美文"时实现"创造"。写书出版赚钱呀！写些什么书？除了那些《最后的斗争》中要写作出版的重头戏以外，一是写游记，我将写作出版《古稀萌爷的环球旅行日记》《古稀萌爷中国西部旅行日记》等以旅游文化为特色的科学游记类图书。二是写《老饕游记》系列。在品赏完美味后，写作《寻味中国》系列美食文化类、美食养生类的系列著作出版。得了稿费、创造了财富后我又可以去旅游，去品尝美食，实现良性循环。

如何享受美丽人生？实现了我的两个计划，天天享受"美景、美食、美文"；坚决实行"管住嘴，迈开腿，吃药不能'水'，心静如止水"的十八字方针，使自己拥有"健康"；尽一切努力为大家服务，由近及远，使围绕在自己身边的一切人，包括家人、家族成员，与我一起经营世界华人科幻协会华语科幻星云奖成都科普创作中心华语科幻博物馆的哥们姐们，以及所有与我有联系的亲朋好友，因为有我的存在，过上更加快乐幸福的生活。这样的人生，不就是美丽的人生吗？

第十九章
在"拼搏"中享受

在《开篇》中,笔者写了为举办第七届全球华语科幻星云奖与首届科幻电影星云奖的事,其实,在作者生活中,不止有这些事。"在创造中享受",是笔者的第一大乐事,享受"美景、美食",也是生活中必不可少的事。2016年,就是"在创造中享受", 同时享受"美景、美食"中过来的。我的人生不仅没有因年龄增加而黯然失色,反而"步步高",越来越精彩了。

笔者希望余生继续这样过,年年如此,直至最后。

在享受中创造　累并快乐着
参加日本科幻大会　我从事的科幻事业开始走向世界
行止无愧天地　褒贬自有春秋
"三大总结"之一　出版《生命三部曲》受到高度评价

在享受中创造　累并快乐着

2016年，是我实行"最后的斗争"计划的第一年，也是最忙碌的一年。我所从事的事业从这一年开始进入了一个热潮。

2016年，是我实践"在创造中享受，在享受中创造"座右铭的第一年。我累坏了，也乐坏了。累，并快乐着。

2016年初，我们老两口去三亚避寒，天天喝稀饭，把糖尿病喝发了。1月28日早晨由三亚返蓉，一测血糖，妈呀，21.5，要命呵。我的朋友，四川科技报的张平，就是在这个节点没及时进医院治疗，第二天就呜呼哀哉了。我启动紧急预案，两天没吃碳水化合物，大剂量自我注射胰岛素，硬是在两天内，使血糖降到10以下的安全位置，在1月30日推迟两天操办了同一天出生的两个儿子的生日庆祝会。

3月8日，妻弟刘迎建开车来接我们去看云南罗平油菜花海。一路行来，看见了赤水河、美酒河、罗平油菜花海、普者黑，3月14日又抵达云南元阳哈尼梯田，看了一眼美不胜收的世界遗产——哈尼梯田。这一行出来，一是游玩，二是完成出版社约稿：《古稀萌爷中国西部科考笔记》，而《古稀萌爷的环球旅行日记》即将出版。我企图在旅与游之中，实现"在创造中享受，在享受中创造"的人生目标。快快乐乐、健健康康、活力四射地活着，多好！

3月15日，我们驱车直奔昆明，开车的是一周来因重感冒而头痛欲裂的妻弟，坐车的是吐得一塌糊涂，到了景区也无心情去看一眼美景的老伴。我们在我预先订好的滇池边古色古香的木木夕客栈住下来。我主持开完了一个遍及全球的华语科幻星云奖组委会委员的微信会议，又审议了第七届华语科幻星云奖章程草案后，心情大好，便带着老伴来到近在咫尺的滇池边。

滇池的水经过十年治理，终于恢复了洁净。我同老伴在彩虹贯天的傍晚，沿着滇池漫步，看着湛蓝的湖面潋滟的波光，听着浪涛有节奏的拍岸声，心情无比舒畅、宁静。妻弟悄悄地为我们拍下了一张"我在前面走啊走，老伴在后面追啊追"的照片。退休后，老伴随我走遍天涯，不管她愿不愿意走，都不离左右。有这样不离不弃的老伴，我有福啊……

这是我第五次来到滇池，在20世纪60年代、80年代、90年代，21世纪初，我就曾来过，目睹了滇池由中国最美的湖泊变成臭水塘的过程。围湖造田、网箱养鱼这些蠢举，把滇池糟蹋得不成样子。有民谣说滇池：50年代淘米洗菜，60年代洗衣灌溉，70年代水质变坏，80年代鱼虾绝代，90年代、新世纪仍在受害。这是滇池污染渐变过程的真实写照。

近十年来，在"环保"理念的召唤下，滇池逐步复苏。这次来滇池，给了我意外的惊喜，滇池水开始变清了，引成万海鸥来朝。成千上万的游客与海鸥嬉戏，人与鸟和谐相处。我们加入其中，那个乐啊！

也许，再过三五年，滇池的水会变得更清澈，被人类工业化破坏的美景会由人类自我纠错的行动重新请回人间。

回蓉后，春满人间，处处花红柳绿。

参加日本科幻大会　我从事的科幻事业开始走向世界

7月初，我安排好了各种公务，出差去日本参加日本的科幻大会去了。

7月7日，我雄赳赳、气昂昂地出发了，飞过东海峡，去参加日本科幻大会。刘兴诗叫我带颗原子弹去，我才不干呢。我是地球人使者，我要把全世界的地球人联合起来，抗击外星人入侵！

我的老伴随行，她因髌骨骨折做手术，刚拆线，也跟我远征日本。我背一个，拖一个，前胸挂一个，手上提一个，全身披挂，踏上征程。在机场与程婧波一家三口会师后，马上就登机了。再见！成都！再见！亲们！

7月8日，我来到大阪城，心中响起王洛宾的歌：大阪城的姑娘辫子长。可是此大阪非彼大阪，这是日本古城大阪，深沟高壁，气魄宏大，一扫我印象中日本没大景色的印象。从停车处向大阪城走，爬上高高在上的天守阁，至少要行1万步。老伴走了1千步，看到高高的阶梯，"打死"也不走了。程

大阪城的天守阁

婧波一家，远远地没了踪影。我只能独行。雨淅淅沥沥地下起来，别说这点霏霏细雨，就是狂风暴雨也得去。这辈子很难有机会再来了。不到长城非好汉，走了10000多步，加上爬坡上坎，终于来到制高点天守阁。试想，当年要是天皇不下终战诏书，美国人在这铜墙铁壁般的天守阁下，就要死上几十万了……

晚上，我们两口与程婧波两口，加上他们那个三岁多的儿子，挤在一个日本的家庭旅馆里。老伴一看叫苦不迭：房里只有榻榻米，她不仅髋骨骨干还未痊愈，还有被电动车撞断过的腰杆旧伤，睡不下去，痛苦万分。主人不露面，我只好用一个小桌子，搭上一个凳子，给她做了一个"歪床"。程婧波的儿子"李科幻"（这是他出生时我起的名字，不知他的全名是什么），很快同我耍熟了，趴在那个"歪床"上同我"疯"。突然，他一个倒栽从床上头着地地摔在地上。我跑过去，一看，吓坏了。这小子不哭不闹，一声不吭，眼睛睁得大大的，一下也不眨。我摸了摸他的鼻息，没气了。天呀，死啦！程婧波闻讯赶过来，抱着他，那小子居然眼睛仍然睁得大大的，一眨不眨，人也僵硬地一动不动，完全没有了生命迹象。程婧波吓得"幺儿啦！幺儿啦！"地喊起来。我吓得心脏都快停止了跳动。孩子的爸走过来，看了看，镇定地说："没啥。不用慌！"

小李把"李科幻"抱到隔壁去了。我却动弹不得，摸出口袋里随手携带的救心丸，倒了十几粒在嘴里。正在我还惊魂未定之时，却见从房门外伸出一个脑袋，问我："爷爷，你吓坏了吗？"

"李科幻"那若无其事的样子让我哭笑不得。至今我也不明白，小小年龄怎么就会装死吓人，死人的影视多了吧？

7月9日，我们把"李科幻"爷俩丢在那间家庭旅馆里，与先期到达的丁丁虫在地铁会师，踏上了换火车去鸟语市开日本科幻大会复杂的路。没有程婧波，没有丁丁，打死我也找不到那个开会的角落。从大阪到奈良，再到去鸟语的路上，一路行来，我对日本城乡建设的基本感受是，它们比中国落后了二三十年。奈良，像中国的一个县城；大阪，比绵阳还不如。日本持续二三十年的经济衰退，使之无力进行大规模的经济建设。日本不足为虑，它并非是中国的威胁。其实，中日共同的威胁都是美国。

我同程婧波的宝贝儿子"李科幻"（左）在日本神户大东宫门口玩鹿

日本有远见的政治家应该同中国结盟，才能摆脱"美奴"的地位，重新自立于世界族之林。

7月10日，我们来到鸟羽市海边的一座五星级温泉宾馆里，参加日本第55届科幻大会暨第47届日本星云赏颁奖典礼。典礼很简单，一个小时，大多被获奖者冗长的发言占据，除了个别幽默的发言引来笑声外，其余均令人昏昏欲睡。这与我们创立的奥斯卡式颁奖盛典不可同日而语。倒是晚上延至清晨4时数不清的论坛令人瞩目，盘腿而坐的每个日式小会议厅里，各坐了几十个人。我们中国团有一个小厅，从晚上8时至12时是我们的两个论坛。

我打头讲，不知怎的，再怎么精简，也谈了一小时，列举了中国科幻史上数十名家及名作。立原翻译后引来一阵阵掌声。立原说，我的发言非常好，发言稿全文她将译成日文在日本正式发表。可是，我演讲时，却有一个日本人横卧在我面前听我演讲，这是极其无理的，碍于主持人、老朋友立原透耶的面子，我忍了。

以后，丁丁虫与散妹宣布成立中国日本科幻文学研究会。休息后，程婧波发表演讲，可惜我要回屋陪老伴未听到，也未能为之加油，深表遗憾。科幻世界代表王维剑在会上约稿。最后是糖匪介绍未来局，直至深夜。会议前，我与日本科幻俱乐部会长、日本星云赏会长藤井太洋会晤，他很高

265

我在日本科幻大会上做专题报告，右为会议主持人、日本中国科幻研究学者立原透耶

兴地接受了我的礼物——《中国科幻名家评传》，并对9月来华参加第七届全球华语科幻星云奖颁奖盛典感到荣幸。

11日上午，只有我一人起床，去看日本科幻大会还有什么新花招。10日的会场上挤满了人，似乎在听获奖作家的演讲，还有人朗诵获奖作品片断，介绍星云奖评奖办法。我听不懂，觉得莫名其妙，便溜出来，在大厅里有作家签名售书，回廊上有科幻人捉对（四川话：成对）交流。我在这里看到了于昨晚在中国会议厅里见到的玉体横陈的画面。日本人放荡不羁，该夸他们素质高，还是贬他们缺教养？

管他呢，花那么多钱住进五星级温泉酒店，得享受一下。我钻出会场，沿着海边林荫道上坡下坎，先在路边泡一下温泉脚，然后被一个女服务员领到了海边山坡旁的汤池。不准穿任何衣裤，遂使用天然之躯进入露天温泉池，一面欣赏海景一面泡温泉澡，还拿着手机为首届科幻电影星云奖嘉年华写邀请嘉宾计划，还学习日本人照了一个美脚照。

第二天早上4时，我学糖匪，去一面泡温泉一面看海上日出。太阳出来了，海上生明日，天体泡在滨海温泉大浴盆中看日出，是一种怎样的享受！

7月13日，我们在大阪同来迎接我们的老同学钟裕蓉的丈夫严叙常会合了。他带我们住进一家大阪市中心的旅馆，让我们把大阪的地下商城逛了个够。7月14日，由于头天走了15000步，我所谓，却把老伴膝盖骨刚拆线的腿走坏了，她又一次说什么也不愿走了。我把她安顿好后，同老严一起，去神户看了看，因为我对30年前的那场阪神大地震印象深刻。

我们先坐火车、又坐出租车来到海边，参观了阪神大地震博物馆，海岸上留下了当年令堤坝溃决的地震遗迹。不过，这个地震博物馆与"5.12汶川特大地震"的任何一个地震博物馆相比，真可说是小巫见大巫。

但是，接下来的一幕，却给我们意料不到的震撼。我们参观了两个巨大的人工岛，一个从1966年开工，于1981年3月竣工，花了二三十亿美元，历时15年，削平了六甲山脉的高仓和横尾两座山头。他们在10米水深的海域中用8000万立方米土石填筑成一个总面积为4.36平方公里的人工岛。

我们在这个世界上当时最大的人造海上城市里兜了一圈。岛上环境幽雅，有一座大学，还有许多大公司的总部，居住着两万人。然后，我们驱车上山去俯瞰人工岛及背后的神户城，为建设者的智慧与坚韧不拔的精神所感动。我感慨地说，日本人找到了一条正确的开疆拓土的路，不用靠侵略、掠夺别国的土地来求民族的生存，而是在本土上想办法。听说，日本人计划21世纪在自己的近海造15000座海上城市。一座两万人，就可容3亿人舒舒服服地过日子。有了这个，就别去想歪点子，打别国的主意了。

我们来到东京，住进我的同班同学钟裕蓉（获诺奖的屠呦呦团队的骨干，青蒿素结晶获得者）为我准备的一套二居室的住宅。夫妇两个都是热心人，钟同学亲自为我准备了饭菜（实话实说，手艺不敢恭维），把我们安顿好才离开。家装中，除了那无处不在（包括公厕），冲得人心花怒放的马桶外，其他与我们中国别无二致。

极度疲惫，一觉醒来，又忙着处理华语星云奖繁多的公务，一个个催那些对邀请函没有回应的朋友。令人欣慰的是，信一发出大多数都反馈了。接受邀请的嘉宾达到百人，接受邀请率达到90％以上。然后，核对参加集体签名售书的名单，确认到会的科幻作家学者参加签售会的人达50人以上，几乎中国科幻界的所有代表人物都到齐了。

忙完公事，我挤点时间写日记抒发这几天在日本的感受。

不少国内亲日派的朋友常向我夸日本人的素质如何高，我看到的却是相反的例子。如果说我在开日本科幻大会时看到的在中国团会场上公然斜躺在主席台前听讲的世界奇观属个例的话，那么在地铁中看到的却是日本人的群像。在东京的地铁中是无人让座的。我看到一个年轻的日本女人与一个80多岁的老人站在一起，当老人前面座位上的人起身时，那年轻女人居然抢先坐

267

上去。我的老伴背着包、拖着残腿艰难地站在那里，所有的人都视若不见，直到我为老伴抢到一个位子，让她坐下，才结束了她的痛苦。

从大阪到东京的两个多小时行程中，我看到的几乎全是破旧楼房，极难看到庄稼及绿树，一副地球上除了人，什么都没有的末日景象。

直到接近东京，房屋质量才好起来，高楼大厦林立，这也同我们的大城市中心差不多。但是，整体而言，日本城乡的建设至少比我们落后20年，今后的差距会越来越大。日本，何足惧哉！

7月15日下午，我同老严冒着34度的酷暑，"偷袭"了靖国神社。那里的日本战犯享受着日本万民的瞻仰。日本人祭拜的热情空前高涨，祭拜的灯笼密密麻麻，层出不穷，蔚为壮观。善良的人们，睁大眼睛看看这些笼吧，你们要警惕啊！

靖国神社内祭拜的灯笼层层叠叠，成千上万

虽然这几天在东京旅游，但是，由于有新华网四川分公司给我买的一个"wifi"助力，首届科幻电影星云奖、第七届华语科幻星云奖、科幻电影创意专项奖、惊奇影展，四大公务缠身，除了睡眠的四五个小时外，其余时间全在收发微信，忙得不亦乐乎。

7月16日，为了照顾老伴的情绪，同学钟裕蓉伉俪安排我们去银座购物，这可乐坏了老伴，进了银座的百货公司，脚也不疼了，东颠西跑地去找名牌，一会儿工夫，她就连买两件价值几万日元的衣服和裙裤，还连说："相因（四川话：便宜）！相因！"她问我好不好看，我自然连连夸赞，说她穿上这身衣服，能迷死数万人。

我无意陪她购物，便坐在休息处等她，忙我的公务。

　　走出银座的百货大楼，来到街上，我坐在最前面驾驶着无人驾驶电车，沿着建在海边的银座兜了一圈，我问老伴对银座的印象如何，她说比成都的春熙路好一点，同上海的南京路差不多。她说了算。

　　然后，老严好心地把钟同学赶回家，带我们两口儿去看"稀奇"，到东京的"红灯区"观光。所谓"红灯区"其实是个吃喝玩乐都有的休闲娱乐区，灯红酒绿，在这里才能见到资本主义世界独有的景色。我们误闯入一个歌舞伎厅，我们以为这是日本传统的民族歌舞表演，一进去，老伴看了一眼，便闭上了眼睛，原来，这里在表演钢管舞。那些对日本人素质恭维至极的我的同胞姊妹，醒醒吧！

　　自然，我们在我老伴的呵斥下，只看了一眼，就逃出了这间"鬼屋"，白白浪费了5000日元一张的票。晚上，同学钟裕蓉豪掷千金，请我们到著名的日本东京维新餐馆吃大餐，让我们在这里腐败了一回。这是一个从康有为、梁启超，吃到鲁迅、孙中山、蒋介石，再吃到李嘉诚的百年世界级名店。国内难得一见的大排翅，是我有生以来第一次品尝，一人一份，一份就要上万日元。我们请出世界闻名的香港大厨与我们合影，感谢他为我们奉献了这么高档次的一席艺术品。更感谢钟同学的深情厚谊，我信誓旦旦，他们回成都来我一定请他们到双流茅屋大酒店、西南第一苍蝇馆子、张尾巴根火锅等家乡新起的特色菜馆来报答他们请我的大餐。实话实说，大吃中的鱼翅大排，有一种吃未泡开的、有硬度感的粉丝的感觉。国内就有用粉丝制假鱼翅赚大钱的。当然，钟同学请我吃的排翅非常正宗！

　　从小时候起，对日本自然景观的唯一印象就是富士山。因此，当老严问我想在日本看什么的时候，我脱口而出：富士

钟同学（左2）及其先生严述常（左1）同笔者与老伴刘斯曼（右1）与著名的维新饭店大厨（中）合影

山。老严说：富士山远看可以，近看你就要失望了。

7月17日，老严和钟裕蓉转了许多道车，来到他们的女儿家。老严说，在他们女儿家的阳台上，就能看到富士山。可惜，天公不作美，一团乌云遮住了富士山，我多想成为"入云龙"公孙胜啊，使妖法驱散那朵乌云。等了一个多小时，天也未遂人愿，只好悻悻地离开。但我仍不死心，扭着老严带我抵近看。

于是，7月18日早上，老严带着我这个山迷转了几道车，来到离富士山很近的箱根。这时，天公作美，在阴雨几天后，我抵达箱根山脚时，突然云开雾散，太阳露出笑脸。我们抓紧乘火车上山。这种火车很奇怪，是种"两头忙"。一个司机，一会儿在车头，开一段上坡路，一会儿停下来，走到另一头，搬过闸刀，向另一面开一段上坡路，通过"之"字形铁路，将我们从海拔几米处，带到海拔700多米的山上。然后，坐缆车下到芦之湖中，坐海盗船向富士山方向开去，那里是富士山露脸的地方。我幸运地看到了藏在浓雾中的白色的环形山，这就是富士山的火山口。不想，此时手机响个不停，有几起要求进集体签名作家名单的"诉讼"要我断案。匆匆处理完公务，富士山已经深藏浓雾中，不见踪影。可是，我没叹息，我很知足，能够看到一眼不是照片上的富士山朦胧的真容已属不易。就连住在日本多年的钟同学，都还没见过富士山呢！

7月18日，钟同学伉俪陪我游皇宫。老伴被窗外的烈日吓坏了，不肯跟我走。日本皇宫是一座绿荫蔽日的大型庭园，在高楼林立的水泥森林中显得格外醒目。本来，我们以为皇宫除天皇生日不开放，就先围着皇宫外面走了半圈。热心的老严打听到皇宫每天上下午各发免费的参观券180张，上午已发了，下午还有一场。于是，我们顶着烈日排队，终于于中午12时领到了票。

吃完午饭，下午1时半我们进入了皇宫。皇宫里的导游带我们绕着皇宫走了一圈，在远处能看到一片金碧辉煌的宫殿，但是，只开放天皇接见民众的一座宫殿的一面。每年1月2日，明仁天皇生日那天，他都会出来接受民众的参拜，一小时一次，面对宫殿的广场很大，每次可接见两万人。皇宫内绿荫蔽日，古木参天，有一段七八百米长的巨大樱花树林，开花季节对公众开放。在34度的酷暑中，在烈日下，我走了15000多步，汗湿衣衫，累得不行。我要热情的主人放弃一个什么塔俯瞰东京城的计划，直接打车回住所。

一觉醒来，躺在床上回忆这几天在日本寻幽访古，探索日本民族秘史的经过，一个问题在我的脑海中回旋：日本的天皇是什么，如何产生的，为什么受到日本民众如对神一般的热爱？在那场祸及全亚洲的大灾难中，当时的天皇应负什么责任？

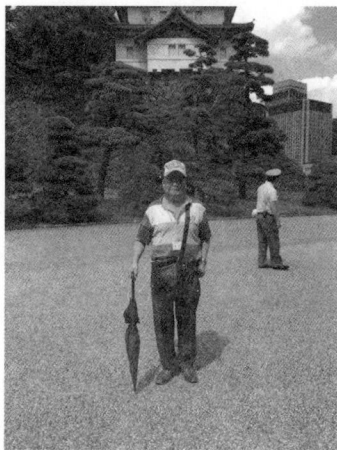

日本皇宫内一角

我是抗日战争的亲历者。我们家族在重庆小什字的半条街的房产，都毁在日本对华发动的重庆五三五四大轰炸中。中国死在日本人屠刀下的我的父老乡亲有上千万人。中华民族同大和民族从此结下了世仇，冤冤相报何时了？

我在日本一路行来，苦苦寻求答案。

我首先来到京都，虽然日本伪史制造者虚构了一个天照大神作为天皇的第一代祖宗。但是，有信史可查的却是公元600多年时在奈良兴起的大和国，大和国的国王后来被称作天皇。后来，迁都平城京（即京都）。我们参观了古寺——京都清水寺，它位于京都东部音羽山的山腰，始建于778年，是京都最古老的寺院，曾数次被烧毁并重建，后于1994年被列入世界文化遗产名录。

堂前悬空的清水舞台是日本国宝级文物，四周绿树环抱，春季时樱花烂漫，是京都的赏樱名所之一，秋季时红枫飒爽，又是赏枫胜地。海拔34米，可以从上俯瞰京都市区。

清水舞台侧的寺庙去年被泥石流所伤，正在维修。

在日本建都平城京的时期，正值中国隋唐时期，日本第一次实行门户开

271

放，引进中国文化，促进了日本国的第一次繁荣。

以后，日本的武士兴起，几代幕府架空了天皇，闭关锁国，穷兵黩武，几乎断绝了与中国的关系。

近代，日本同中国一样，被西方列强打开了国门，强行门户开放，西方先进的科技促使日本产生了"明治维新"，日本也变成了现代国家，变成了"东洋"。

1867年12月9日"王政复古"政变中，德川幕府的最后一位"征夷大将军"德川庆喜被迫宣布"奉还大政"，日本朝廷、明治天皇才重新掌握政权。自明治时期后，天皇的权力达到了顶峰。从此，日本走上了一条由天皇操纵并主导政权的军国主义道路。我看过裕仁天皇的传记。裕仁天皇在年轻时就对中国的土地与物产垂涎万分，立志要将中国的宝贝抢回供自己享用，最终他在其在位时期发动了侵略中国和亚太其他国家的罪恶战争。

最后，裕仁天皇下了终战诏书，做了平生唯一一件好事。目前，天皇已无实权，政权由选举产生的内阁控制，现任明仁天皇眼睁睁地看着安倍等右翼政客带领日本走向毁灭的军国主义道路，想想他的臣民又要饱尝原子弹的滋味，痛不欲生，多次要求退位，以胁迫内阁改弦更张。但愿他的计谋能够成功，使他和他的臣民免遭灭顶之灾！

天皇作为日本名义上的最高统治者的时间并不长。自镰仓幕府建立以来（1192—1333年），日本历史上共经历了镰仓幕府、室町幕府、德川幕府三个幕府历史时期，天皇权力被架空了682年之久。

接受立原透耶的批评，不要把当代假冒伪劣的"歌舞伎"当成"歌舞伎"文化的代表，于是，我来到东京国家博物馆学习日本历史，并去银座有100多年历史的歌舞伎厅观看正宗的歌舞伎表演。可惜，票已售罄，未能如愿。看了看票价，高者两万日元一张，低者只要1千多日元（4楼站票），海报上有我不知名的大明星的介绍和剧照，三幕七场戏，雅俗共赏。

为了了解日本，之前，查百度，看日本古史，我走了上万步，看遍了日

本东京博物馆老博物馆的18个馆及新博物馆的几个馆，结合旅馆床头放的日

本史，平时积累的有关分子人类学与日本史的知识，大致了解了日本民族发展兴亡的历史。

日本民族的主体是10万年前从非洲迁徙至亚洲的黄种人的一支，经亚洲北部从蒙古、朝鲜渡海至日本的，他们与蒙古族、满族、朝鲜族有一个共同的基因，以后，有从中国及亚洲各地来的人，与日本民族融合者，仅仅是少数。满、蒙、日、韩四大民族的亲缘关系近，与汉族的亲缘关系远。

日本国的历史有2600余年，日本学者伪造了一个2000多年的连续的天皇纪年。据《古事记》和《日本书纪》记载，第一代天皇神武天皇于公元前660年建国并即位，即位日相当于现在的公元2月11日，因此就把这一天定为"建国纪念日"，即日本的国庆节。日本伪史上记载的众多天皇，其实有实证者不过十多位。

天皇作为日本的精神领袖，"神"，在凝聚民族上起到了决定性作用。

神社，也是日本民族凝聚力量的重要手段。除了靖国神社、伊势神社那样的大神社外，还有近10万座遍及城乡的小神社。这些小神社，既是祭拜天照大神的场所，也是祭祀各种自然神，比如稻神的场所。

神社，是神道的信仰中心，是日本人的精神图腾。老严带我穿进小巷，去看了几个小神社。我发现，神社也是日本民间的社交场所。不同的小神社，有不同的社交主题，很像中国的家族、社团聚会之地。我看见有日本妇女在神社前参拜时，丢几个小钱，祈祷平安。

这次，我住进钟同学伉俪的一处独立的套房，体验了十来天居住在日本的平民生活。日本的居民区内，服务完善，生活方便，我们在24小时店内就能购到各种日本食品。

临行前的上午，我一个人上街去散步，走街串巷，迷了路，一路上，用肢体语言问了五个日本人。令人感动的是，这几个日本人，不论是老人，还是年轻人，都十分热心地为我指路，带路，终于把我带到日本临时的家。

我对日本的百姓有了好感。不论中日，平民中善良者居多。期盼政治家们不要再煽动狭隘民族主义情绪，将民众带进以生死相搏的屠场，而是设法化解历史恩怨，使两国百姓都过上和平安定的生活。

百姓不需要仇恨和战争。那些唯恐天下不乱的政客们见鬼去吧!

日本食品我过去对它很畏惧，因为我特别怕吃生食。这次我才发现，生鱼片只是日本四大食品类型之一——西米，日本还有：甜不辣——油炸食品，我最喜欢吃；寿司——饭团；呷哺呷哺——涮肉式的小火锅。还有并不罕见的中华料理。在日本可以吃得很舒服。

日本的交通方便，地铁、电车，层层叠叠，准点，换乘方便，公共交通成为日本人主要的出行方式，自驾车的人不多，在东京，我多次坐出租车，没有一次遇到堵车。

日本购物也特别方便，售货员素质很高，不管你买不买，都一样服务周到，我老伴对日本售货员赞不绝口，夸她们处处为顾客着想，比如，当你决定买一件价格高昂的物品时，她会介绍你去买更实惠的东西。

一句话，日本人有很多我们中国人值得学习的地方，比如守规矩，集体精神。

日本只要不发生战争，还是一个适宜人居的地方。虽然这里常发生地震，我的老伴留在家里，有两天都能强烈感受到地震，在十一楼上摇晃得不行。不过，她是经历过"5.12"汶川特大地震的人，久经考验，对这点摇晃处之泰然。日本的楼房抗震，居住在这里，应是安全的。

日本东京是座宜居城市，期盼中国和日本的政治家都能高瞻远瞩，化解历史恩怨，和平相处，做个让两国人民彼此都放心的好邻居。如是，中日两国人民之福也! 世界人民之福也!

7月21日早上2时，小陈在双流机场接到我们，并把我们送回温江金河谷的家。回家的第一件事，测血糖。在日本吃疯了，两个糖尿病人都不敢测，怕测出问题影响游兴。

哈，我血糖值5.8，正常得不能再正常，我在日本每天走上万步路见成效了。可是，老伴的血糖13点多，吓坏了我，要马上给她打针，她却不怕，"死个舅子也不干"，她说在日本糖食吃疯了，以后少吃点就是了，然而她马上又吃了半个西瓜。

回家前的第一件事，一到机场就给钟同学伉俪发了一个平安函。她们这十来天什么事都没干，全程陪我们，每天精心安排我们的吃住行游，给予最高规格的接待。老严说，他们的亲家来日本也未这么陪过。如今，在这物欲横流的世界里，还剩下了没有任何利益诉求的纯真同学情，真令人感动，他们尽善尽美的接待令我刻骨铭心，没齿难忘。特别感谢热心至极的老严精心细致体贴的安排，使我忍不住想要学日本人，深深地向老严和老同学裕蓉鞠躬致谢！

行止无愧天地　褒贬自有春秋

8月19日，首届全球华语科幻电影星云奖颁奖典礼在成都举行。会议结束后，我让董晶代我这个首届华语科幻电影星云奖组委会主席去著名的宵夜街——九眼桥11街，组织和招待科幻界和电影界来蓉参加盛典的朋友，让他们度过了一狂欢夜。身心俱疲的我则回酒店来美美地睡了一觉，忘掉苦涩和艰辛，忘掉个别见利忘义、机关算尽的"官场"小人带来的不快，记住欢乐的时刻，把正能量传遍世界。

其实，我的生活中并不都是欢乐，不时有滚滚红尘中常见的妒忌、"台上握手，台下踢脚"，能量极大位居高层的个别小人的阴谋陷害等负能量来袭，但我都采取了不理睬，不屑于在无聊的人、无聊的事上浪费生命中宝贵的时间的办法来化解。

在颁奖典礼上同"名导"陆川（右2）合影

干自己喜欢干的事，干好事不干坏事，相信"行止无愧天地，褒贬自有春秋"，用阳谋对付阴谋，让那些负能量被正能量化解，乃至吸收转化，变成更加强大的正能量。

在我创立的全球华语科幻电影星云奖取得初步成功的这一刻，我首先想到的是我身边的两个助手——阿贤和小陈。他们时刻呵护着我，对我的照顾无微不至，同我分享欢乐，也分担常人难以理解的苦痛。

想的更多的是我的挚友——八一厂的资深导演林天强，他满腔热情地东奔西跑，为我请来电影界泰斗谢飞，资深电影人侯克明、游飞、胤祥、谢建东等，组成了权威的评委会，使首届华语科幻电影奖具有权威性，初步建立起公信力。

还有那些坚定地跟着我走过了七届华语科幻星云奖的科幻界的同好，以及通过一年多努力，聚集在一起的影视界人士。你们在首届华语科幻电影星云奖106人组委会中，积极主动参与活动，群策群力，先后完成了挖掘出新世纪华语科幻电影、科幻网络大电影、科幻短片、科幻剧集、科幻动画电影资源的繁重任务，86%的组委委员参与了推举入围者的活动。

我还要特别感谢挚友王晋康，他本来有事不能参加此次颁奖典礼，但他克服困难，应我的请求参加了活动，给了我薄面，使我免遭又一次如因未请到刘慈欣赴会而受到合作方一个一心要一举成名天下惊的工作人员不知天高地厚、无理至极的斥责的可能。

与我的"儿子"（《古稀萌爷的环球旅行日记》《70+开挂人生》《〈人类在自然界中的位置〉解读》《〈徐霞客游记〉解读》等）的"助产士"清华大学出版社第八事业部主任张立红（右）和编辑李安（左）合影

三天的活动，最令人难忘的不是颁奖典礼，不是官场上的宴会，而是会见了许多老朋友，结交了许多新朋友，达成了许多合作意愿。每天我的房间里高朋满座，欢声笑语不断。在这里，我要感谢给我提供了豪华套房，给了我会友条件的新华网四川分公司副总编辑王恒，不管怎样，这次在四川的活动都是你牵头与我共同发起与合作的。我们俩一起组织，一起克服诸多常人难以理解和想象的"体制内"的困难，坚持到底，终于取得成功。

这次活动的有功人员很多，我不一一列举了。你们的功劳，会载入史册的。我们同清华大学出版社签约的《世界华人科普科幻史话》创作已启动。记住，我们每一个人每天都在写历史。只是，你要每日三省吾身，你在每天抒写的历史中担当的是正面角色，传递的是正能量，还是担当负面角色，传递的是负能量？

首届全球华语科幻电影星云奖受到舆论关注，不管是褒是贬，影响力都有了。100多位在首届华语科幻电影中出现的正能量正迅速聚集起来，在这次活动中表现出的负能量驱逐，为华语科幻电影星云奖克服盆地意识，走出四川，走向全国和世界，成为被电影界和科幻界认可的华语科幻类型片国际性大奖持续奋斗。不达目的，誓不罢休！

科幻明星墙前合影

在新落成的北京壹天幻象影业的科幻明星墙前合影，我将担任这个公司的董事，在这里与公司的同仁们一起，打下国产科幻电影的一片江山

"三大总结"之一出版 《生命三部曲》受到高度评价

2016年，除了胜利举办七届华语科幻星云奖和首届华语科幻电影星云奖活动外，还有一大收获是集一生生命科学大成之作：《生命三部曲》出版。出版后，立即引起了社会的关注，中国作家网发布了四川省科普作家协会写作的关于《生命三部曲》研讨会的报道，全文如下：

董仁威新著《生命三部曲》研讨会在蓉举行

著名科普作家董仁威近期推出了他由安徽教育出版社出版的的第88至90部科普著作：《生命三部曲·自然选择》《生命三部曲·人工选择》《生命三部曲·合成生物》，这是他毕生从事生命科学和现代生物技术的三部集大成之作。该套丛书出版后，立即引起了科普界、科普理论界的关注，一些科普专家经过深入研究后，针对该书写出了一批深度解析该书的研究论文。

2016年12月24日，四川省科普作家协会在成都举行了隆重的"董仁威新著<生命三部曲>研讨会"。

《生命三部曲》研讨会在成都举行（前排右起：王晋康、刘兴诗、陈俊明、吴显奎、董仁威、杨再华、徐江、雷华、付方明）

中国中医科学院／中国医学科学院药用植物前沿技术联合实验室负责人徐江博士在长达5000字的长篇论文中对《生命三部曲》从生物学者的专业角度剖析了这部科普著作的成就。

他说：董仁威先生《生命三部曲》系列由《自然进化》、《人工进化》和《合成生物》三本单论组成，系统介绍了人类对生命规律的探索、归纳和应用，覆盖进化论、遗传学、分子生物学、细胞生物学等生命科学核心理论，涵盖作物育种、发酵工程、冶金环保、药物生产、细胞治疗、生殖工程、生物合成等生命科学关键应用，具有理论扎实、结构精巧、内容前沿、论述客观、语言生动等特点，是一部融合科学知识、科学精神、科学态度和科学方法的优秀科普著作。

《生命三部曲》评论文作者：河北科技大学人文学院科普理论研究专家徐彦利博士与著名科普作家、冰川学者张文敬研究员作了联合发言。

他们在发言中说：董仁威先生近50万字的力做《生命三部曲》不仅是其一生科普创作生涯的集大成者，代表了其创作的巅峰高度，在生命科学研究领域亦属典藏珍籍。三部作品仔细探讨了人所不知的生命谜团，梳理了百家之言，并在诸观点后详细论述了其中合理性与不合理性，兼用大量例证予以分析说明。全书气势磅礴，恢宏厚重，旁征博引，穷究细探，不留任何知识的死角与认知的犹疑。

《生命三部曲》评论文作者黄寰教授、罗子欣副研究员联合发言，高度评价作品取得的成就。

《生命三部曲》作者、中国科普作家协会六届常务理事兼科学文艺委员会副主任、四川省科普作协名誉理事长、成都时光幻象科普创作中心主任董仁威发表了出版感言。

他说：他从1979年开始从事生命科学和现代生物技术的普及工作，写了第一部科普书——《遗传工程趣谈》。弹指一挥间，30多年过去了，他已出版了90部科普图书。

不知从什么时候开始，科普图书不如20世纪80年代那么受欢迎了。有些科普作家，包括他自己，爱怨天尤人，认为人们爱金钱胜过爱科学，"科学的春天"那个时代追求知识的热情消失了。

他静下心来，翻阅自己30多年间出版的科普读物，猛醒道：这不怪读者，要怪，只能怪我们作者自己啊！

20世纪80年代，中国的大门刚打开，外部世界全新的知识涌进国门，引起了国人极大的兴趣与关注，介绍这些国人见所未见、闻所未闻的知识的科普读物，自然受到热烈的欢迎。可是，在这以后的30多年间，由于在新知识哺育下的年青一代成长为社会的主力，年纪大一些的人也在各类科普活动中增长了见识，那些当初使人吃惊的科学进展，如今已成常识。如果我们继续拿20世纪80年代那些"陈谷子烂芝麻"说事，自然成了"祥林嫂"，没有人爱听了。

然而，是不是就不需要科普了呢？否。近观最近一场在全国范围内发生的转基因大战，就知道科普的重要性了。

最近几年，在中国，关于转基因技术和转基因食品引起的争论牵动了全中国人民的心。

深究一下拥"转"与反"转"派的论点和著作，你可以发现，两派人士都在以21世纪生命科学与现代生物技术的最新进展说事，由于公众对这些新事物不甚了解，对两派专家的理论读不懂，也就无法辩明是非。

董仁威疏理了一下生命科学与现代生物技术的进展，发现，30余年间，生命科学这门前沿科学在理论上有许多创新，在这些创新成果上发展起来的现代生物技术也有了很大发展。而这些创新和发展，中国公众知之甚少，甚至一无所知，这造成了许多人，包括"社会精英"的困惑。因此，一个重新普及当代生命科学和现代生物技术的使命摆到了科普作家的面前。董仁威遂将毕生追逐生命科学与现代生物技术足迹的资料做一整理，编写了这套《生命三部曲》，奉献给读者。这不是一套学术专著，也不是实用技术普及读物，而是一套用"科普"的方法编写的生命科学与现代生物技术的科普读物。他喜欢用讲故事的方式写科普读物，这样易为公众接受。这也不是一部教科书，不求读者从中学到多少科技知识，只求读者诸君在看他这一套浅显但并不浅薄的科普书中，获得阅读的快感，并有所感悟。如此而已。

董仁威说：当我们还在"转基因"的是非问题上争论不休之时，生命科学与现代生物技术的迅猛发展已把"转基因技术"甩在后面，在21世纪初，在分子进化工程基础上发展起来的合成生物学，比"转基因技术"更加先进，使人类进入了自由掌控生命的超级阶段。

最后，董仁威呼吁："转基因"两派主将的对骂赶快终止，争论应立即做出结论，即早已从争论中走过来、在科学界已有定论的转基因技术无可厚非，腾出宝贵的时间、精力、人力、物力、财力，整合我国并不落后的分子生物学、基因工程、基因编辑技术、信息科学、计算机科学、工程技术力量，全力以赴进行合成生物学及其技术体系的研究和创建，走在这门关系国家、民族、大众生死存亡的科学技术前沿的领先位置。须知，落后就要挨打！

四川省科学技术协会副主席吴显奎、四川省科普作家协会副理事长杨再华、陈俊明，著名科普科幻作家刘兴诗、王晓达、王晋康、何夕、张昌余、张文敬、宝树、夏笳、张冉、谢云宁、灰狐，四川教育出版社社长雷华和四川科学技术出版社科普编辑室主任李蓉君，以及来自北京、四川、深圳的70余名科普作家、科幻作家、科学家、科普科幻出版家、科普理论研究者参加了研讨会，一致认为，董仁威新著《生命三部曲》是一部创新型的科普著作，对于开创我国科普创作新局面有积极意义。著名科幻作家王晋康说：科幻作家写作与生命科学有关的科幻作品，一定要看看这部书。生物科学家徐江博士也说：他实验室的博士、博士后，争相传阅这部科普书。这是因为这部书看后能让读者全面深刻地理解生命和现代生物技术。

忙完七届华语科幻星云奖的事，接着就我开始为第八届华语科幻星云奖、二届华语科幻电影星云奖和首届全球华语少儿科幻星云奖操心，为把科幻作家的科幻作品影视改编权卖出去，帮助他们富起来劳碌奔波，最后，是为自己"十月怀胎"，等待"一朝分娩"的十来个"儿子"（思想的儿子）

殚精竭虑。这都需要我 "拼命"才能——完成，算命先生预测过我"太公家业八十成"，当然，我不迷信，我相信："我的'命'，拼搏定"！

活着干，死了算，完蛋就完蛋！

空中花园荡悠悠

宁静的夜晚，春光明媚的白天，躺在鲜花蔟拥的温江金河谷家里21楼的空中花园摇摇椅上，仰望星空，发呆，有时会灵感突至，便立即掏出智能手机，写呀写……

……

2016年10月31日晨5时30分于温江金河谷空中花园

附　录

附录 1
新华网记者采访董仁威

董仁威：愿为华语科幻事业发展尽绵薄之力

2016年08月12日 09:42:08 来源：新华网

在世界华人科幻群、科普科幻作家群等与科幻相关的微信群里，董仁威被大家亲切地称为"老佛爷"。董仁威得到这个"昵称"不仅因为他是世界华人科幻协会和全球华语科幻星云奖的主要创始人之一，更因为董仁威年逾古稀却仍在为华语科幻事业的传播和发展殚精竭虑。

科幻：走向大众

出生于1942年的董仁威在20世纪70年代利用业余从事科普创作，出版了80多部科普作品，对科幻的浓厚兴趣和深厚热爱促使他开始动笔创作科幻作品。"但80年代期间，社会对科幻的关注度太小，许多科幻作家放下了笔，华语科幻进入低谷时期。"回顾起那段经历，董仁威不无感慨。90年代，华语科幻踏上重新崛起之路。"但崛起的道路并不平坦。科幻文学较为小众，科幻对社会的影响力不足，这些客观事实均限制了它的发展，然而科幻又是一个可以解放想象力、促进创新能力的文学种类，应该走向大众。"

科幻应该走向大众。怀揣这个梦想，2010年，董仁威联合吴岩、姚海军等，共同发起设立了全球华语科幻星云奖。"设立星云奖的目的主要可以归纳为两方面。第一，通过建立奖项的机制激励科幻作品创作，第二，以扩大科幻的影响力，引起更多人的关注。"董仁威表示。在一个并不算大众的领域白手创立一个奖项，这确实不易。"困难肯定是不小的，不过最终还是坚持了下来，从参与评选的科幻作品到每年参加活动的科幻迷，星云奖获得了越来越多的关注和支持。"董仁威很是欣慰地谈到。

华语科幻：走向世界

星云奖今年已经是第七年了，今年的星云奖颁奖典礼将于9月10日在北京举办。不同于往年，星云奖七周年仿佛是一个时间节点，第七届活动融入了很多新鲜的元素，加入了更多强大的力量。组委会很早便开始了活动筹备工作。"前六届星云奖，我们团结了广大的科幻迷和科幻作家联合举办，但由于专业性不足，并未获得太多关注，影响力也受到了一定的局限。然而今年，新华网成为了星云奖的主办方之一，这个在国内最具影响力的新闻门户、具有独特气质的网络媒体有力地支撑了星云奖的统筹、规划和执行。"另外一个不容小觑的力量来自于壹天文化传媒有限公司，这家专注于科幻影视的公司为本届星云奖带来了很多资本的气息，"团结的科幻作家、新华网、壹天文化这三个力量强强联合，一定可以打出今年星云奖精彩的'组合拳'。"对此，董仁威非常肯定。

此外，本届星云奖关注华语科幻产业化的进程。"很多人都在问，为什么中国没有拍出过优秀的科幻大片。虽然也有部分科幻影视作品上市，可都把科幻作为一个锦上添花的元素，与真正的纯科幻影视大片还有距离，我国的科幻产业还处在萌芽的阶段。"董仁威解释。是萌芽，也是机会，显然，董仁威看到了华语科幻产业未来的发展潜力，并借助星云奖的平台，为高水平的科幻作品搭建了一座通向产业化的桥梁。"本届星云奖特别设置了科幻电影创意专项奖，优秀的作品奖直接与影视剧公司签约，目前已经收到参赛作品100部，可谓精品累累、竞争激烈。"

值得一提的是，本届星云奖还具备浓浓的"国际范儿"。除刘慈欣、王晋康、韩松、何夕等一流的华语科幻作家，美国科幻奇幻作家协会主席、2017年世界科幻大会主席、日本星云赏会长等国际科幻届大咖也将出席。董仁威自豪地表示，"星云奖已经逐渐获得了国际的认可。这些国际科幻大咖将与我们共同探讨华语科幻的发展方向，为华语科幻冲击世界顶峰奠定基础。"

　　了解董仁威的人都知道，已经74岁的他每天都为华语科幻事业工作至深夜，第二天凌晨4点起床继续忙碌，这种连年轻人都难以承受的工作节奏，董仁威已经持续了很久。"热爱，是热爱。"他强调了很多次，"当看到那些极具天赋的年轻科幻作家，看到他们为华语科幻带来的勃勃生机，我由衷地高兴。我年纪大了，可能无法再进行创作，可我却拥有丰富的经验，愿意通过组织活动、建立协会等方式为华语科幻事业发展尽绵薄之力。"

附录2
中国作家网记者采访董仁威

中国科幻再出发
——访全球华语科幻星云奖创始人之一董仁威

2016年06月08日10:36 来源：中国作家网 科云

董仁威 世界华人科幻协会和全球华语科幻星云奖创始人之一，世界华人科幻协会监事长，中国科普作家协会荣誉理事。

记者：刘慈欣《三体》获得雨果奖，是否可以看作是中国科幻文学发展的一个分界线？

董仁威：这是中国科幻走向世界的一个分界线，所以，科幻界许多人都在讨论《三体》之后的中国科幻。今年9月10—11日，"第七届全球华语科幻星云奖嘉年华暨颁奖典礼"将在北京举办，主题词便是"中国科幻再出发"，意味着《三体》之后，中国科幻将抱团出发，迈向集体，走向世界。

不过，从科幻史的角度出发，我并不认为《三体》的走红是中国科幻发展的一个历史性的分界线。

我也一直不赞成"刘慈欣一个人把中国科幻推向世界"这种说法。这种说法是不全面的。刘慈欣确实有很重大的作用和功劳，但和他齐步走的有一批人，不少作品正在逐步走向世界，只不过他先走了一步，打好了基础，后面会跟着几十个人的队伍。郝景芳不是已入围雨果奖了吗？

这个队伍和美国比起来小，但在中国是不小的。中国科幻在1983年有一个高潮，包括郑文光、叶永烈、童恩正、萧建亨、刘兴诗、金涛、王晓达、魏雅华等一批人。当时的科幻作家也不过几十个人。现在的作家也是以几十个人为主的，而且我们现在更接近世界。

记者：能不能请您介绍一下国内科幻作家的发展，包括他们创作发展的脉络？

董仁威：好的。其实中国科幻很久之前就已经走向世界了。这位被世界认可的作家是郑文光。从1979年开始我就对他进行不间断的追踪采访，直至他去世。郑文光写了很多具有世界水准的优秀小说，比如《地球的镜像》《大洋深处》《战神的后裔》等，已多次被翻译到国外。美、日电台曾对他做过专题报道，许多外国人也来当他的研究生。20世纪80年代，中国出了一批非常优秀的科幻作家，这批科幻作家经过10多年沉寂，在20世纪90年代末又出现了一批有影响力的科幻作家，被理论界称为"新生代科幻作家"。第一个是刘慈欣，我称他为"中国当代科幻第一人"，第二个是韩松，他的科幻小说文学性很高，他的长篇科幻小说《红色海洋》是一部具有世界水准的科幻小说。第三个是王晋康，他年纪比较大，但他是新生代科幻作家的领头羊。他从给儿子讲科幻故事开始，不受科幻作家前辈的影响，创立了"核心科幻"流派，独领风骚十余年。第四个是何夕，我也写过他的评传，称他是"中国当代言情科幻第一人"。当年他写《爱别离》，在《科幻世界》发表连载时，成百万的科幻迷一期接一期看，跟着主人公哭，跟着主人公笑。他写的是宇宙背景下的爱情，非常动人。《光雾》中描述正反世界的一对恋人，两个永远不能相见的恋人，为了要相见，不惜一起毁灭，故事非常震撼人心。新生代科幻作家中，吴岩、潘海天、柳文扬、杨平、赵海虹、凌晨、北星、谭剑等也很出色。

在新生代科幻作家的带动下，又陆续出现了一批更年轻的科幻作家，我们称之为"更新代"。《科幻世界》主编姚海军以及中国科幻理论界学者吴岩不仅是新生代科幻作家，也是这批"更新代"及后起的新锐科幻作家的头儿。

在这一批80后、90后的新锐科幻作家中，我曾经列出"十大新锐科幻作家"，科幻界有的人同意，有的人不同意。我根据当前的情况，再一次列出至今还保持创作活力的中国十大新锐科幻作家，准备再一次接受质疑。这十名作家，我第一个推荐"核心科幻"流派新的旗手，上海的江波，他写作出版了长篇科幻小说《银河之心》三部曲。科幻作家韩松认为，将这"三部曲"放在雨果奖或星云奖的行列，也不为过。我还要特别推荐科幻现实主义的倡导者，更新代科幻作家的旗手，北京的陈楸帆，他的科幻小说文采斐然，文学性强，很多作品译成外文在世界流行，是中国追逐雨果奖和星云奖的主力选手之一。此外，我还要重点推荐在英国权威学术刊物《自然》上发表科幻小说的陕西女作家夏笳（王瑶）、作品上了《人民文学》封面的四川女作家程婧波、入围雨果奖的女作家郝景芳、四川的女作家迟卉、写《三体》续集的宝树、北京的飞氘，以及张冉、阿缺。梁清散、墨熊、郑军、拉拉、萧星寒、平宗奇、李伍薰、狐习、李志伟、萧源、刘宇昆，在全球华语科幻圈内也是很优秀的科幻作家。

记者：我之前查阅了很多介绍您的资料，但是我看完之后糊涂了，不知道怎样介绍您。我觉得用"杂家"这个词概括也许会比较准确一些。好像什么都做，不仅仅是写科幻小说。

董仁威：是呀，只要对社会有用，社会需要我做，我都做。不单是做科幻科普，我也当过工厂的技术副厂长，做过企业，很多行业我都干过。

记者：那您大概是什么时候走上写作这条道路的？

董仁威：我是四川大学的生物系细胞学的研究生。1968年毕业的时候，分配没有对口。我被分配到一个工厂去工作，用不上我热爱的生物学知识了。我就想用笔来写吧，把我所知道的生物学知识传播给大家。1979年，我开始写科普著作，也写科幻小说。第一篇科幻小说发表在《科幻世界》杂志的前身《科学文艺》上，叫《分子手术刀》。

记者：除了科幻之外，您还从事了哪些方面的创作呢？

董仁威：主要是科普，我写了86部科普作品，主要是写我熟悉的生物专

业，如《生物工程趣谈》《破译生命密码》《转基因技术漫谈》《<人类在
自然界中的位置>解读》等一系列生命科学方面的普及图书。第二类是科学
家的传记文学，如《达尔文》《李时珍》，这些书被辑入了《中外著名科学
家的故事》丛书中，这套丛书获得了中国图书奖、冰心儿童图书奖，还被
评为"中国科协成立50周年以来最受读者欢迎的10部图书"之一。我还写小
说，出版了《花朝门》《狂人情书》这两部长篇小说。我什么都写，什么都
没写好。

记者：那为什么始终不忘情科幻呢？

董仁威：科幻，一直是我心中的最爱。我也写过十多篇科幻小说，如
《世界科幻博览》上发表的《基因武器大战智能疫苗》《智力放大器》《飞
天》等，最近，我的短篇科幻小说集正在准备编辑出版。不过，我的科幻小
说写得少，水平不高，不足挂齿。

记者：那怎么想到要创立全球华语科幻星云奖呢？

董仁威：2009年，我同吴岩、姚海军等发起建立了世界华人科幻协会，
开始是在以我为主要创始人的世界华人科普作家建立了一个"世界华人科幻
分会"，后来，我将之独立出来，以我为董事长的时光幻象香港公司的名义
在中国香港注册了世界华人科幻协会，同时，在姚海军的建议下，我同姚海
军、吴岩一起，在韩松、程婧波、董晶、杨枫等人的支持和共同努力下，创
建了全球华语科幻星云奖，把全球华人科幻作家和科幻爱好者团结在一起，
共同繁荣我们华人的科幻事业。

记者：全球华语科幻星云奖已举办了六届，很不容易吧？

董仁威：确实很不容易。在中国办一个民间的奖，全靠一帮科幻志愿
者，肯定困难重重。但由于全球华语科幻人的支持，越办规模越大，前三届
在成都办，第四届在太原办，第五届在北京办，第六届又回到成都办。第七

届将在北京办，今后可能还会轮流在中国各地，乃至世界各地办，影响力将越来越大。开始几届，经费是最大的问题，科幻作家和科幻迷有钱出钱，有力出力，韩松把他一本书的一万元的稿费都捐出来了。不仅有经济的困难，还有一些其他的困难，我们都一一克服。

记者：在中国科协九大上，宣布在五年内"设立国家科幻奖项，成立全国科幻社团组织，兴办国际科幻节，支持建设科幻产业园"，作为民间科幻奖项"全球华语科幻星云奖"的创始人之一，你觉得这对于你们是正能量吗？

董仁威：国家设立科幻奖项，是一件大好事，我们衷心拥护，全力支持。民间办有民间办的长处，有自己的生存之道。政府办有政府办的优势。协调得好，国家奖项与民间奖项可以相辅相成，一加一等于三。

记者：您对下一步的科幻活动有何打算？

董仁威：由新华网股份有限公司与成都时光幻象文化传播有限公司签订了联合主办2016-2020年五届全球华语科幻星云奖和科幻电影星云奖的合作协议书。大家一起推动中国科幻事业的发展。真是形势大好。我们目前正准备下好几步大棋。

第一步棋是，在第七届全球华语科幻星云奖嘉年华及颁奖典礼上，请来美国星云奖（美国科幻奇幻协会）主席、日本星云赏（日本科幻作家俱乐部）会长、雨果奖（2017年世界科幻大会）主席，与全球华语科幻星云奖主席一起，召开"中国科幻再出发—世界科幻大奖高峰论坛"，学习世界科幻大奖的经验，把我们的奖逐步提升到国际公认的科幻大奖水平。

第二步棋是，组织近40名著名科幻作家举办集体签名售书活动。通过这个活动，向世界表明：中国科幻有一个能与国际接轨的强大团队。初步确定参加集体签名售书的近40人名单包括：刘慈欣、韩松、王晋康、刘兴诗、吴岩、姚海军、何夕、江波、陈楸帆、郝景芳、潘海天、夏笳、程婧波、凌晨、宝树、张冉、阿缺、董仁威、梁清散、郑军、北星、超侠、陆杨、伍剑、萧星寒、银河行星、李广益、墨熊、周敬之、赵海虹、张文敬、江晓原、吕哲、成全、蔡骏、胡绍晏、任冬梅、王卫英。

记者：请介绍一下这48人。

董仁威：这48人中，除了前面提到的中生代、新生代、更新代代表作家外，还有一支以吴岩为领军人物的科幻评论队伍，如姚海军、韩松、江晓原、任冬梅、李广益、梁清散、飞氘、郑军、郑重、吕哲、萧星寒等，他们对科幻文学、科幻电影、科幻产业的理论研究和评论，导引着华语科幻事业的发展方向。

此外，还有一支少儿科幻作家团队。这批少年儿童科幻作家在少年中影响力非常大，比如杨鹏，他写的三套童书总发行量今年已经达到1000万册。我们从第四届全球华语科幻星云奖开始，增设最佳少儿科幻图书奖。今年，我们与清华紫光教育集团及中国科普作家协会联合举办了全国高中生科幻征文大赛，将在第七届全球华语科幻星云奖颁奖典礼上颁奖。

2016年，我们同新华网以及北京壹天文化传媒有限公司合作，还增设了一个奖项——科幻电影创意奖，在科幻文学和科幻电影中搭起一个桥梁。这是第三步棋。

奖项6月1日启动，设金奖1名，奖金人民币50000元；银奖4名，奖金人民币10000元；入围奖10名，奖金人民币1000元。同时颁发奖杯与获奖证书。该奖项申报范围为具有改编拍摄成科幻电影、科幻动画电影、科幻网络大电影、科幻影视剧集潜质的原创长、中、短篇科幻小说或科幻影视剧本。

记者：也就是不仅把科幻这两个字或一个类型文学的创作用文字来表述，而且拍成电影让更多的人感受科幻小说的魅力所在？

董仁威：对。不仅仅是电影，还有科幻电视连续剧、科幻网剧、科幻舞台剧、科幻动漫影视图书产品、科幻，有声产品、科幻美术作品、科幻玩具、科幻展品、科幻雕塑及其他科幻衍生品等，整整一个科幻产业链。所以，我们的第四步棋是设立华语科幻电影星云奖，推动国产科幻产业的发展。第五步棋是通过资本运作，建立华语科幻星云奖、华语科幻电影星云奖的可持续发展机制。第六步棋是创立全球华语少儿科幻星云奖。

附录3

让科幻文学走进科幻电影
——华语科幻电影星云奖组委会主席董仁威专访

2016年的夏天，备受关注的科幻大片《三体》终于不负众望地出现了"跳票"——早就排好的档期无法兑现，不得不无限期推延，早就憋足了劲儿准备吐槽的广大"三体迷"在失望之余，也有几分庆幸。显然，中国电影还没有做好准备承接《三体》这样一部重量级的科幻文学作品的影视转换。

与中国的科幻电影形成鲜明对比的是，中国的科幻文学领域经过多年努力已经群星灿烂，佳作频出。其中大多数作品和作家都是通过"全球华语科幻星云奖"这样一个活动脱颖而出的。作为一个民间的奖项，华语科幻星云奖确实很不容易。一无政府背景，二无任何稳定的资金来源，全靠一帮科幻志愿者，到2016年已经举办了第七届了，科幻星云奖的影响力也在迅速扩大。为了推动科幻电影的发展，2015年的华语科幻星云奖特地设置了"最佳科幻短片奖"和"最佳科幻电影创意奖"。到了2016年，一个单独为华语科幻电影设立的活动终于成形——"首届全球华语科幻电影星云奖"应运而生。

20世纪70年代末，上影厂的《珊瑚岛上的死光》在中国的银幕上投下了第一束科幻之光。近年来，我国也曾有过不少科幻电影，却鲜有佳作，不足以打动观众。竺灿影业副总裁、影评人严蓬曾经说过，现在中国拍科幻电影，关键不在于那些硬件、资金、特效的问题，最重要的是对科幻电影的理解，对现实的理解和对梦想的理解。尽管首届华语科幻电影星云奖的入围名单还略显单薄，但是正如中国科幻文学所走过的曲折道路一样，中国的科幻电影仍然蕴含着巨大的发展空间与发展潜力。而华语科幻电影星云奖组织的初衷就是为了给科幻文学与科幻电影搭建一个交流合作的平台，共同推动中国科幻电影的未来发展。为此，我们专访了首届全球华语科幻电影星云奖组委会主席董仁威先生，他不仅是一位出色的科幻作家，多年来更是把自己的全部精力和心血都献给了中国科幻文学的发展事业。

《华语电影市场》：在2015年，影响力越来越大的全球华语科幻星云奖就已经设立了科幻电影创意奖，今年又专门设立了首届华语科幻电影星云奖，您能否介绍一下首届华语科幻电影星云奖的创立初衷，它的设立是基于一个什么样的背景和契机？

董仁威：现今中国科幻文学界圈子里的核心人物不过几百人，科幻文学影响面最大的时候也只有几百万人，为了使科幻文学从一个小圈子的高雅文学走向大众，一个重要的渠道就是电影。但是从科幻文学到科幻电影需要一个桥梁和平台，所以我们去年在第六届全球华语科幻星云奖上，做了一个试点，设立科幻创意奖，让大家把那些可以转换成科幻影视的作品推荐出来供电影界的人士参考。

科幻创意奖办得比较成功，电影界的人士纷纷来找我们推荐科幻作品做科幻片，搭起一座从科幻文学通向科幻影视的桥梁。因此，在第七届全球华语科幻星云奖上，除了继续设立科幻电影奖以外，同时建立独特的全球华语科幻电影星云奖，进行有针对性的、目标集中的推广，使之成为科幻文学转换成科幻电影的大平台。

从科幻文学到科幻电影

《华语电影市场》：现在大家都越来越关注全球华语科幻星云奖，像刘慈欣、韩松等一大批中国的科幻作家也越来越被读者熟知和喜爱。您也曾经指出，中国已经出现郑文光、刘慈欣这样具有世界水准的科幻作家，以及您所点评的"十大新锐科幻作家"，您认为这些优秀的中国科幻作家和他们的作品，具有哪些与其他国家不同的特点？中国的科幻作品是否已经形成了自身独特的风格？

董仁威：我个人认为，中国的科幻作家正在形成自己的独特风格，这些风格表现在这么几个方面：第一就是把中国人的民族自豪感在华语科幻中表达出来，特别是中华复兴的梦想。比如韩松的《火星照耀美国》，讲的是2066年以后美国已经衰败了，由中国来领导世界。还有大家熟悉的《三体》《天年》等科幻名著中，里面最终领导人类走出毁灭灾难的都是中国的科学家。

第二方面就是具有中国文化的背景，很多的作品，比如王晋康的《逃出母宇宙》，里面的文化元素全是中国人思考问题的方式。再加上我们还有很多中国古代的故事，以传统的故事来进行思考，进而以这种思考来传播中国文化元素，还把这些元素放在华语科幻文学的一些角色里了。

第三，部分作品对现代中国及人类出现的一些社会问题进行反思。例如王晋康的《蚁生》创造了一个"反乌托邦"的典型。还有韩松的作品《红色海洋》《医院》等很隐晦地对环境污染、医患矛盾等社会问题，进行了深入的探讨。

《华语电影市场》：目前这些优秀的科幻作家的作品转化为影视类产品的现状如何？这些科幻作品转化成影视作品的主要障碍是什么？

董仁威：科幻作品转化成科幻电影，在中国这个过程是非常艰难的。虽然目前有上百部作品立了项，但真正进入实际拍摄程序的并不多。中国科幻的领军人物中，除了刘慈欣的作品较多地进入了拍摄程序以外，王晋康、韩松、何夕的个别作品改编成科幻电影的程序都是才开始启动。中国科幻更新代代表作家陈楸帆、江波、宝树、张冉的科幻作品改编成科幻影视，已开始引起电影界的注意，处于起步阶段。

科幻电影界已经开始重视转化的工作，目前科幻文学转化成影视作品的主要障碍之一就是缺乏有效的中介平台。想做科幻电影的人不知道在哪里去找适合于改编成影视作品的IP，而科幻作家也缺乏将自己的IP推荐给影视公司的渠道。因此，我们现在就在全力搭建这样的一个平台，打通科幻产业的上游和下游，使之形成一个完整的产业链。

中国科幻电影的发展现状及未来趋势

《华语电影市场》：科幻电影是好莱坞重要的电影类型之一，我们国内目前引进的一些美国大片其中也有很多是科幻电影，很显然，华语科幻电影与之相比还有非常大的差距，您认为华语科幻电影未来前景如何？

董仁威：我个人认为，华语科幻电影如同世界科幻电影发展一样，要逐渐推进。科幻作品的繁荣是有规律可循的，它一定是在科技发达的国家发展过程中，在科技逐渐繁荣的过程中达到辉煌。美国科技发达，所以它的科幻电影也随着科技发展的步伐逐渐走向辉煌。日本和俄罗斯这些国家的科技也比较发达，科幻文化也有一个逐渐发展繁荣的过程。但是，前苏联曾是超级大国，科技十分发达，那时，它的科幻文学也发达。苏联解体以后，继承其衣钵的俄罗斯，科技落后了，它的科幻文学事业也一落千丈。

中国正在科技非常落后的基础上逐渐起飞，逐渐走向繁荣，这个上升的阶段必定会成为科幻文学与科幻电影发展的良好契机。民族的想象力是科技创新力的前提，没有想象力就没有创新力。我们跟美国比，科幻作品还有一段距离，美国的科幻文学和科幻电影二十世纪五六十年代就已经达到了高峰，现在也还是不错，但是要继续往前走，前进的步伐会放缓。中国现在则处在一个上升的阶段中，达到辉煌还需要很长一段时间，因此，我们的科幻文学和科幻影视事业也还处于一个上升的阶段，前途是广阔的。

搭好合作平台 携手讲好科幻故事

《华语电影市场》：目前制约华语科幻电影发展的主要问题和瓶颈在哪里？华语电影如果想要在科幻题材上取得突破，应当在哪些方面努力？

董仁威：我认为，目前制约华语科幻电影发展的瓶颈是在科幻电影和科幻文学的沟通平台机制上，前面我已阐述过。和瓶颈相关联的还有两个大问题：第一就是缺少懂得科幻的制片人，有些人倡导电影导演中心制，但是导演解决不了所有的问题，只有制片人可以从科幻电影的构想、初步的设计、市场的运作等方面全方位地掌控。但是，要掌控好这些东西必须要有非常好的制片人。这个制片人，要懂得依靠科幻人，选好导演，有对资本的筹集和市场运作的强大能力。最重要的是，这个制片人必须是一个热爱科幻，对科幻充满激情，对发展科幻有全局意识，是把做科幻影视当作一件大事情来做，并能百折不挠地坚持下去，直至走向成功和辉煌的人。我觉得中国最缺少的就是这样的科幻制片人。有了一批这样的科幻制片人，中国的科幻才能逐渐地繁荣起来。

第二个问题就是剧本。中国现在很多人都在做科幻电影，他们总是喜欢把冒险片、惊悚片、爱情片加一点科幻元素的"佐料"变成了所谓的"科幻片"。这样出来的科幻片肯定是很浅薄的。国外成功的科幻大片70%以上都是从优秀的原创科幻作品改编的。所以，科幻制片人应该有这样的意识：要做背景深厚的、经得起考验的、在世界上拿得出手的科幻大片，要寻找优秀的科幻作家和科幻作品，把适合于改编成科幻影视的科幻文学作品发掘出来，进行影视及其他衍生产品的全方位开发。另外，最好让科幻原著作者创作科幻剧本，参与影视化的全过程，以保证科幻电影的科幻核心得到准确的表达。目前，中国已出的几部科幻电影都还没有做得非常好，主要原因就是这些电影没有能将科幻核心融入其中，其中只生硬地塞进一些科幻元素，忽悠喜欢科幻片的观众，离真正的科幻片相距比较远。目前，大家都在热议科幻元素加得比较好的、取得了票房价值佳绩的《美人鱼》《寻龙诀》。不过，从我的角度来看，《九层妖塔》反而比它们要更好一些，改编中将科幻元素有机地融合到了全剧之中。

《华语电影市场》：您认为好的科幻电影应该是怎样的？

董仁威：我觉得一个优秀的科幻电影必须要具备四个要素：第一，有一个非常好的科幻设定。它是一个宏大的科幻的"核"，而且这个核要很新鲜、很新奇，而不是大家重复过的东西。

刘慈欣曾经说过，如果他想起了一个点子，或者说一个内核，他一定会很珍惜，会把这个内核尽量地扩大，因为找到这么一个点子实在是很不容易的。《三体》以后刘慈欣一直在想新的点子，没有新点子他是不会动笔写的。他曾经举过一个例子，有一次他想到如果用太阳能电池把整个月球都覆盖了，再把它的电输送回地球，那该多好，这个点子使他兴奋了好久。可是，后来他才发现别人早就想到这个点子了，科学家甚至已经开始着手做这件事情了，他就只得放弃了。

所以，第一个要素就是要看科幻电影里有没有新奇的、很吸引人的科幻想象。有一些人经常在重复前人的科幻作品中有过的科幻设定，这样的作品是吸引不了读者和观众的，也不会转化成好的影视作品。

第二个就是要讲好故事，科幻文学作品不一定都有一个好的故事，但是科幻电影没有一个好的故事就不能吸引人。

第三个就是一定要有人文关怀。虽然有些人主张科幻可以不写人，人并不是主要的东西，但是我坚持认为还是要写人，因为没有人文关怀，没有人性的文学作品很难看下去的。当然，我认为目前科幻文学创作有两个方向，一个方向就是以刘慈欣、王晋康、何夕、江波等人为代表的"核心科幻"，主张科幻的核心是科学的想象，不是人。另一个方向主张科幻的核心是人、人性，最突出代表是韩松，他主要的就是写人性，《红色海洋》《地铁》《医院》是这类作品的代表，写得很好。

第四就是作品所表达的思想一定要有一个世界观的设定。总体来说，我还是赞成传播正能量的世界观设计，具有好的世界观设定的科幻电影效果很显著的。

科幻电影里面，我觉得最好的就是《阿凡达》，这是我最喜欢的一部科幻电影。我上面所说的四个要素，《阿凡达》都包括了。

《华语电影市场》：华语科幻电影星云奖未来在科幻电影方面还将会有哪些推广计划？

董仁威：为了推动科幻文学与影视产业的结合，我们有这么几个计划。

第一个计划就是我们要继续把科幻电影星云奖做好，推动华语科幻电影的发展，使科幻电影逐渐形成一种热潮。科幻电影星云奖可以推波助澜，我们提供机制、奖励，吸引大家来关注科幻电影，并促使我们的奖项逐渐树立权威性。

我们的这一次华语科幻电影奖请到了很权威的电影界人士。比如邀请到了中国科幻电影的前辈之一、著名的导演谢飞；还邀请来了侯克明，当评委会主席。另外还邀请了很多著名的电影人和科幻人当评委。

第二个就是我们将继续做科幻电影的创投会，不断地把科幻作家优秀的科幻文学作品，转换成为电影，进入产业链，最终拍摄出优秀的中国科幻电影。

第三个就是我们将致力于与电影资本建立联系，把有志于做中国华语科幻电影的投资人、制片人联合起来，通过我们这个平台能够顺利地筛选出比较好的科幻作品。

目前，一些影视界的有识之士正在建立专业的科幻电影公司，并制定了长远规划，准备有计划地将科幻的上游和下游进行无缝衔接，形成完整的产业链。他们认为，美国科幻电影的今天就是我们的明天，美国仅靠5%的科幻片就能够取得超过30%的票房。科幻电影的市场潜力非常大。因此，参与者们认准了目标，准备长期干下去。我期盼，这些有识之士能够把中国的科幻电影认真地做起来，孕育出属于中国的"好莱坞"。

（采访：特约记者韦富章，文字整理：张洁）

链接1：

董仁威

中国知名科普科幻作家，著有科普科幻作品86部，世界华人科幻协会、世界华人科普作家协会、全球华语科幻星云奖、全球华语科幻电影星云奖主要创始人之一，全球华语科幻电影星云奖组委会主席，时光幻象（香港）有限公司董事长。

链接2：

2016年全球华语科幻电影星云奖入围名单

（注：全球华语科幻电影星云奖作品类奖项评选时间跨度为一年，首届可扩大至2001年。评选对象为在中国（大陆及港澳台）或境外地区，正式上线或上网、电视台上映，中国（大陆及港澳台）拍摄的以华语表达的科幻电影、科幻短片、科幻动画电影、科幻网络大电影、科幻剧集，及其与这些影视相关的专项。）

附录4
华西都市报记者采访董仁威

如何面对未来的灾难？科幻电影开启多元猜想

《星际穿越》火了，同时催生了一股"科幻"热。在其大量描绘的超越想象的未来世界景象面前，不少粉丝心存疑惑：虫洞是否真的存在？通过它能够寻找到其他生存的空间吗？未来人类的命运究竟何去何从？

日前世界华人科普作家协会理事长、知名科普作家董仁威向我们揭示了一个他所了解的科幻奥秘。

宏观设想 未来人类能在外星球生存繁衍

《星际穿越》提供了人类未来可能的一种生存图景，如果对未来进行天马行空的猜想，是否有N种可能性？在科普作家董仁威看来，"最为宏观的设想，就是未来人类能够随意地进行星际漫游，可以在不同星球生存、繁衍。"

"人类要长生不老，需要摆脱肉体的束缚，让思维脱离肉身获得永生，未来想象的载体是能够独立存在的思维波，科学的说法就是思维集合体，它包括人脑内储藏的所有信息。"董仁威说，过去人类想象的鬼魂、幽灵，可以长生不死来去自由，往往被当作迷信对待，现在思维波具有类似的"超能力"，但却披有科学的"外衣"。

未来究竟能否抛弃人类的实体？在董仁威看来，21世纪是生物灵魂的世纪，破解思维密码成为科学家的重大课题，这就为"思维波"的实现提供了一定的科学依据，只是目前还没有解开思维密码的所有疑团。

"从科学推论看，虫洞是确实存在的。通过虫洞可以打进多维宇宙，这对人类而言意义非凡。"董仁威说，"思维波能够漂浮在空间，自由穿梭，甚至通过虫洞，打进外太空。从低维空间通过'虫洞'进入高维空间，需要匪夷所思的能量，而思维波能够突破能量限制，实现不同维度的转换，让星际旅行轻而易举。同时，思维波可以让我们一样地思考，一样地交朋友，享受生活。它仅需光能就能满足能量补给。"

"这在电影中已有类似的影像模拟，比如，人类的影像就是几束'光影'。"董仁威说，目前在科幻作家的文学呈现中，更多的探索是网络植入，让虚拟的思维波在网络空间存活。

科幻电影 为人类应对未来灾难而存在

超尺度的巨型城市、高度机械化的生存景观……在最为直观的影像呈现中，科幻电影提供了未来生活的多元猜想。在好莱坞经典系列电影《星球大战》中，处处都是繁华的不可能的机械体，悬浮于太空中的一座又一座自给自足的城市，拥有完整的自我运作系统，保证了人们能在深邃的太空中维持生命的繁衍与生活的正常延续，导演乔治·卢卡斯所创造的未来世界也许就是人类明天的模型。

科幻电影如《星际穿越》，对黑洞进行了有史以来最为逼真的模拟，对未来生活有着超越想象的具象呈现，作为承载描绘未来生活"使命"的科幻小说，对人类可能的生存图景又提供了什么样的'蓝本'？在董仁威看来，科幻小说的魅力在于对人类的未来世界、高科技影响下的生活和命运的探索和预言。

董仁威说，科技发达、技术进步、工业发展带来的环保灾难，高科技造就的核武器、纳米技术、机器人等，如果不加节制，未来的某一天也许会毁灭人类。科幻小说对宇宙、人类最后归宿的主题呈现，为人类生存敲响警钟，探索出路，正是其意义所在。

"在未来，核战争使陆地生态系统全部毁灭。残存的人类用基因工程把自己改造成如同鱼儿一样的水栖人，同时把蓝色海洋改造成红色海洋，使之适应人类下海生存……"董仁威说，科幻作家韩松在小说《红色海洋》中描绘了一个核战过后的恐怖世界，人类文明被毁灭，退化到野蛮阶段，走上了重建文明的艰难历程。"这些科幻小说都表达人类面临大灾难时的哲学思考，同刘慈欣的'科幻是为人类面对大灾难而存在'的理论有异曲同工之妙。"

（记者：张想玲　见习记者：李姗姗　实习生：杨云华）

——摘自《华西都市报》

附录5
新华社新闻采访中心副主任韩松评论董仁威主编的《科普创作通览》

科学的位置与科普的力度
——评介董仁威主编的《科普创作通览》

　　一段时间来，社会上十分热闹。围绕一些问题，争论不休。在我看来，这都与科普有关。科普者，普及科学也。这个科学，字面上看，应该是文艺复兴以来的西方科学，从牛顿的经典物理学，到爱因斯坦的相对论、普朗克和海森堡的量子力学，构成了人类几百年来基本的生存背景。近代以来的绝大部分物质成就，都是科学的结果，最简单的例子，最近获得诺贝尔物理学奖的与LED灯有关的发明，就涉及很重要的半导体物理学。这些科学，当然还远不全面，并不能从根本上解释宇宙，它也是福祸双刃剑，却是目前为止，关于我们这个世界最有效、实践证明也最接近真理的知识。

　　需要说明的一点是，并不是说，直接涉及科学技术的东西，才是科普。科学的核心是理性，是实验，是对事实和数据的反复求证，是无禁区的探索，是在自然的铁的定律面前，人人平等，无一例外。这个东西，是中国人的生活习惯中比较少的。几千年来，中国人崇尚权力，讲求血缘，于此中也好口舌之战，谁声音大谁有理，谁关系硬谁有理，谁跟"上面"更近谁有理，为了某些利益或主张，宁愿违背事实和逻辑，强加于人一些东西。人们说，在宽松和自由的环境里，才能有科学的创造和发展。但在中国，这还远远不够。一些论证不严谨的东西，并不科学的东西，往往能拉大旗作虎皮，大行其道，并使真正的科学探索者畏惧和沉寂。最严重的灾难发生在"文革"时期，当时中国人批判爱因斯坦的"相对论"，列举"罪行"如下："相对论是地地道道的主观主义和诡辩论，也就是唯心主义和相对主义"；光速不变原理"深刻地反映了西方资产阶级认为资本主义社会是人类终极社会，垄断资本主义生产力不可超越，西方科学是人类科学的极限这种反动的政治观点"。还有人说：如果按照"相对论"所说的那样，同时性是相对的，那么，1969年3月，在中苏边界上发生的珍宝岛事件中，我们说苏联开第一枪，苏联说我们开第一枪，事实上究竟哪一方开第一枪，就无法做出客观判断。这个论据如此"有力"，本来一些反对批判相对论的人也不敢再为其辩护，因为:谁要替相对论辩护，谁就是替"苏修"辩护的卖国贼。

目前的情况好多了，但问题仍然存在，科学的位置还是没有完全摆正。这至少表明，科普还有待继续。尤其在中国，这个任务很重。还有一个方面是因为，中国的人文传统太重，这有好的一面，也有不好的一面。曾有几千年，是考八股文，没有近代科学，而文人好争辩，擅辞藻，所谓的"论证"，常常就是用事实来为自己的预设观点服务，如果与自己的想法不一样，则修改和扭曲事实。而这后面，往往有别的企图和目的。另外，中国人急躁，冲动，不像科学家，面对亿万光年的宇宙，更愿意等待，愿意渐变。这是中国在近代不能像日本那样很快起飞的原因之一。日本比较早注重科学的普及。日本人能获20个诺贝尔科学奖，与明治维新以来的教育和知识普及有关。科普最核心的，是使人们摆脱无知的状态，而无知是会导致恐惧的，恐惧又能导致恐怖事件的不断发生。一个多世纪，已屡屡被证明。

19世纪中叶至20世纪中叶，中国长期战乱频繁，难以进行科普，科学救国也让位于政治救国、军事救国。直到新中国诞生之前，才着手筹建"中华全国科学技术普及协会"（简称"全国科普"），于1950年8月18日正式成立，周恩来总理等党和国家领导人出席会议，并发表重要讲话。1979年8月7日成立了"中国科学技术普及创作协会"（1990年更名为"中国科普作家协会"），胡耀邦、邓颖超等党和国家领导人莅临会议。2002年6月29日颁布了"中华人民共和国科学技术普及法"，2003年设立"全国科普日"（每年9月第3个公休日），2006年制定了"全民科学素质行动计划纲要"。

不过，由于整个国家发展的阶段性，以及传统的惯性，科普的成果还不能让人很满意。中国公民科学素养调查报告显示，21世纪第2个10年，我国公民科学素养水平虽然有提高，但仍只相当于日本、加拿大等主要发达国家和地区在20世纪80年代末的水平，落后二三十年。

中国科普的落后，还能从一个现象反映出，即多少年来北京、上海的街头报刊亭，能买到的科普刊物，都是译自美国、欧洲和日本的。但情况最近似乎在好转。就在本周，我在北京大学东门旁的报刊亭里，购到了中国人自己办的科学杂志《知识就是力量》。我已久违它很长时间了。

另一件重要的事情，也发生在这一周。即四川省科普作协前理事长董仁威教授的75万字《科普创作通览》面世。这本书，是中国科普理论建设上的一个里程碑。它非常全面、系统地对整个中国的科普创作进行了总结。它的出版，应该说得上是很有现实针对性。中国科学院院士、中国科普作家协会理事长刘嘉麒为该书作序说，在我们这样一个拥有13亿多人口的大国，尚有相当大的一部分人未受过中等教育，甚至是文盲，科学普及的任务还相当艰巨。目前中国科普作家协会有会员3100余名，相当于每42万人中仅有1名科普作家，尽管在会员之外还有一些科普作家和科普作者，从事科普创作和科普工作的人员比例还是显得过低。另外，其素质也参差不齐。

我认为，这部书的一大价值是，除了对各种科普创作的基本范式进行梳理外，更重要的是提出了有关科学判断的标准，明晰了科学应有的位置，有助于拨开现实中的迷雾。

董仁威认为，科学与非科学，科学与伪科学，其间标准何在？甚至有无标准？远非人们想象得那么简单。事实上，正像未知的现象永远困惑着人类一样，对这些未知现象的归属划分，也一直是个困惑，甚至永远是个困惑。

正是基于上述意义，我们千万不可将某种我们未解或未知的东西，尤其是不要轻易把某种崭新的观点和学说，某种未曾见过的理论、观点、命题等，打入"非科学"的另册，更不能轻易将其定为"伪科学"。为此，有必要坚持至少如下三个"要"。

一"要"郑重使用"伪科学"。有人简单地说"伪科学"是"打着科学的旗号骗人"，如上所述，这其实是十分可疑的标准和说法。一度的"不科学"甚至"伪科学"，变成后来的"科学"或"大科学"，历史上并不少见。拉卡托斯这句话很有道理，值得认真咀嚼："即使一个陈述似乎非常'有理'，每一个人都相信它，它也可能是伪科学的；而一个陈述即使是不可信的，没有人相信它，它在科学上也可能是有价值的。"

二"要"郑重断定"不科学"。在"科学"地位崇高，"科学"几乎独霸话语权的今天，很多时候，"科学"或"不科学"的使用，已经大大超过对某种学说、理论、观点等的客观界定，而是自觉或不自觉地进入"正确"与"不正确"、"合理"与"不合理"、"先进"与"落后"，甚至"革命"与"反动"层面。亦即由事实和判断，进入政治和道德的判断。如果做如此判断的人或机构有足够的政治权力和道德话语权，就极大地可能对那些被判定为"不科学"或"反科学"的理论及其主张者，采取完全背离科学的对待。在科学史上，人们所熟知的教会借口哥白尼学说是"异端邪说"开除了他的教籍，苏共以孟德尔的学说"不科学"而迫害了所有孟德尔论者（例如处死了瓦维洛夫院士），都是典型的严重违反科学精神的做法。

三"要"尊重其他文化的存在。在科学正式登临历史舞台之前，其他文化，如哲学、宗教、文学、艺术等早已存在。这至少说明，在历史上相当长一段时间里，人类曾经生活在无科学的世界里。从这个意义上说，科学绝不是人类生活的唯一，更不是人类精神的唯一。人类繁杂的生活领域，人类浩大的精神世界，不仅允许愈来愈丰富和发达的科学存在，也允许同样越来越丰富和发达的其他文化存在。

董仁威教授讲到的，实际便是开放和包容，这也是科学探索的精髓，这对于科学自身、对于文化及整个社会的良性发展，是非常基础、至关重要的。而这个氛围，在当今中国，仍然相当的欠缺，创新困难，跟这方面的土壤不够肥沃有很大的关系。到了21世纪这个科技高度发达的时代，仍有一些匪夷所思的奇葩出现，各个领域都有一些高喊科学名义的跳梁小丑、贪腐分子粉墨登场，很让人扼腕叹息。可见1919年的"五四运动"提出的"民主与科学"的任务没有完成。中国要实现现代化，离不开高素质的国民，除了民主与法治外，这还特别需要科学精神的浸染。所以，科普从来不是纯粹的科学问题，而事关社会发展的全局。在我们的价值观中，应该有科学的位置。

——摘自《新华每日电讯》

董仁威年表

1. 1942年5月，出生于重庆市万县夜荷湾。

2. 1954年7月，毕业于重庆市江北区观音桥小学。

3. 1954年9月，进入重庆三中（重庆南开中学）读初中。

4. 1954-1956年，初中时期参加南开中学课外活动小组——红领巾饲养组，担任大组长。

5. 1957-1960年，在重庆三中（重庆南开中学）读高中，担任班生活委员。

6. 1960-1965年，在四川大学生物系读本科，先后担任班长和校刊《人民川大》采访组副组长，1964年在《四川日报》发表第一篇报告文学作品。

7. 1965-1968年，在四川大学读细胞学研究生，期间下乡参加"四清"运动和"文化大革命"运动。

8. 1968年9月，研究生毕业分配到成都味精厂（后更名为成都制药四厂）工作，至2002年退休，历任：工人、技术员、助理工程师、工程师、高级工程师、正高级工程师（教授级高工），实验室主任、车间副主任、车间主任、厂研究所所长、中国政府和意大利合作建设成都儿童营养中心主任兼成都制药四厂副厂长。

9. 1979年4月，加入四川省科普创作协会。

10. 1979年6月，第一篇小说《红辣椒》在《红岩》杂志发表。

11. 1979年9月，第一篇科幻小说《分子手术刀》在《科学文艺》（1979年3期）发表。

12. 1979年9月，由著名作家艾芜介绍，加入四川省作家协会，成为粉碎"四人帮"以后四川第一批作家协会会员。

13. 1980年3月，加入中国科普创作协会，赴北京参加中国科普创作协会第二次代表大会。

14. 1980年9月，第一部科普著作《遗传工程趣谈》发表。

15. 1986年6月，《食品加工新技术》由四川科学技术出版社出版，获中国图书奖提名奖，被收入清华大学图书馆馆藏。

16. 1990年7月，中国的政府和意大利合作建设的成都儿童营养中心落成剪彩，担任主任。

17. 1990年12月，因病毒性心肌炎心脏停跳一分多钟，第一次病危。

18. 1991年8月，第一部技术专著《淀粉深加工技术》由四川科学技术出版社出版，获第二届国家图书奖提名奖。

19. 1992年5月，《藏珍寻宝揽胜》由四川少年儿童出版社出版，获冰心儿童图书奖。

20. 1996年1月，长篇小说《狂人情书》由四川文艺出版社出版。

21. 1998年5月29日，在四川省科普作家协会第四次代表大会上当选为四川省科普作家协会副主席。

22. 1999年1月8日，创建的成都科普创作中心在成都儿童营养中心会议室召开成立大会，任主任。

23. 1999年8月，《生物工程趣谈》由四川科学技术出版社出版，获第四届中国优秀科普作品三等奖。

24. 1999年9月28日，当选四川省科普作家协会主席。

25. 1999年12月，参加中国科普作家协会第四次全国代表大会，当选常务理事。

26. 2000年1月，同刘兴诗主编并主创四分之一的《新世纪少年儿童百科全书》（春、夏、秋、冬）4部由四川辞书出版社出版，获第五届中国优秀科普作品提名奖、四川省2001年最佳图书奖、四川省科技进步三等奖。

27. 2002年5月，从成都制药四厂退休。

28. 2005年12月24日，世界华人科普作家协会第一次会员代表大会在成都金马国香园举行，当选为理事长。

29. 2007年8月，《兰花鉴别手册》由四川科学技术出版社出版，为两届全国兰花博览会的礼品书。

30. 2007年10月，赴京参加中国科普作家协会第五次全国代表大会，当选常务理事（后补为中国科普作家协会科学文艺委员会副主任）。

31. 2008年10月，长篇小说《花朝门》（前三卷）由长篇小说杂志社发表，获中国优秀长篇小说一等奖。

32. 2009月4月，反映"5.12"汶川特大地震的科学游记《四川依然美丽》由四川辞书出版社出版。

33. 2000年9月，在成都学府影城，在世界华人科幻协会第一次会员大会当选监事长，在首届全球华语科幻星云奖颁奖典礼上，因创立全球华语科幻星云奖，被授予"科幻星云特别贡献奖"。

34. 2011年4月30日，四川省科普作家协会第六次会员代表大会在成都花园宾馆举行，被授予"科普创作终身成就奖"，担任四川省科普作家协会名誉理事长。

35. 2011年10月，创立成都时光幻象文化传播有限责任公司，任董事长。

36. 2014年11月2日，经过努力，创立的华语科幻星云奖进入京城，在北京召开了第五届全球华语科幻星云奖颁奖典礼。

37. 2015年12月26日，创办的世界第一个公益性的华语科幻博物馆开馆仪式在成都西部智谷开馆，任馆长。

38. 2016年8月19日，作为主要创始人的全球华语科幻电影星云奖首届颁奖典礼在成都举行。

39. 2016年9月11日，创立的华语科幻星云奖颁奖典礼在北京隆重举行，四个部长级领导出席盛典，并争取到新华网加盟，邀请了美国星云奖主席凯特·兰博（Cat Rambo）、世界科幻大会主席Crystal M. Huff及日本星云赏会长藤井太洋参会，影响力空前，成为有国际盛誉的世界华语科幻文学的最高奖项。

40. 2016年11月，47万言《生命三部曲》由安徽教育出版社出版，这是毕生普及生命科学和生物技术的集大成之作。